解码新征程
深入学习贯彻党的二十大精神

人民日报理论部◎编

人民日报出版社
北京

图书在版编目（CIP）数据

解码新征程 / 人民日报理论部编 . -- 北京：人民日报出版社，2023.4
ISBN 978-7-5115-7758-0

Ⅰ.①解… Ⅱ.①人… Ⅲ.①中国特色社会主义—社会主义建设—学习参考资料 Ⅳ.① D616

中国国家版本馆 CIP 数据核字（2023）第 051957 号

书　　名：	解码新征程
	JIEMA XINZHENGCHENG
作　　者：	人民日报理论部
出 版 人：	刘华新
策 划 人：	欧阳辉
责任编辑：	周海燕
装帧设计：	元泰书装
出版发行：	人民日报出版社
社　　址：	北京金台西路 2 号
邮政编码：	100733
发行热线：	（010）65369509　65369512　65363531　65363528
邮购热线：	（010）65369530　65363527
编辑热线：	（010）65369518
网　　址：	www.peopledailypress.com
经　　销：	新华书店
印　　刷：	大厂回族自治县彩虹印刷有限公司
法律顾问：	北京科宇律师事务所　（010）83622312
开　　本：	710mm×1000mm　1/16
字　　数：	290 千字
印　　张：	22
版　　次：	2023 年 4 月第 1 版
印　　次：	2023 年 4 月第 1 次印刷
书　　号：	ISBN 978-7-5115-7758-0
定　　价：	58.00 元

目录

务必不忘初心、牢记使命 ······ 001

务必谦虚谨慎、艰苦奋斗 ······ 011

务必敢于斗争、善于斗争 ······ 022

坚定历史自信 增强历史主动 ······ 032

全面建设社会主义现代化国家关键在党 ······ 043

把新时代中国特色社会主义不断推向前进 ······ 048

坚持把国家和民族发展放在自己力量的基点上 ······ 053

我们党坚定信仰信念、把握历史主动的根本所在 ······ 059

成功推进和拓展了中国式现代化 ······ 064

不断谱写马克思主义中国化时代化新篇章 ······ 071

把握好习近平新时代中国特色社会主义思想的世界观和方法论 ······ 077

深刻理解把握"五个必由之路"的重大意义 ················· 086

不断实现人民对美好生活的向往 ························· 093

不断深化对马克思主义中国化时代化的认识 ··············· 100

深刻理解前进道路上必须牢牢把握的重大原则 ············· 106

夯实中国式现代化的农业农村基础 ······················· 113

坚持把中国发展进步的命运牢牢掌握在自己手中 ··········· 119

以中国式现代化全面推进中华民族伟大复兴 ··············· 125

着力推动高质量发展 ··································· 132

培养有理想敢担当能吃苦肯奋斗的新时代好青年 ··········· 139

深入理解和把握中国式现代化的本质要求 ················· 146

为加强国际传播能力建设凝聚青春力量 ··················· 153

全过程人民民主保障人民当家作主 ······················· 160

推进文化自信自强 ····································· 165

不断谱写马克思主义中国化时代化新篇章 ················· 171

依规治党为自我革命提供有力保障 ······················· 177

思政课要讲深讲透讲活"六个坚持" ····················· 183

奋力推进新时代语言文字事业高质量发展 ················· 189

为中国式现代化提供坚强安全保障 ······················· 196

让红色文化在新征程上焕发时代光芒 ····················· 202

为铸就社会主义文化新辉煌贡献大学力量 ················· 208

围绕党的中心任务更好发挥工会作用 …… 214

敢于斗争　善于斗争 …… 220

为社会主义现代化强国建设贡献退役军人工作力量 …… 226

深刻领悟"两个确立"的决定性意义 …… 233

广泛汇聚团结奋斗的正能量 …… 239

新时代新征程中国共产党的使命任务 …… 245

中国式现代化是走和平发展道路的现代化 …… 252

以中国式现代化全面推进中华民族伟大复兴的科学指南 …… 258

努力在农业强国建设中担当作为走在前列 …… 265

不断推进和拓展中国式现代化 …… 272

牢牢把握团结奋斗的时代要求 …… 279

更好发挥人民政协作用　广泛凝聚人心和力量 …… 285

不断提升城市安全治理水平 …… 292

"三个务必"的丰富内涵和时代意义 …… 297

时刻保持解决大党独有难题的清醒和坚定 …… 304

在现代化新征程上发展全过程人民民主 …… 313

社会稳定是国家强盛的前提 …… 319

坚持"两个结合"，不断开辟马克思主义发展新境界 …… 325

深刻把握中华优秀传统文化同科学社会主义价值观主张的契合性 …… 331

牢牢把握高质量发展这个首要任务 …… 337

务必不忘初心、牢记使命

任理轩

为中国人民谋幸福，为中华民族谋复兴，是中国共产党人的初心和使命，是激励一代代中国共产党人前赴后继、英勇奋斗的根本动力。时空变化，初心始终如磐；历史变迁，使命永远在肩。从石库门到天安门，从兴业路到复兴路，从站起来到强起来，中国共产党的百年奋斗史，就是一部践行初心使命的历史。习近平总书记在党的二十大报告中向全党同志郑重提出"三个务必"，摆在第一位的就是"务必不忘初心、牢记使命"，充分彰显了一个百年大党永远的坚守、不变的追求。新时代新征程，中国共产党要团结带领全国各族人民全面建设社会主义现代化国家、全面推进中华民族伟大复兴。这是一项伟大而艰巨的事业，前途光明，任重道远。全党同志要更加紧密地团结在以习近平同志为核心的党中央周围，全面贯彻习近平新时代中国特色社会主义思想，用谱写新时代中国特色社会主义更加绚丽的华章映照初心、不负使命。

深刻把握务必不忘初心、牢记使命的深层逻辑

初心如磐，使命如炬。从在庆祝中国共产党成立95周年大会上向全党郑重发出"不忘初心、继续前进"的伟大号召，到在党的十九大的主题中强调"不忘初心，牢记使命"，党的十八大以来，习近平总书记对"不忘初心、牢记使命"看得很重、说得很透，目的就是提醒全党牢记中国共产党是什么、要干什么这个根本问题。习近平总书记所作的党的二十大报告，郑重提出"务必不忘初心、牢记使命"。从"不忘初心、牢记使命"到"务必不忘初心、牢记使命"，昭示的是必须做到的决心、体现的是更加坚定的意志。其中，不变的是我们党一以贯之的政治本色和崇高追求，变化的是我们党自我警醒更加提升、忧患意识更加增强、战略定力更加强大。"务必不忘初心、牢记使命"，饱含厚重历史感、鲜明时代感、庄严使命感，明确了为中国人民谋幸福、为中华民族谋复兴的初心使命是中国共产党人的永恒追求，凸显了坚守初心使命的时代要求，体现了我们党时刻保持解决大党独有难题的清醒和坚定。

从贯穿我们党百年奋斗史的一条红线来深刻把握务必不忘初心、牢记使命。习近平总书记指出："牢记和践行为中国人民谋幸福、为中华民族谋复兴的初心使命，是贯穿我们党百年奋斗史的一条红线。"慎初才能及远，这是经历了岁月淘洗的一条箴言。百年风雨兼程，百年大浪淘沙。中国共产党从仅有50多名党员发展成为拥有9600多万名党员、领导着14亿多人口大国、具有重大全球影响力的世界第一大执政党，引领中华民族从旧时的一派衰败凋零转向今天的一派欣欣向荣。百年沧桑巨变，换了人间。何以如此？是牢记和践行

为中国人民谋幸福、为中华民族谋复兴的初心使命这条红线，牵引着这个百年大党历经艰难困苦愈发朝气蓬勃、饱经风霜雪雨依然生机勃勃。从我们党诞生之日起，无论是新民主主义革命时期浴血奋战、百折不挠，社会主义革命和建设时期自力更生、发愤图强，改革开放和社会主义现代化建设新时期解放思想、锐意进取，还是中国特色社会主义新时代自信自强、守正创新，我们党走得再远，都从未忘记为什么出发。在百年奋斗中，我们党对矢志不渝践行初心使命的认识日益全面深刻、行动日益执着坚定。新时代十年，党和国家事业取得历史性成就、发生历史性变革，有些是前所未有的，有些是振聋发聩的，有些是荡气回肠的，有些是惊心动魄的，哪一项的实现都不容易。何以能成？究其动力之源，就在于我们党对践行初心更加笃定、对担当使命更加自觉。党的百年奋斗历程充分表明，越是接近宏伟目标，越要保持冷静清醒，越要增强践行初心使命的自觉性，牢记我们为什么出发、向哪里进发，为什么奋斗、为谁奋斗。

从党的性质宗旨、理想信念、奋斗目标的集中体现来深刻把握务必不忘初心、牢记使命。习近平总书记指出："党的初心和使命是党的性质宗旨、理想信念、奋斗目标的集中体现"。对马克思主义政党来说，性质宗旨昭示着党存在的根本目的，代表着其质的规定性和与其他政党的本质区别；理想信念表明党的精神支柱和政治灵魂；在性质宗旨要求下、在理想信念指引下，马克思主义政党确立自身奋斗目标并为之不懈努力。性质宗旨、理想信念、奋斗目标是马克思主义政党内在规定性及其外在表现的集中呈现、有机统一，对党的理论和路线方针政策、党的重要主张、党的重要制度和体制机制等具有决定性作用。中国共产党是中国工人阶级的先锋队，同时是中国人民和中华民族的先锋队,以全心全意为人民服务为根本宗旨,坚定共产主义远大理想和中国特色社会主义共同理想,把实现人民对美好生活的向往、实现中华民族伟大复兴作为矢志不渝的奋斗目标。党的初心使命作为党的性质宗旨、理想信念、奋斗目标的集中体现,是中国共产党人不懈奋斗的根本动力,不仅贯穿于党为中国人民谋幸福、为中华民族谋复兴的全过程各方面,更从马克思主义政党本源本性上不断提醒着我们:初心必须时刻铭记、使命须臾不可忘记。

从始终得到人民拥护和支持、书写中华民族千秋伟业来深刻把握务必不忘初心、牢记使命。习近平总书记指出:"我们党作为百年大党,要始终得到人民拥护和支持,书写中华民族千秋伟业,必须始终牢记初心和使命"。中国共产党立志于中华民族千秋伟业,百年恰是风华正茂。100多年来,我们党为什么能始终得到人民拥护和支持,书写了中华民族几千年历史上最恢宏的史诗?就是因为党始终牢记和践行初心使命,以百姓心为心,始终同人民站在一起、想在一起、干在一起。当今世界正经历百年未有之大变局,我国正处于实现中华民族伟大复兴关键时期,我们党正团结带领全国各族人民全面建设社会主义现代化国家。形势环境变化之快、改革发展稳定任务之重、矛盾风险挑战之多、对我们党治国理政考验之大前所未有,对不忘初心、牢记使命的要求之高前所未有。道阻且长,行则将至。前进道路上,无论顺境还是逆境,无论高歌行进还是风高浪急,始终做到不忘初心、牢记使命,就要结合时代的变化、实践的发展,结合世情国情党情的深刻变化,结合人民群众的丰富实践,更好把对初心使命的坚守转化为推动经济社会发展的生动实践,转化为全面建设社会主义现代化国家、全面推进中华民族伟大复兴的思想共识和行动自觉。

完成新时代新征程中国共产党的使命任务要求务必不忘初心、牢记使命

中国共产党的百年奋斗历程,是一个接一个的"赶考"过程。时代的"考卷"常出常新。习近平总书记在党的二十大报告中指出:"从现在起,中国共产党的中心任务就是团结带领全国各族人民全面建成社会主义现代化强国、实现第二个百年奋斗目标,以中国式现代化全面推进中华民族伟大复兴。"新时代新征程,如何自信迎考、经受大考、考出一个好成绩?务必不忘初心、牢记使命作为更高的政治要求,彰显的是中国共产党人在前进道路上一以贯之的自省自警自励,揭示的是完成新时代新征程中国共产党使命任务的内在要求。

70多年前,着眼于"进京赶考",毛泽东同志在党的七届二中全会上郑重提出"两个务必"。当时,我们面对的形势是革命即将取得胜利,但因为胜利,"党内的骄傲情绪,以功臣自居的情绪,停顿起来不求进步的情绪,贪图享乐不愿再过艰苦生活的情绪,可能生长"。在这样的历史背景下提出"两个务必",何等清醒、何等成熟。一个胜利在望的马克思主义政党有了这样的自我认知,有了革命永远在路上的清醒坚定,有了自我净化、自我完善、自我革新、自我提高的内在驱动力,就是不可战胜的。

党的十八大以来,中国特色社会主义进入新时代。新时代十年,经历涉滩之险、爬坡之艰、闯关之难,党和国家事业取得历史性成就、发生历史性变革。新时代十年的伟大变革,是中国共产党和中国人民团结奋斗赢得的历史性胜利,是彪炳中华民族发展史册的历史性胜利,也是对世界具有深远影响的历史性胜利。"事者,生于虑,成

于务，失于傲。"在已经取得的重大成就和伟大胜利面前，在迈上全面建设社会主义现代化国家新征程、向第二个百年奋斗目标进军的关键时刻，新时代的中国共产党人绝不能有半点骄傲自满、固步自封，也绝不能有丝毫犹豫不决、徘徊彷徨，尤其要保持清醒、保持定力，深刻认识到成绩斐然的背后是使命更光荣、任务更艰巨、挑战更严峻、工作更伟大。越是取得成绩的时候，越是要有如履薄冰的谨慎，越是要有居安思危的忧患，越是要做到不忘初心、牢记使命。务必不忘初心、牢记使命的提出，体现着我们党顺应时代潮流、回应人民期待、把握历史主动的积极作为。

务必不忘初心、牢记使命，才能更好推进伟大社会革命，全面建成社会主义现代化强国。一个时期有一个时期的使命任务，一代人有一代人的责任担当。中国共产党的中心任务始终与党的初心使命紧密相连。在党百年奋斗的各个历史时期，在把坚持和发展中国特色社会主义这场伟大社会革命进行好的各个历史阶段，我们党面临的任务不同，但胜利完成任务的成功经验归根结底都是做到了对初心使命矢志不渝的坚守。在中国实现现代化，是中国共产党念兹在兹的历史宏愿、始终不渝的奋斗目标。"团结带领全国各族人民全面建成社会主义现代化强国、实现第二个百年奋斗目标，以中国式现代化全面推进中华民族伟大复兴"，这个中心任务全面把握党和国家事业发展新要求、人民群众新期待，充分表明党对建设社会主义现代化国家在认识上不断深入、在战略上不断成熟、在实践上不断丰富。推进和拓展中国式现代化既是最伟大的，也是最艰巨的，我们还面临着许多亟待回答的重大理论和实践课题。迈上全面建设社会主义现代化国家新征程，新的发展阶段、新的使命任务和新的发展环境对坚守初心、践行使命提出了更高、更为紧迫的要求。蓝图越宏伟，奋斗越艰巨。惟其艰难，方显勇毅；惟其磨砺，始得玉成。事业越是伟大、任务越是艰巨，越要锤炼初心、体悟使命，切实把初心使命变成锐意进取、开拓创新的精气神，埋头苦干、真抓实干的原动力，进而凝聚起万众一心、攻坚克难的磅礴力量。

务必不忘初心、牢记使命，才能更好推进伟大自我革命，时刻保持解决大党独有难题的清醒和坚定。全面建设社会主义现代化国家、全面推进中华民族伟大复兴，关键在党。强大的马克思主义政党是在自我革命中锻造出来的。勇于自我革命是中国共产党区别于其他政党的显著标志。这么大一个党，处在执政地位、掌控执政资源、拥有业绩光环，为什么能始终正视自身问题？为什么能做到"刀刃向内、自剜腐肉"？"不私，而天下自公。"中国共产党敢于自我革命的勇气之源和强大底气就在于我们党没有任何自己特殊的利益，从来不代表任何利益集团、任何权势团体、任何特权阶层的利益，而是始终代表中国最广大人民的根本利益。正因为不忘初心、牢记使命，我们党才能坚持人民至上，做到"为人民的利益坚持好的，为人民的利益改正错的"，才能本着彻底的唯物主义精神经常检视自身、常思己过；才能摆脱以往一切政治力量追求自身特殊利益的局限，无私无畏、敢作敢为。这就是习近平总书记指出的"没有比忘记初心使命、脱离群众更大的危险"的道理所在。一个饱经沧桑而初心不改的党，才能基业常青；一个铸就辉煌仍勇于自我革命的党，才能无坚不摧。不忘初心、牢记使命的内在机理和任务要求为实现党的自我革命永远在路上提供了不竭动力。新时代十年，以习近平同志为核心的党中央以雷霆万钧之势推进全面从严治党，开辟了百年大党自我革命的新境界，形成了中国共产党之治、中国之治的新优势。"不诱于誉，不恐于诽"。面对新征程上的新挑战，面对大党独有难题的新考验，我们要高度警省、居安思危，时刻警惕我们这个百年大党会不会变得老态龙钟、疾病缠身。务必不忘初心、牢记使命，永远保持赶考的清醒和谨慎，驰而不息推进全面从严治党，使百年大党在自我革命中不断焕发蓬勃生机，始终成为中国人民最可靠、最坚强的主心骨。

不断提高践行务必不忘初心、牢记使命的政治自觉、思想自觉、行动自觉

装点此关山，今朝更好看。今天，全面建设社会主义现代化国家、全面推进中华民族伟大复兴的考卷已在中华大地铺展开来，务必不忘初心、牢记使命的重要要求，正激励鼓舞新时代的中国共产党人在中国特色社会主义的光明大道上奋勇前行。

坚持以新时代党的创新理论滋养初心使命。初心易得，始终难守；使命易晓，致远惟艰。习近平总书记指出："初心不会自然保质保鲜，稍不注意就可能蒙尘褪色，久不滋养就会干涸枯萎，很容易走着走着就忘记了为什么要出发、要到哪里去，很容易走散了、走丢了。"新时代新征程，深入贯彻落实务必不忘初心、牢记使命重要要求，必须坚持以党的创新理论滋养初心、引领使命。习近平新时代中国特色社会主义思想，是立足时代之基、回答时代之问、引领时代之变的科学理论，是来自人民、为了人民、造福人民的理论。这一重要思想科学回答了中国之问、世界之问、人民之问、时代之问，以其深邃的思想承载着中国共产党人的初心使命，映照着中国共产党人的初心使命，更指引着新时代的中国共产党人在民族复兴征程上坚守初心、担当使命。我们要坚持不懈用习近平新时代中国特色社会主义思想凝心铸魂，引导广大党员干部深刻感悟党的创新理论的真理力量、实践力量、人格力量，坚持学思用贯通、知信行统一，把党的创新理论转化为不忘初心、牢记使命的强大力量。

坚持以健全完善的制度保障初心使命。制度是管根本、管长远的。制度优势是一个政党、一个国家的最大优势。务必不忘初心、牢记使命既有赖真挚的感情、真诚的信仰，也要靠理性的自觉、理论的清醒，更要靠健全完善的制度体系提供保障支撑。新时代十年，我国国家制度和国家治理体系取得丰富实践成果，中国特色社会主义制度这一科学制度体系更加严密完整，根本制度、基本制度、重要制度四梁八柱作用更加突出，为我们把初心使命落实到党的一切工作之中提供坚强制度保障。党的十九届四中全会提出"建立不忘初心、牢记使命的制度"。这是确保我们党始终充满蓬勃生机和旺盛活力的战略之举、长远之计。习近平总书记在党的二十大报告中指出："健全全面从严治党体系""完善党的自我革命制度规范体系"。这是强化管党治党全面系统布局、协同高效推进的重大举措。我们要认识到，制度更加成熟更加定型是一个动态过程，不可能一蹴而就，也不可能一劳永逸。要坚持制度治党、依规治党，以党章为根本，以民主集中制为核心，完善党内法规制度体系，增强党内法规权威性和执行力，形成坚持真理、修正错误，发现问题、纠正偏差的机制。要随着实践发展推动制度建设与时俱进，努力把落实党中央要求、满足实践需要、符合基层期盼统一起来，让制度的硬约束作用充分发挥，促使广大党员干部始终做到思想行动与初心相契合、与使命相符合。

坚持以新的担当作为检验初心使命。敢于担当作为，既是政治品格，也是从政本分，更是检验初心使命是否坚守住、坚守牢的重要标准。务必不忘初心、牢记使命不是一阵子的事，而是一辈子的事。过去守住了不等于现在守得住，现在守得好不代表将来守得牢。时间久了、环境变了，守初心、担使命就会面临新的考验和检验。这就意味着，越是重要关头，越是复杂考验，越要用新的担当作为来检验党员干部不忘初心、牢记使命的定力和成色。新时代新征程，我们要深刻认识和把握我国发展面临的新的战略机遇、新的战略任务、新的战略阶段、新的战略要求、新的战略环境，勇于直面外部环境中各种风险挑战的考验，不断强化初心使命，做到真忠诚、真担当、真负责。要同党中央要求"对标"，拿党章党规"扫描"，用人民群众新期待"透视"，同先辈先烈、先进典型"对照"，在全面建设社会主义现代化国家的新征程上不断叩问初心、守护初心，自觉坚守使命、担当使命，用新的担当作为彰显初心如磐、使命在肩。

曾是昔年辛苦地，不将今日负初心。今天，立志于中华民族千秋伟业的中国共产党风华正茂。在实现第二个百年奋斗目标新的赶考之路上，在全面建设社会主义现代化国家、全面推进中华民族伟大复兴壮阔历史征程上，不忘初心、牢记使命的中国共产党必将永远年轻、始终朝气蓬勃，必将在世界形势深刻变化的历史进程中始终走在时代前列，在应对国内外各种风险和考验的历史进程中始终成为全国人民的主心骨，在坚持和发展中国特色社会主义的历史进程中始终成为坚强领导核心。

（《人民日报》2023年01月03日第09版）

务必谦虚谨慎、艰苦奋斗

任理轩

习近平总书记在党的二十大报告中强调,全党同志"务必谦虚谨慎、艰苦奋斗"。党的二十大闭幕不到一周,习近平总书记带领中共中央政治局常委来到陕西延安,瞻仰延安革命纪念地。总书记指出:"全党同志要把老一辈革命家和共产党人留下的光荣传统和优良作风传承好发扬好""全党同志要大力弘扬自力更生、艰苦奋斗精神"。在新时代党和国家事业取得历史性成就、发生历史性变革的辉煌时刻,在全党全国各族人民迈上全面建设社会主义现代化国家新征程、向第二个百年奋斗目标进军的关键时刻,习近平总书记向全党郑重提出"务必谦虚谨慎、艰苦奋斗",充分体现了中国共产党人自警自励的政治智慧和求真务实的政治品格,充分彰显了一个百年大党永葆"赶考"的清醒和坚定、把党和人民事业长长久久推进下去的强烈历史自觉和主动精神。

践行根本宗旨、总结历史经验的深刻启示

在中国人民解放战争即将取得全国胜利前夕,毛泽东同志在党的

七届二中全会上向全党发出"两个务必"的号召。从"两个务必"到"三个务必",从"进京赶考"到"走好新的赶考之路",谦虚谨慎、艰苦奋斗的政治本色和优良作风始终是我们党砥砺前行、发展壮大、创造辉煌的重要保证。习近平总书记强调:"无论什么时候我们都不能骄傲自满,党不能骄傲自满,国家不能骄傲自满,领导层不能骄傲自满,人民不能骄傲自满,而是要增强忧患意识、慎终追远,始终保持艰苦奋斗的作风。""不能骄傲自满""始终保持艰苦奋斗的作风",这是一个成熟马克思主义政党对坚持全心全意为人民服务根本宗旨的深刻认识、对党和国家长治久安的深刻忧思、对自身艰苦卓绝奋斗历程的深刻总结、对历史治乱规律的深刻借鉴,深刻揭示了我们党永远不变质、红色江山永远不变色的内在原因。

对我们党坚持全心全意为人民服务根本宗旨的深刻认识。为什么人的问题,是检验一个政党、一个政权性质的试金石。习近平总书记强调:"我们讲宗旨,讲了很多话,但说到底还是为人民服务这句话。我们党就是为人民服务的。"务必谦虚谨慎、艰苦奋斗,就是要求我们在任何时候任何情况下,与人民同呼吸共命运的立场不能变,全心全意为人民服务的宗旨不能忘,坚信群众是真正英雄的历史唯物主义观点不能丢。我们党自成立之日起,就牢固树立马克思主义人民观、实践观,始终坚持尊重社会发展规律和尊重人民历史主体地位的一致性、为崇高理想奋斗和为最广大人民谋利益的一致性、完成党的各项工作和实现人民利益的一致性。党的十八大以来,我们党坚持以人民为中心的发展思想,坚持一切为了人民、一切依靠人民,推动改革发展成果更多更公平惠及全体人民,和人民群众一道创造了新时代中国特色社会主义的伟大成就。务必谦虚谨慎、艰苦奋斗,深刻诠释了我们党全心全意为人民服务的根本宗旨，体现了马克思主义人民性和实践性的内在统一。新征程上，只有保持谦虚谨慎、艰苦奋斗的政治本色和优良作风，始终与人民风雨同舟、与人民心心相印，才能在新的赶考之路上向历史和人民交出新的优异答卷。

对马克思主义政党永葆先进性和纯洁性、党和国家长治久安的深刻忧思。胜人者有力，自胜者强。在古今中外的历史长河中，出现过大大小小许多政党，但大都昙花一现。如何保持自身的先进性和纯洁性，在执政后巩固无产阶级政权，是马克思主义建党学说关注的重大课题。苏联解体、苏共垮台、东欧剧变，原因固然很多，但一个重要原因在于执政党骄傲自满、贪图享受、脱离群众。社会主义事业能否顺利发展，作为领导力量的共产党自身建设至关重要。在血雨腥风的革命年代，我们党谦虚谨慎、艰苦奋斗，胸怀崇高革命理想，保持旺盛革命精神，团结带领人民取得中国革命胜利。执掌全国政权后，我们党谦虚谨慎、艰苦奋斗，团结带领人民白手起家，建设国家、谋求富强。进入新时代，以习近平同志为核心的党中央持之以恒推进全面从严治党，党的自我净化、自我完善、自我革新、自我提高能力显著增强，开辟百年大党自我革命新境界。我们党作为马克思主义政党，践行初心、担当使命，必须始终保持谦虚谨慎、艰苦奋斗的政治本色和优良作风，始终与人民群众一块苦、一块干、一块过，确保党永远不变质、不变色、不变味。

对我们党艰苦卓绝奋斗历程的深刻总结。习近平总书记指出："无论我们将来物质生活多么丰富，自力更生、艰苦奋斗的精神一定不能丢，脚踏实地、苦干实干，集中精力办好自己的事情，把国家和民族发展放在自己力量的基点上。"谦虚谨慎、艰苦奋斗，是我们这个百年大党代代传承的光荣传统和优良作风。我们党由小到大、由弱变强，不断从胜利走向胜利，离不开谦虚谨慎、艰苦奋斗的精神和作风。井冈山的星星之火、兰考的森森泡桐、深圳的拓荒牛、十八洞村的新村寨等等，都是生动的见证。回望过去，我们党依靠谦虚谨慎、艰苦奋斗，胜利时不骄傲，困难时不低头，丰裕时不奢靡，匮乏时不退缩，创造了震古烁今的伟大成就，创造了百年大党在长期执政条件下不断自我革命、永葆生机活力的伟大奇迹。迈上全面建设社会主义现代化国家新征程，我们党依然要永葆谦虚谨慎、艰苦奋斗的光荣传统和优良作风，用新的伟大奋斗创造新的伟业。

对我国几千年历史治乱规律的深刻借鉴。以史为鉴，可以知兴替。习近平总书记指出："功成名就时做到居安思危、保持创业初期那种励精图治的精神状态不容易，执掌政权后做到节俭内敛、敬终如始不容易，承平时期严以治吏、防腐戒奢不容易，重大变革关头顺乎潮流、顺应民心不容易。"中国历史上关于国家治乱兴衰的实例不胜枚举，给人以深刻启示。许多王朝的统治者在初期能够励精图治、开基立业，但到了王朝末期则往往沦于骄奢腐朽，走向堕落衰败，最终人亡政息。中国共产党在内忧外患中诞生，在磨难挫折中成长，在战胜风险挑战中壮大，始终有着强烈的忧患意识，深刻认识到一个国家、一个政权要想兴旺发达、长治久安，必须始终不忘载舟覆舟、居安思危的忧患意识，保持夙夜在公、鞠躬尽瘁的奋进状态。务必谦虚谨慎、艰苦奋斗，是我们这个立志于中华民族千秋伟业的百年大党总结历史经验教训、把握和运用历史规律得出的科学结论。

走好新的赶考之路的必然要求

一路走来，我们党始终弘扬光荣传统和优良作风，谦虚谨慎、艰苦奋斗，创造了举世瞩目的伟大成就。习近平总书记强调："全党同志一定要不忘初心、继续前进，永远保持谦虚、谨慎、不骄、不躁的作风，永远保持艰苦奋斗的作风，勇于变革、勇于创新，永不僵化、永不停滞，继续在这场历史性考试中经受考验，努力向历史、向人民交出新的更加优异的答卷！"迈上新征程，我们必须始终保持"赶考"的清醒和坚定，保持胜不骄、败不馁的前进定力，砥砺谦虚谨慎、艰苦奋斗的政治品格，以永不懈怠的精神状态和一往无前的奋斗姿态破除前进道路上一切艰难险阻，一步一个脚印把前无古人的伟大事业推向前进。

应对世情国情党情深刻变化的必然要求。当今时代，我们身处世界百年未有之大变局，世界之变、时代之变、历史之变正以前所未有的方式展开。从世情来看，世纪疫情影响深远，逆全球化思潮抬头，单边主义、保护主义明显上升，世界经济复苏乏力，局部冲突和动荡频发，全球性问题加剧，世界进入新的动荡变革期。应对来自外部的遏制打压，不断缩小同世界先进水平的差距，必须敢于斗争、善于斗争，务必谦虚谨慎、艰苦奋斗。从国情来看，经过长期努力，我国发展具备了更为坚实的物质基础、更为完善的制度保证，但我国仍处于并将长期处于社会主义初级阶段的基本国情没有变，我国仍是世界上最大发展中国家的国际地位没有变。我国社会主要矛盾已经转化为人民日益增长的美好生活需要和不平衡不充分的发展之间的矛盾，改革发展稳定面临不少深层次矛盾躲不开、绕不过。从党情来看，党面临的执政考验、改革开放考验、市场经济考验、外部环境考验将长期存在，精神懈怠危险、能力不足危险、脱离群众危险、消极腐败危险将长期存在，全面从严治党永远在路上，党的自我革命永远在路上。雄关漫道真如铁，关山初度路犹长。前进道路上还有许多"雪山""草地"需要跨越，还有许多"娄山关""腊子口"需要征服，一切贪图安逸、不愿继续艰苦奋斗的想法都是要不得的，一切骄傲自满、不愿继续开拓前进的想法都是要不得的，务必谦虚谨慎、艰苦奋斗，不断开创事业发展新局面。

实现新时代新征程党的中心任务的必然要求。一百多年来，我们党在不同历史时期，总是根据人民意愿和事业发展需要，提出富有感召力的奋斗目标，团结带领人民为之奋斗。经过长期奋斗，我们党团结带领人民完成脱贫攻坚、全面建成小康社会的历史任务，实现第一个百年奋斗目标，这是彪炳史册的丰功伟绩。面对已经取得的成就，我们党始终保持清醒头脑，提出新的奋斗目标，作出新的战略擘画。习近平总书记在党的二十大报告中指出："从现在起，中国共产党的中心任务就是团结带领全国各族人民全面建成社会主义现代化强国、实现第二个百年奋斗目标，以中国式现代化全面推进中华民族伟大复兴。"全面建设社会主义现代化国家，是一项伟大而艰巨的事业，前途光明，任重道远。慎易以避难，敬细以远大。基本实现现代化还需要继续奋斗十几年，全面建成社会主义现代化强国还需要继续奋斗几十年。我们面对的矛盾和风险不是少了，而是增多了；改革发展需要解决的问题不是简单了，而是更为复杂艰巨。新征程上，我们要继承和发扬谦虚谨慎、艰苦奋斗的光荣传统和优良作风，调动一切可以调动的积极因素，团结一切可以团结的力量，以坚如磐石的信心、只争朝夕的劲头、坚韧不拔的毅力，团结带领人民不断创造美好生活，推动中华民族伟大复兴事业一往无前。

保持党的政治本色和优良作风的必然要求。百年栉风沐雨、淬火成钢，党的政治本色和优良作风是我们战胜各种风险挑战、不断从胜利走向胜利的重要保证。全面建设社会主义现代化国家、全面推进中华民族伟大复兴，关键在党。我们党要在世界形势深刻变化的历史进程中始终走在时代前列，在应对国内外各种风险和考验的历史进程中始终成为全国人民的主心骨，在坚持和发展中国特色社会主义的历史进程中始终成为坚强领导核心，必须始终保持谦虚谨慎、艰苦奋斗的政治本色和优良作风。党的十八大以来，以习近平同志为核心的党中央以前所未有的勇气和定力深入推进全面从严治党，打出一套自我革命的"组合拳"。全面从严治党取得了历史性、开创性成就，产生了全方位、深层次影响，我们党自我净化、自我完善、自我革新、自我提高能力显著增强，风清气正的党内政治生态不断形成和发展。今天，我们比历史上任何时期都更接近、更有信心和能力实现中华民族伟大复兴的目标，但是，距离伟大目标越近，越要警惕承平日久、精神懈怠的心态，越要有慎终如始、谦虚谨慎的状态，越要保持攻坚克难、奋斗到底的姿态。务必谦虚谨慎、艰苦奋斗，就是要求我们党在新的历史条件下永葆先进性和纯洁性，不断增强党的政治领导力、思想引领力、群众组织力、社会号召力，继续把中华民族伟大复兴的历史进程推向前进。

创造更加美好明天的重要保证

欲穷大地三千界，须上高峰八百盘。党的二十大绘就了全面建设社会主义现代化国家的宏伟蓝图，吹响了以中国式现代化全面推进中华民族伟大复兴的前进号角。新时代新征程，我们必须更加紧密地团结在以习近平同志为核心的党中央周围，全面贯彻习近平新时代中国特色社会主义思想，深刻领悟"两个确立"的决定性意义，增强"四个意识"、坚定"四个自信"、做到"两个维护"，永葆谦虚谨慎、艰苦奋斗的政治本色和优良作风，团结带领人民向着第二个百年奋斗目标不懈奋进。

自觉用习近平新时代中国特色社会主义思想认识世界、改造世界。习近平总书记指出："理论上清醒，政治上才能坚定。坚定的理想信念，必须建立在对马克思主义的深刻理解之上，建立在对历史规律的深刻把握之上。"习近平新时代中国特色社会主义思想，是当代中国马克思主义、二十一世纪马克思主义，是全党全国各族人民为实现中华民族伟大复兴而奋斗的行动指南。这一思想是来自人民、为了人民、造福人民的理论，既坚持把人民的创造性实践作为理论创新的不竭源泉，又科学指导党和人民认识世界、改造世界。奋进新征程，必须全面贯彻习近平新时代中国特色社会主义思想，把握好其世界观和方法论，坚持好、运用好贯穿其中的立场观点方法，牢记人民群众是历史的主体、是实现社会变革的决定力量，始终保持谦虚谨慎，自觉拜人民为师、向群众学习，将蕴含在人民中的智慧激发出来、力量凝聚起来，始终同人民站在一起、想在一起、干在一起；坚持实践第一的观点，深入总结实践经验，科学认识发展规律，戒骄戒躁、艰苦奋斗，和全国人民一道用勤劳、智慧、勇气全面建设社会主义现代化国家、全面推进中华民族伟大复兴。

在谦虚谨慎、艰苦奋斗中不断坚定历史自信。新时代十年，以习近平同志为核心的党中央团结带领全党全国各族人民迎难而上、不懈奋斗，一仗接着一仗打，战胜接踵而至的风险挑战，推动党和国家事业取得历史性成就、发生历史性变革。我们完成脱贫攻坚、全面建成小康社会的历史任务，实现第一个百年奋斗目标，全党全国各族人民前进动力更加强大、奋斗精神更加昂扬、必胜信念更加坚定。同时也要清醒认识到，新时代人民生活水平迈上新的大台阶，但对美好生活的向往更加强烈；全面从严治党取得了历史性、开创性成就，但党面临的赶考远未结束，党的自我革命永远在路上；实现中华民族伟大复兴正处于关键时期，必须准备付出更为艰巨、更为艰苦的努力。我们没有任何理由骄傲自满，也决不能骄傲自满、止步不前，而是既要坚定历史自信、增强历史主动，又要谦虚谨慎、艰苦奋斗，集中精力办好自己的事情。要始终坚持底线思维、增强忧患意识，保持道不变、志不改的坚定，保持如履薄冰的谨慎、见叶知秋的敏锐，不断提高政治能力、调查研究能力、科学决策能力、改革攻坚能力、应急处突能力、群众工作能力、抓落实能力，把历史前进的主动权牢牢掌握在自己手中。

在谦虚谨慎、艰苦奋斗中不断创造美好生活。新时代十年，我国高质量发展不断推进，经济实力实现历史性跃升，人民生活水平显著改善。2021年全国居民人均可支配收入35128元，比2012年的16510元增加18618元。城乡居民平均每百户家用汽车拥有量分别为50.1辆和30.2辆，平均每百户空调拥有量分别为161.7台和89.0台，平均每百户移动电话拥有量分别为253.6部和266.6部……我们党坚持以人民为中心的发展思想,致力于不断满足人民日益增长的美好生活需要,我们的日子还会越过越好。然而,无论物质生活多么丰富,都要自力更生、艰苦奋斗,都要脚踏实地、苦干实干。我国发展不平衡不充分的问题仍然突出,14亿多人口要整体迈入现代化是一项长期艰巨的任务,需要攻坚克难、久久为功。应当认识到,追求美好生活与谦虚谨慎、艰苦奋斗并不矛盾。一方面,艰苦奋斗并非节制消费,过清心寡欲的生活,而是反对奢侈浪费、不思进取,提倡克勤克俭、励精图治。另一方面,要始终牢记由俭入奢易、由奢入俭难,不能沉迷物质享受、安于成绩现状,以致脱离群众、走向堕落,危害党和人民事业。我们什么时候都不能忘记红米饭、南瓜汤的滋养,不能忘记拼命也要拿下大油田的激情,不能忘记为中国人民谋幸福、为中华民族谋复兴的初心使命,始终以谦虚谨慎的心态警醒自己、以艰苦奋斗的精神激励自己,扎扎实实完成好党中央作出的各项决策部署,一步一个脚印把党的二十大擘画的宏伟蓝图变为现实。

惟奋斗者进,惟奋斗者强,惟奋斗者胜。过去的辉煌成就是靠艰苦奋斗取得的,更加美好的明天依然要靠艰苦奋斗来创造。习近平总书记指出:"实现伟大梦想就要顽强拼搏、不懈奋斗。"今天,我们迈上全面建设社会主义现代化国家新征程,中华民族迎来了从站起来、富起来到强起来的伟大飞跃,实现中华民族伟大复兴进入了不可逆转的历史进程。我们要牢牢把握新时代新征程党的中心任务,牢记空谈误国、实干兴邦,坚定信心、同心同德,埋头苦干、奋勇前进,以咬定青山不放松的执着奋力实现既定目标,以行百里者半九十的清醒不懈推进中华民族伟大复兴。在以习近平同志为核心的党中央坚强领导下,全党全国各族人民在党的旗帜下团结成"一块坚硬的钢铁",心往一处想、劲往一处使,始终谦虚谨慎、艰苦奋斗,我们就一定能够战胜前进道路上的一切艰难险阻,继续创造令人刮目相看的奇迹,推动中华民族伟大复兴号巨轮乘风破浪、扬帆远航。

(《人民日报》2023年01月04日第09版)

解码新征程

务必敢于斗争、善于斗争

任理轩

一个曾经积贫积弱的东方大国发展振兴、走向富强,一个曾经陷入前所未有劫难的古老民族实现伟大复兴,不可能轻轻松松、一帆风顺,必然要经历艰苦的磨炼和斗争。习近平总书记在党的二十大报告中号召全党同志"务必敢于斗争、善于斗争"。敢于斗争、善于斗争,这是我们坚定历史自信、增强历史主动,谱写新时代中国特色社会主义更加绚丽华章的必然要求。中国共产党诞生于国家内忧外患、民族危难之时,一出生就铭刻着斗争的烙印,一路走来就是在斗争中求得生存、获得发展、赢得胜利。越是接近民族复兴越不会一帆风顺,越要准备经受风高浪急甚至惊涛骇浪的重大考验。新征程上,我们务必敢于斗争、善于斗争,发扬斗争精神,提高斗争本领,全力战胜前进道路上各种困难和挑战,向着既定目标奋勇前行。

斗争精神是中国共产党人的强大精神力量

山河为证,岁月为名。从石库门到天安门,从小小红船到巍巍巨轮,中国共产党将马克思主义的斗争品格与中华民族的奋斗精神荟萃交融，淬炼出敢于斗争、善于斗争的强大精神力量，激励一代又一代中国共产党人百折不挠、攻坚克难，团结带领中国人民为实现中华民族伟大复兴而英勇奋斗。一路走来，党和人民不论遭遇怎样的艰难险阻，都能知难而进、迎难而上，敢于斗争、敢于胜利。

斗争精神是马克思主义的理论品格和马克思主义政党的政治品质。马克思主义是指导我们进行伟大斗争的强大思想武器，一部马克思主义发展史，也是马克思主义者进行不懈斗争的历史。马克思指出："如果斗争只是在机会绝对有利的条件下才着手进行，那么创造世界历史未免就太容易了。"《共产党宣言》全文数十处用到"斗争"一词，充满了斗争精神。马克思主义认为，矛盾是普遍存在的，社会是在矛盾运动中前进的；有矛盾就会有斗争，解决矛盾的过程实际上就是斗争的过程。敢于斗争、善于斗争，体现马克思主义的立场观点方法，体现马克思主义唯物辩证法的实践要求。马克思主义政党只有深刻认识和准确把握社会矛盾运动规律，敢于斗争、善于斗争，才能在斗争中牢牢把握历史主动，不断发展自己、壮大自己，推动事业发展和社会进步，完成自身历史使命。这是马克思主义政党坚持以马克思主义为指导的内在要求，也是马克思主义政党应有的政治品质。

敢于斗争、善于斗争是中国共产党人的鲜明品格。我们党在内忧外患中诞生、在历经磨难中成长、在攻坚克难中壮大，锤炼了不畏强敌、不惧风险、敢于斗争、勇于胜利的风骨和品质。这是我们党最鲜明的特质和特点。无论敌人如何强大、道路如何艰险、挑战如何严峻，党始终敢于斗争、善于斗争，在斗争中前进、在前进中斗争，保持那么一股革命加拼命的精神。回顾历史，世界上没有哪个政党像中国共产党这样，遭遇过如此多的艰难险阻，经历过如此多的生死考验，付出过如此多的惨烈牺牲。"为有牺牲多壮志，敢教日月换新天。"1921年到1949年，我们党领导人民打土豪、分田地，驱日寇、斗敌顽，争民主、求解放，有名可查的烈士就达370多万人，靠的就是不怕牺牲、艰苦卓绝的斗争。"独有英雄驱虎豹，更无豪杰怕熊罴。"新中国成立不久，在国家积贫积弱、一穷二白的情况下，面对世界上最强大国家的威胁和挑衅，党中央和毛泽东同志以"打得一拳开，免得百拳来"的战略远见，以"不惜国内打烂了重新建设"的决心和魄力，作出抗美援朝、保家卫国的历史性决策，捍卫了新中国安全，靠的也是不畏强敌、勇于碰硬的斗争。"人生天地间，长路有险夷。"在世界社会主义遭遇严重挫折的历史关头，我们党坚定不移推进改革开放，领导人民有力应变局、平风波、战洪水、防非典、抗地震、化危机，攻克了一个又一个看似不可攻克的难关，创造了举世瞩目的发展奇迹，在世界上高高举起中国特色社会主义伟大旗帜，靠的同样是不惧风浪、勇立潮头的斗争。

新时代伟大成就是党团结带领人民依靠顽强斗争取得的。党的十八大以来，习近平总书记多次强调，必须进行具有许多新的历史特点的伟大斗争，必须准备付出更为艰巨、更为艰苦的努力，必须高度重视和切实防范化解各种重大风险。正是有了这样的思想准备，我们党以伟大的历史主动精神、巨大的政治勇气、强烈的责任担当团结带领全国各族人民从容应对世所罕见、史所罕见的一系列风险挑战，保持战略定力，发扬斗争精神，在斗争中维护国家尊严和核心利益，经受住了来自政治、经济、意识形态、自然界等方面的风险挑战考验，牢牢掌握了我国发展和安全主动权，推动党和国家事业取得历史性成就、发生历史性变革。新时代十年来，我们打响改革攻坚战，坚决破除各方面体制机制弊端，以一系列新举措化解经济社会发展矛盾；坚持全面从严治党，开展史无前例的反腐败斗争，消除党、国家、军队内部存在的严重隐患；沉着冷静应对美国单方面挑起的中美经贸摩擦，坚决维护国家尊严和核心利益；采取一系列重大措施扭转香港乱局，实现由乱到治的重大转折……新时代一系列突破性进展都是在斗争中实现的，一系列标志性成果都是在斗争中取得的。我们党着力解决影响党长期执政、国家长治久安、人民幸福安康的突出矛盾和问题，成功推进和拓展了中国式现代化，创造了人类文明新形态，实现中华民族伟大复兴进入了不可逆转的历史进程。没有新时代十年伟大斗争，就没有新时代十年伟大变革，就没有新时代中国特色社会主义新胜利。

勇于进行具有许多新的历史特点的伟大斗争

习近平总书记指出："我们党依靠斗争创造历史，更要依靠斗争赢得未来。"党的二十大擘画了以中国式现代化全面推进中华民族伟大复兴的宏伟蓝图，党和人民在新的历史起点上向着更高目标攀登。事业越发展、目标越接近，就越是处于吃劲阶段，越需要发扬顽强斗争精神、付出更多艰苦努力。在重大风险、强大对手面前，总想过太平日子、不想斗争是不切实际的，得"软骨病"、患"恐惧症"是无济于事的。唯有以狭路相逢勇者胜的无畏气概，勇于进行具有许多新的历史特点的伟大斗争，才能赢得优势、赢得主动、赢得未来，不断夺取全面建设社会主义现代化国家新胜利。

清醒认识伟大斗争的历史特点。习近平总书记指出:"全党必须清醒认识前进道路上进行伟大斗争的长期性、复杂性、艰巨性"。我们面临的各种斗争不是短期的而是长期的,至少要伴随实现第二个百年奋斗目标全过程。前进道路上,必然会面对更多重大挑战、重大风险、重大阻力、重大矛盾,有大量改革难题、发展课题、矛盾问题需要破解。当前,中华民族伟大复兴战略全局与世界百年未有之大变局相互交织、相互激荡。从国际看,百年变局加速演进,世纪疫情影响深远,全球经济复苏乏力,全球性问题层出不穷,单边主义、保护主义、霸权主义给世界和平与发展带来严重威胁,敌对势力对我国进行打压围堵,处心积虑阻滞中华民族伟大复兴历史进程。从国内看,发展不平衡不充分问题仍然突出,推进高质量发展还有许多卡点瓶颈,民生领域还面临不少难题,党风廉政建设和反腐败斗争面临不少顽固性、多发性问题。国内国际两个大局相互作用,新矛盾和旧问题彼此影响,传统安全和非传统安全问题相互叠加,有形斗争和无形较量轮番博弈,可以预见的风险和不可预见的挑战接踵而至。还要认识到,中国式现代化是人类历史上最为宏大而独特的实践创新,是长期而艰巨的伟大社会革命。我们要在这样的形势环境下向着全面建成社会主义现代化强国的宏伟目标奋进,推进人类历史上从未有过的崭新的现代化,犹如滚石上山、逆水行舟,任务极其艰巨,难度世所罕见。新征程不可能是一片坦途,而是前进性和曲折性相统一的艰辛征途。我们要充分认识伟大斗争的长期性、复杂性、艰巨性,坚持底线思维,增强忧患意识,从思想上和行动上做好应对各种风险考验的充足准备。

准确把握伟大斗争的方向立场原则。习近平总书记强调:"共产党人讲党性、讲原则，就要讲斗争。"斗争是事物发展和实践创新的实现形式，是解决突出矛盾和问题的必要方式。历史发展从来不是风平浪静的，而是充满曲折和艰辛。"树欲静而风不止"，各种敌对势力绝不会让我们顺顺利利实现民族复兴。夺取新的胜利，必须依靠中国共产党和中国人民英勇奋斗。新征程上，我们务必敢于斗争、善于斗争，不是为了斗争而斗争，也不是为了一己私利而斗争，更不是好勇斗狠、逞强好胜，而是为了实现人民对美好生活的向往、实现中华民族伟大复兴而知重负重、苦干实干、攻坚克难。共产党人的斗争是有方向、有立场、有原则的，大方向就是坚持中国共产党领导和我国社会主义制度不动摇。凡是危害中国共产党领导和我国社会主义制度的各种风险挑战，凡是危害我国主权、安全、发展利益的各种风险挑战，凡是危害我国核心利益和重大原则的各种风险挑战，凡是危害我国人民根本利益的各种风险挑战，凡是危害我国实现第二个百年奋斗目标、实现中华民族伟大复兴的各种风险挑战，只要来了，我们就必须进行坚决斗争，而且必须取得斗争胜利。我们要以坚定的立场牢牢把握正确斗争方向，做到在各种重大斗争考验面前"不畏浮云遮望眼""乱云飞渡仍从容"。

科学把握伟大斗争的时代要求。习近平总书记指出："我们共产党人的斗争，从来都是奔着矛盾问题、风险挑战去的。"踏上新征程，敢于斗争、善于斗争，就要紧紧围绕全面建设社会主义现代化国家面临的矛盾和问题展开。推动高质量发展，实现高水平科技自立自强，啃下重点改革领域硬骨头，防范化解经济金融风险，坚持马克思主义在意识形态领域的指导地位，促进共同富裕，治理生态环境，应对重大自然灾害，维护国家安全，应对外部遏制打压，全面从严治党……都要敢于斗争、善于斗争。时代和实践的发展变化给我国现代化建设提出了一系列新问题新挑战，我们面临问题的复杂程度、解决问题的艰巨程度明显加大。要发扬历史主动精神，在机遇面前主动出击，不犹豫、不观望；在困难面前迎难而上，不推诿、不逃避；在风险面前积极应对，不畏缩、不躲闪。增强问题意识，坚持问题导向，敢于正视问题、善于发现问题，聚焦实践遇到的新问题、改革发展稳定存在的深层次问题、人民群众急难愁盼问题、国际变局中的重大问题、党的建设面临的突出问题，主动识变应变求变，主动防范化解风险，在破解矛盾问题中推动党和国家事业取得更大进展。

依靠顽强斗争打开事业发展新天地

党的二十大发出了为全面建设社会主义现代化国家、全面推进中华民族伟大复兴而团结奋斗的伟大号召。彩虹与风雨共生、机遇与挑战并存，新征程是充满光荣和梦想的远征。我们要强化斗争意识、鼓足斗争勇气、把握斗争规律、提高斗争本领、讲究斗争艺术，不畏强敌、不惧风险，敢于担当、勇于碰硬，摒弃任何贪图享受、消极懈怠、回避矛盾的思想和行为，坚决战胜前进道路上的各种困难和挑战，依靠顽强斗争打开事业发展新天地。

把握好习近平新时代中国特色社会主义思想的世界观和方法论，夯实敢于斗争、善于斗争的思想根基。理论上清醒，政治上才能坚定，斗争起来才有底气、有力量。习近平新时代中国特色社会主义思想指引全党全国人民通过伟大斗争创造新时代十年举世瞩目的历史性成就，也必将继续指引全党全国人民通过伟大斗争创造新的历史伟业。这一重要思想回答了新时代举什么旗、走什么路的根本性问题，在坚持什么、反对什么上旗帜鲜明、正本清源，敢于直面矛盾、坚持问题导向，坚持理论和实践相结合、战略和战术相贯通、世界观和方法论相统一，既指明斗争的正确方向，激发斗争的精神动力，又提供进行斗争的根本遵循和科学方法。我们要学深悟透这一重要思想的核心要义、精神实质、丰富内涵、实践要求，把握好其世界观和方法论，坚持好、运用好贯穿其中的立场观点方法，明确斗争正确方向，砥砺无畏担当品格，不断提高战略思维、历史思维、辩证思维、系统思维、创新思维、法治思维、底线思维能力，以高超斗争本领有效破解难题、推动工作。

从党的精神谱系中汲取丰富滋养，激发敢于斗争、善于斗争的精神力量。历史是最好的教科书。"历史的道路，不全是坦平的，有时走到艰难险阻的境界，这是全靠雄健的精神才能够冲过去的。"一百多年来，一代又一代中国共产党人不畏艰难险阻、直面风险挑战，敢于斗争、敢于胜利，展现出伟大的历史主动精神，构筑起以伟大建党精神为源头的中国共产党人精神谱系，形成党的光荣传统和优良作风。这是宝贵的精神财富，是激励我们奋勇前进的强大精神动力。从革命时期的长征精神、延安精神等，到建设岁月的"两弹一星"精神、红旗渠精神等，到改革年代的特区精神、抗洪精神等，再到新时代的脱贫攻坚精神、抗疫精神等，这些精神内涵丰富，都体现着中国共产党人敢于斗争、敢于胜利的鲜明品格。也应看到，在一些党员干部中，不愿斗争、不敢斗争、不会斗争的问题还不同程度存在。如果遇到矛盾惊慌失措，遇见斗争直打摆子，不担当不作为，不仅成不了事，而且注定坏事、贻误大事。我们要从党的精神谱系中汲取滋养，赓续共产党人精神血脉，任何时候都决不丢掉革命加拼命的精神，决不丢掉不畏强敌、不惧风险、敢于斗争、勇于胜利的风骨。要不断增强志气、骨气、底气，不信邪、不怕鬼，压不垮、难不倒，永葆充沛饱满的斗争精神，百折不挠、一往无前，以昂扬姿态做好党和国家各项工作。

勇于经受严格历练，练就敢于斗争、善于斗争的能力本领。斗争本领不是与生俱来的，只有在斗争中才能学会斗争，在斗争中才能成长提高。要勇于经受政治历练。在砥砺初心、坚定信念、锤炼党性上多下功夫，不断提高政治判断力、政治领悟力、政治执行力，对"国之大者"了然于胸，把贯彻党中央精神体现到谋划重大战略、制定重大政策、部署重大任务、推进重大工作的实践中去，以"时时放心不下"的精神状态和责任担当，为党分忧、为国尽责、为民奉献，勇于担苦、担难、担重、担险。要勇于经受实践锻炼。"刀在石上磨，人在事上练"。只有多经历复杂局面、困难情境考验，才能在干事中长本事、在历练中变老练。党员干部要在复杂严峻的斗争中经风雨、见世面、壮筋骨，着力增强推动高质量发展本领、服务群众本领、防范化解风险本领，着力增强防风险、迎挑战、抗打压能力，练就敢于斗争、善于斗争的硬脊梁、铁肩膀、真本事，做到平常时候看得出来、关键时刻站得出来、危难关头豁得出来，在与各种困难和风险的斗争中冲锋在前、建功立业。

灵活运用策略方法，提高敢于斗争、善于斗争的艺术和智慧。斗争是一门艺术，要有正确的策略和方法。要把握斗争规律，坚持增强忧患意识和保持战略定力相统一，坚持战略判断和战术决断相统一，坚持斗争过程和斗争实效相统一。要透过现象看本质，把握大局大势，抓主要矛盾和矛盾的主要方面，分清轻重缓急，科学排兵布阵。坚持有理有利有节，在原则问题上寸步不让，在策略问题上灵活机动，合理选择斗争方式、把握斗争火候，根据形势需要及时调整斗争策略。提升草摇叶响知鹿过、松风一起知虎来、一叶易色而知天下秋的见微知著能力，科学预见形势发展走势和隐藏其中的风险挑战，做到未雨绸缪、抓早抓小，下好先手棋、打好主动仗，防范各类"黑天鹅""灰犀牛"事件发生，打好化险为夷、转危为机的战略主动战。把握好斗争和团结的关系，团结一切可以团结的力量，调动一切积极因素，在斗争中争取团结，在斗争中谋求合作，在斗争中争取共赢。

　　征途漫漫多风雨，敢于斗争永向前。展望未来，时与势在我们一边，我们信心百倍奋进伟大征程；眺望前路，仍需跋山涉水、闯关夺隘，我们百折不回推进伟大复兴。踏平坎坷成大道，越是艰险越向前。走过百年历程、更加坚强有力的中国共产党，必将团结带领14亿多中国人民，敢于斗争、善于斗争，逢山开道、遇水架桥，锐意进取、勇毅前行，战胜前进道路上一切可以预见和难以预见的风险挑战，赢得新的历史性胜利、书写新的精彩华章。

（《人民日报》2023年01月05日第09版）

坚定历史自信 增强历史主动

任理轩

习近平总书记在党的二十大报告中强调:"全党同志务必不忘初心、牢记使命,务必谦虚谨慎、艰苦奋斗,务必敢于斗争、善于斗争,坚定历史自信,增强历史主动,谱写新时代中国特色社会主义更加绚丽的华章。"坚定历史自信,是一个政党、一个国家、一个民族勇毅前行、开拓奋进的强大精神力量;增强历史主动,是一个政党、一个国家、一个民族把握历史发展大势、抓住历史变革时机,奋发有为、锐意进取的重要制胜法宝。新时代新征程,不断夺取全面建设社会主义现代化国家新胜利,必须牢记"三个务必",贯通理解苦难辉煌的过去、日新月异的现在、光明宏大的未来,坚定历史自信,增强历史主动,谱写新时代中国特色社会主义更加绚丽的华章。

中国共产党具有坚定历史自信、增强历史主动的强大底气

习近平总书记指出:"历史在人民探索和奋斗中造就了中国共产党,我们党团结带领人民又造就了历史悠久的中华文明新的历史辉煌。"100多年来,中国共产党团结带领中国人民书写了中华民族几

千年历史上最恢宏的史诗,深刻改变了近代以后中华民族发展的方向和进程,深刻改变了中国人民和中华民族的前途和命运,深刻改变了世界发展的趋势和格局,为中国人民、中华民族、马克思主义、人类进步事业作出了卓越贡献。这一最恢宏的史诗,铸就了中国共产党无比坚定的历史自信,也彰显了中国共产党把握历史主动的高超能力。

中国共产党的历史自信与历史主动,源自马克思主义的真理力量和实践力量。习近平总书记在党的二十大报告中指出:"中国共产党为什么能,中国特色社会主义为什么好,归根到底是马克思主义行,是中国化时代化的马克思主义行。"这一重要论断深刻揭示了思想的力量。一种思想理论,能够让人们始终坚定历史自信、增强历史主动,是因为它始终占据着真理和道义的制高点。马克思主义作为整个人类精神的精华,是正确认识历史的理论,揭示了人类社会发展的规律;是科学指引未来的理论,指明了人类寻求自身解放的道路。在人类思想史上,没有一种思想理论像马克思主义那样对人类产生如此广泛而深刻的影响。中国共产党的历史自信与历史主动,源自马克思主义的真理力量和实践力量,源自中国化时代化的马克思主义的真理力量和实践力量。100多年来,我们党坚持把马克思主义写在自己的旗帜上,不断推进马克思主义中国化时代化,用马克思主义中国化时代化的科学理论引领实践,取得了举世瞩目的伟大成就。党的十八大以来,以习近平同志为主要代表的中国共产党人,坚持把马克思主义基本原理同中国具体实际相结合、同中华优秀传统文化相结合,创立了习近平新时代中国特色社会主义思想。习近平新时代中国特色社会主义思想是当代中国马克思主义、二十一世纪马克思主义,是中华文化和中国精神的时代精华,科学回答了中国之问、世界之问、人民之问、时代之问，在指引新时代的伟大实践中彰显出强大的真理力量和实践力量。新时代十年党和国家事业取得历史性成就、发生历史性变革，根本在于有以习近平同志为核心的党中央坚强领导，在于有习近平新时代中国特色社会主义思想科学指引。有习近平新时代中国特色社会主义思想作为我们认识世界和改造世界的强大思想武器，我们的历史自信更加坚定、历史主动愈益增强。

中国共产党的历史自信与历史主动，源自党无比坚强的领导力。习近平总书记指出："中国共产党所具有的无比坚强的领导力，是风雨来袭时中国人民最可靠的主心骨。"中国共产党是先进的马克思主义政党，在团结带领中国人民进行革命、建设、改革的伟大实践中，形成了强大的政治领导力、思想引领力、群众组织力、社会号召力。正是这种无比坚强的领导力，让中国共产党能够坚定历史自信、增强历史主动。我们党无比坚强的领导力，突出体现为党中央集中统一领导。党的十八大以来，习近平总书记作为党中央的核心、全党的核心，在风云变幻中举旗定向、掌舵领航，在大战大考中指挥若定、运筹帷幄，在惊涛骇浪中力挽狂澜、砥柱中流。在以习近平同志为核心的党中央坚强领导下，我们采取一系列战略性举措，推进一系列变革性实践，实现一系列突破性进展，取得一系列标志性成果，经受住了来自政治、经济、意识形态、自然界等方面的风险挑战考验，党和国家事业取得历史性成就、发生历史性变革，推动我国迈上全面建设社会主义现代化国家新征程。新时代十年，在习近平总书记亲自谋划、亲自部署、亲自推动下，党中央权威和集中统一领导得到有力保证，党的领导制度体系不断完善，党的领导方式更加科学，党把方向、谋大局、定政策、促改革的能力不断提高，总揽全局、协调各方的领导核心作用充分发挥。实践已经并将继续证明，只要全党深刻领悟"两个确立"的决定性意义，更加自觉地维护习近平总书记党中央的核心、全党的核心地位，更加自觉地维护以习近平同志为核心的党中央权威和集中统一领导，只要全党全国各族人民在党的旗帜下团结成"一块坚硬的钢铁"，我们这个百年大党就能不断坚定历史自信、增强历史主动。

中国共产党的历史自信与历史主动，源自人民群众的拥护支持。习近平总书记指出："人民是历史的创造者，是决定党和国家前途命运的根本力量。"马克思主义政党作为历史活动的主体，其历史自信和历史主动不是抽象的，而是具体的；不是空中楼阁，而是有着深厚的根基。100多年来，中国共产党在进取中突破、于挫折中奋起、从总结中提高，从来都对历史前途抱有坚定的信心，对完成历史任务抱有必胜的信念，就是因为始终得到人民群众的拥护和支持。撼山易，撼中国人民难。红军时期，人民群众就是党和人民军队的铜墙铁壁；抗日战争时期，我们党广泛发动群众，使日本侵略者陷入了人民战争的汪洋大海；淮海战役胜利是靠老百姓用小车推出来的，渡江战役胜利是靠老百姓用小船划出来的；社会主义革命和建设的成就是人民群众干出来的；改革开放的历史伟剧是亿万人民群众主演的。党的十八大以来，以习近平同志为核心的党中央坚持人民至上，坚持一切为了人民、一切依靠人民，念民之所忧，行民之所盼，团结带领全国各族人民不懈奋斗。新时代的伟大成就，是党和人民一道拼出来、干出来、奋斗出来的。历史充分表明，人民群众是我们党的根基、血脉和力量源泉，是我们始终坚定历史自信、增强历史主动最为坚实的基础。只要我们党紧紧依靠人民创造历史，从人民实践创造和发展要求中获得前进动力，就能信心百倍推进中华民族从站起来、富起来到强起来的伟大飞跃。

中国共产党的历史自信与历史主动，源自党在艰辛奋斗中创造的伟大成就。习近平总书记指出："没有中国共产党，就没有新中国，就没有中华民族伟大复兴。"历史和人民选择了中国共产党，中国共产党也没有辜负历史和人民的选择。100多年来，中国共产党团结带领中国人民以"为有牺牲多壮志，敢教日月换新天"的大无畏气概，创造了新民主主义革命的伟大成就、社会主义革命和建设的伟大成就、改革开放和社会主义现代化建设的伟大成就、新时代中国特色社会主义的伟大成就，创造了令人刮目相看的人间奇迹。特别是新时代十年，我们打赢了人类历史上规模最大的脱贫攻坚战，近1亿农村贫困人口实现脱贫，历史性地解决了绝对贫困问题；我国经济实力实现历史性跃升，经济总量占世界经济的比重达18.5%，稳居世界第二位；载人航天、探月探火、深海深地探测、超级计算机、卫星导航、量子信息等取得重大成果，进入创新型国家行列；建成世界上规模最大的教育体系、社会保障体系、医疗卫生体系，教育普及水平实现历史性跨越，基本养老保险覆盖10.4亿人，基本医疗保险参保率稳定在95%……党领导人民取得的伟大成就，为实现中华民族伟大复兴提供了更为完善的制度保证、更为坚实的物质基础、更为主动的精神力量。百余年非凡奋斗，标注着一个国家波澜壮阔的发展进步，熔铸着一个政党广泛深厚的自信自强。"度之往事，验之来事"。取得了一个又一个伟大历史成就、创造了一个又一个人间奇迹的中国共产党，必将以更加坚定的历史自信、更加强烈的历史主动创造新的更大的奇迹。

坚定历史自信、增强历史主动，才能走好新的赶考之路

"自信人生二百年，会当水击三千里。"历史是一个从昨天走到今天再走到明天的过程。坚定历史自信、增强历史主动，目的是为了创造新的历史伟业。习近平总书记指出："实现中国梦是一场历史接力赛"。今天，中国共产党已经团结带领中国人民完成脱贫攻坚、全面建成小康社会的历史任务，实现了第一个百年奋斗目标，正在全面建设社会主义现代化国家新征程上朝着实现中华民族伟大复兴的宏伟目标继续前进。全面建设社会主义现代化国家是一项伟大而艰巨的事业，前途光明，任重道远。只有坚定历史自信、增强历史主动，才能走好新的赶考之路。

坚定"四个自信"、夺取新时代中国特色社会主义新的伟大胜利的必然要求。党的二十大强调高举中国特色社会主义伟大旗帜，这就要求我们在新的赶考之路上坚定中国特色社会主义道路自信、理论自信、制度自信、文化自信。"四个自信"不是无源之水、无本之木，而是建立在坚定的历史自信基础之上。对历史进程的认识越全面，对历史规律的把握越深刻，党的历史智慧越丰富，对前途的掌握就越主动。只有坚定历史自信，我们才能坚持道不变、志不改，既不走封闭僵化的老路，也不走改旗易帜的邪路，坚定不移走中国特色社会主义道路。夺取新时代中国特色社会主义新的伟大胜利，是一个长期艰巨的历史过程，必须增强历史主动。我们既要咬定青山不放松、风雨无阻向前进，以行百里者半九十的清醒不懈推进中华民族伟大复兴；又要立足现实，把握好每个阶段的历史大势，做好当下的事情，坚持把国家和民族发展放在自己力量的基点上，坚持把中国发展进步的命运

牢牢掌握在自己手中。

抓住战略机遇、以中国式现代化全面推进中华民族伟大复兴的必然要求。100多年来，中国共产党团结带领中国人民所进行的一切奋斗，就是为了把我国建设成为现代化强国，实现中华民族伟大复兴。新时代新征程，走好新的赶考之路，就要坚持以中国式现代化全面推进中华民族伟大复兴。在新中国成立特别是改革开放以来长期探索和实践基础上，经过党的十八大以来在理论和实践上的创新突破，我们党成功推进和拓展了中国式现代化。我们要坚定历史自信，深刻认识到中国式现代化理论是对西方现代化理论的超越，深刻把握中国式现代化的中国特色、本质要求和必须牢牢把握的重大原则。以中国式现代化全面推进中华民族伟大复兴，必须善于抓住和用好各种战略机遇。当前，我国发展仍具有诸多战略性的有利条件，仍然处于重要战略机遇期。但也应看到，随着国内外环境发生深刻复杂变化，战略机遇的内涵也有了新的发展变化，而且历史性的机遇往往稍纵即逝，机不可失、时不再来。只有增强历史主动，准确识变、科学应变、主动求变，勇于开顶风船，善于化危为机，紧紧抓住战略机遇，顺势而为、奋发有为，才能全面建成社会主义现代化强国、实现第二个百年奋斗目标。

应对风险挑战、经受风高浪急甚至惊涛骇浪重大考验的必然要求。我们这样一个大国的现代化，不可能顺顺当当实现。越是接近民族复兴，越会充满风险挑战乃至惊涛骇浪。当前，世界百年未有之大变局加速演进，我国发展进入战略机遇和风险挑战并存、不确定难预料因素增多的时期，各种"黑天鹅""灰犀牛"事件随时可能发生。我们面临的各种斗争不是短期的而是长期的，至少要伴随我们实现第二个百年奋斗目标全过程。走好新的赶考之路，在中华民族伟大复兴关键时期攻坚克难、砥砺奋进，团结带领中国人民用新的伟大奋斗创造新的伟业，必须坚定历史自信、增强历史主动。只有坚定历史自信，才能保持战略定力，在乱云飞渡中确保我国社会主义现代化建设正确方向，推动我国经济社会发展向着既定目标前进；才能在风险挑战面前砥砺胆识，精准研判、妥善应对来自各方面的风险挑战考验。只有增强历史主动，才能把战略的坚定性和策略的灵活性结合起来，既把方向、抓大事、谋长远，又抓准抓好工作的切入点和着力点，以战略定力和策略活力应变局、育新机、开新局；才能知难而进、迎难而上，全力战胜前进道路上各种困难和挑战，依靠顽强斗争打开事业发展新天地，开创属于我们这一代人的历史伟业。

在新时代新征程上不断坚定历史自信、增强历史主动

坚定历史自信不是骄傲自满，增强历史主动是为了更好前进。习近平总书记指出："全面建成小康社会，实现第一个百年奋斗目标，在中国共产党奋斗史、新中国发展史、中华民族文明史上都具有里程碑意义。同时，我们必须认识到，这只是我们迈向中华民族伟大复兴的关键一步，我们决不能骄傲自满、止步不前"。新时代新征程，我们必须坚定历史自信、增强历史主动，为实现第二个百年奋斗目标、实现中华民族伟大复兴而奋力拼搏。

全面贯彻习近平新时代中国特色社会主义思想，夯实坚定历史自信、增强历史主动的思想根基。拥有马克思主义科学理论指导是我们党坚定信仰信念、把握历史主动的根本所在。坚定历史自信、增强历

史主动，赢得优势、赢得未来，一刻都不能没有正确思想指引。习近平新时代中国特色社会主义思想科学回答了新时代坚持和发展什么样的中国特色社会主义、怎样坚持和发展中国特色社会主义，建设什么样的社会主义现代化强国、怎样建设社会主义现代化强国，建设什么样的长期执政的马克思主义政党、怎样建设长期执政的马克思主义政党等重大时代课题，是全党全国人民为实现中华民族伟大复兴而奋斗的行动指南。我们要全面贯彻习近平新时代中国特色社会主义思想，把握好其世界观和方法论，坚持好、运用好贯穿其中的立场观点方法，不断夯实坚定历史自信、增强历史主动的思想根基，更好从历史长河、时代大潮、全球风云中分析演变机理、探究历史规律，提出因应的战略策略，增强工作的系统性、预见性、创造性，确保党和国家事业在历史前进的逻辑中前进、在时代发展的潮流中发展。

坚持做到"三个务必"，在焕发更为强烈的历史自觉和主动精神中坚定历史自信、增强历史主动。坚定历史自信、增强历史主动，建立在对历史发展潮流全面认识的基础之上，深刻体现历史主体的主观能动性，充分彰显历史自觉和主动精神。习近平总书记在党的二十大报告中向全党同志提出的"三个务必"，不仅是对我们党100多年来历史经验、优良传统、精神品格等的高度凝练，更是对新时代新征程进一步坚定历史自信、增强历史主动的新的更高要求。"三个务必"是一个有机统一的整体，让新时代的中国共产党人焕发出更为强烈的历史自觉和主动精神。要清醒认识到，当前我们所处的是一个船到中流浪更急、人到半山路更陡的时候，务必不忘初心、牢记使命，把不忘初心、牢记使命作为加强党的建设的永恒课题，作为全体党员、干部的终身课题；务必谦虚谨慎、艰苦奋斗，保持创业初期那种励精图治的精神状态，在长期执政中要节俭内敛、敬终如始，在承平时期要严以治吏、防腐戒奢，在重大变革关头要顺乎潮流、顺应民心；务必敢于斗争、善于斗争，保持过去革命战争时期的革命热情和拼命精神，在机遇面前主动出击，在困难面前迎难而上，在风险面前积极应对。

走好"五个必由之路"，在把握历史规律中坚定历史自信、增强历史主动。对历史规律的把握越深刻，对时与势的判断就会越准确，对历史前途的掌握就会越主动。习近平总书记在党的二十大报告中强调"五个必由之路"，要求全党"必须倍加珍惜、始终坚持，咬定青山不放松，引领和保障中国特色社会主义巍巍巨轮乘风破浪、行稳致远"。"五个必由之路"是我们党在长期实践中得出的至关紧要的规律性认识，是关乎党和国家事业发展的历史规律总结。历史规律可以映照现实、远观未来，能够让我们看清楚过去为什么成功、弄明白未来怎样才能继续成功，进而坚定历史自信、增强历史主动。全党必须牢记，坚持党的全面领导是坚持和发展中国特色社会主义的必由之路，中国特色社会主义是实现中华民族伟大复兴的必由之路，团结奋斗是中国人民创造历史伟业的必由之路，贯彻新发展理念是新时代我国发展壮大的必由之路，全面从严治党是党永葆生机活力、走好新的赶考之路的必由之路，矢志不渝、笃行不怠，不断创造不负时代、不负人民的业绩。

对百年奋斗历史最好的致敬，是书写新的奋斗历史。新征程是充满光荣和梦想的远征。走过百年辉煌历程的中国共产党，具有无比坚定的历史自信；立志于中华民族千秋伟业的中国共产党，焕发出更为强烈的历史自觉和主动精神。又踏层峰辟新天，更扬云帆立潮头。

只要我们更加紧密地团结在以习近平同志为核心的党中央周围，全面贯彻习近平新时代中国特色社会主义思想，弘扬伟大建党精神，牢记"三个务必"，坚定历史自信，增强历史主动，踔厉奋发、勇毅前行，就一定能把党的二十大擘画的宏伟蓝图变为现实，谱写新时代中国特色社会主义更加绚丽的华章。

（《人民日报》2023年01月06日第09版）

全面建设社会主义现代化国家关键在党

王炳林　刘　奎

党的二十大是在全党全国各族人民迈上全面建设社会主义现代化国家新征程、向第二个百年奋斗目标进军的关键时刻召开的一次十分重要的大会。习近平总书记在党的二十大报告中指出，全面建设社会主义现代化国家、全面推进中华民族伟大复兴，关键在党。中国共产党是领导我们事业的核心力量。新时代新征程，全面建设社会主义现代化国家，实现第二个百年奋斗目标，必须深刻认识中国式现代化是中国共产党领导的社会主义现代化，始终坚持和加强党的全面领导。

中国共产党领导中国人民成功走出中国式现代化道路

习近平总书记指出："中国式现代化，是中国共产党领导的社会主义现代化"。习近平总书记的重要论述深刻阐明了中国共产党与中国式现代化之间的关系。正是在中国共产党的坚强领导下，我们成功走出中国式现代化道路，正意气风发踏上全面建设社会主义现代化国家新征程。

新民主主义革命时期，我们党团结带领中国人民推翻帝国主义、封建主义、官僚资本主义三座大山，建立了人民当家作主的中华人民共和国，实现了民族独立、人民解放，为走出中国式现代化道路创造了根本社会条件。

社会主义革命和建设时期，我们党团结带领中国人民进行社会主义革命，确立社会主义基本制度，推进社会主义建设，对我国现代化建设进行了艰辛探索。我们党领导人民在旧中国一穷二白的基础上建立起独立的比较完整的工业体系和国民经济体系，我国社会主义建设事业、中国式现代化实践迈出了坚实步伐。

改革开放和社会主义现代化建设新时期，我们党团结带领中国人民坚定不移推进改革开放，开创、坚持、捍卫、发展中国特色社会主义，确立社会主义市场经济体制，极大地解放和发展了社会生产力。这期间，党的十三大提出从解决温饱到实现小康、再到基本实现现代化的"三步走"战略构想，党的十五大提出以2010年、建党一百年和新中国成立一百年为时间节点的"新三步走"发展战略和"两个一百年"奋斗目标，中国式现代化的战略步骤日益明确、战略路径日益清晰、战略规划日益完备。

从党的十八大开始，中国特色社会主义进入新时代。习近平总书记围绕"建设什么样的社会主义现代化强国、怎样建设社会主义现代化强国"这一重大时代课题，提出一系列原创性的治国理政新理念新思想新战略。习近平总书记深刻阐明了我国现代化建设必须坚持的方向，明确指出中国式现代化"是人口规模巨大的现代化，是全体人民共同富裕的现代化，是物质文明和精神文明相协调的现代化，是人与自然和谐共生的现代化，是走和平发展道路的现代化"。习近平总书记在党的二十大报告中强调中国式现代化的本质要求是：坚持中国共产党领导，坚持中国特色社会主义，实现高质量发展，发展全过程人民民主，丰富人民精神世界，实现全体人民共同富裕，促进人与自然和谐共生，推动构建人类命运共同体，创造人类文明新形态。10年来，在以习近平同志为核心的党中央坚强领导下，在习近平新时代中国特色社会主义思想科学指引下，党和国家事业取得历史性成就、发生历史性变革，我们党成功推进和拓展了中国式现代化。

中国共产党领导是全面建设社会主义现代化国家的根本保证

习近平总书记指出，中国共产党领导"是党和国家的根本所在、命脉所在，是全国各族人民的利益所系、命运所系"。纵观中国共产党团结带领中国人民推进现代化建设的历程可以发现，正是因为坚持和加强党的全面领导，我国才能仅用几十年时间就走完发达国家几百年走过的工业化历程，创造了经济快速发展和社会长期稳定两大奇迹，才能如期全面建成小康社会、实现第一个百年奋斗目标，顺利开启全面建设社会主义现代化国家、实现第二个百年奋斗目标新征程。

确保中国式现代化始终沿着正确方向前进。方向决定道路，道路决定命运。坚持和加强党的全面领导，全面建设社会主义现代化国家就有了正确方向。习近平总书记指出："中国共产党是执政党，党的领导是做好党和国家各项工作的根本保证，是我国政治稳定、经济发展、民族团结、社会稳定的根本点，绝对不能有丝毫动摇。"只有始终坚持党的领导，才能确保中国式现代化体现社会主义的本质要求。在全面建设社会主义现代化国家新征程上，我们要自觉坚持和加强党的全面领导，坚持党中央集中统一领导，深刻领悟"两个确立"的决定性意义，进一步增强"四个意识"、坚定"四个自信"、做到"两个维护",确保中国式现代化始终沿着正确方向前进。

确保中国式现代化始终坚持以人民为中心。为中国人民谋幸福,是中国共产党人的初心;人民对美好生活的向往,是我们党的奋斗目标。习近平总书记指出:"我国现代化坚持以人民为中心的发展思想"。中国共产党始终代表最广大人民根本利益,与人民休戚与共、生死相依。共产党打江山、守江山,守的是人民的心,为的是让人民过上好日子。党的十八大以来,以习近平同志为核心的党中央,把以人民为中心的发展思想落实到社会主义现代化建设的具体行动中,让推进和拓展中国式现代化的历史进程,成为不断满足人民对美好生活向往的过程。

确保中国式现代化能够汇聚起磅礴力量。中国共产党是全心全意为人民服务的马克思主义政党,始终为最广大人民的根本利益而奋斗。习近平总书记指出:"我们党的百年历史,就是一部践行党的初心使命的历史,就是一部党与人民心连心、同呼吸、共命运的历史。"正是因为党与人民心连心、同呼吸、共命运,所以能够得到广大人民群众衷心拥护和支持,汇聚起全面建设社会主义现代化国家的磅礴力量。坚持和加强党的全面领导,发挥党的政治领导力、思想引领力、群众组织力、社会号召力,就一定能把全面建设社会主义现代化国家的蓝图一步步变为现实。

充分发挥全面从严治党的政治引领和政治保障作用

坚持党的领导,必须不断改善党的领导,让党的领导更加适应实践、时代、人民的要求。这就要求在全面建设社会主义现代化国家新征程上,充分发挥全面从严治党的政治引领和政治保障作用。习近平总书记强调，全党必须牢记，全面从严治党永远在路上，党的自我革命永远在路上。全面建设社会主义现代化国家，关键在党，关键在坚持党要管党、全面从严治党。

中国共产党在治国理政实践中探索出以党的自我革命引领社会革命的正确路径，团结带领中国人民成功走出中国式现代化道路。全面建设社会主义现代化国家，必须持之以恒推进全面从严治党，深入推进新时代党的建设新的伟大工程，以党的自我革命引领社会革命。必须坚持以党的政治建设为统领，把坚定拥护"两个确立"、坚决做到"两个维护"作为最高政治原则和根本政治责任，贯彻落实到全面建设社会主义现代化国家的各项实际工作中；把坚定理想信念作为党的思想建设的首要任务，坚持不懈用习近平新时代中国特色社会主义思想凝心铸魂，把握好其世界观和方法论，坚持好、运用好贯穿其中的立场观点方法；加强党的组织建设，增强党组织政治功能和组织功能，建设堪当民族复兴重任的高素质干部队伍；坚持作风建设永远在路上，密切党同人民群众的血肉联系；把加强纪律建设作为全面从严治党的治本之策，把守纪律讲规矩摆在更加重要的位置；把制度建设贯穿于党的各项建设之中，完善党的自我革命制度规范体系；坚持不敢腐、不能腐、不想腐一体推进，坚决打赢反腐败斗争攻坚战持久战，为全面建设社会主义现代化国家营造风清气正的政治生态。

（作者单位：北京师范大学马克思主义学院）

（《人民日报》2022年10月18日第17版）

把新时代中国特色社会主义不断推向前进

国防大学习近平新时代中国特色社会主义思想研究中心

党的二十大是在全党全国各族人民迈上全面建设社会主义现代化国家新征程、向第二个百年奋斗目标进军的关键时刻召开的一次十分重要的大会,对鼓舞和动员全党全国各族人民坚持和发展中国特色社会主义、全面建设社会主义现代化国家、全面推进中华民族伟大复兴具有重大意义。习近平总书记在党的二十大报告中指出,大会的主题是:高举中国特色社会主义伟大旗帜,全面贯彻新时代中国特色社会主义思想,弘扬伟大建党精神,自信自强、守正创新,踔厉奋发、勇毅前行,为全面建设社会主义现代化国家、全面推进中华民族伟大复兴而团结奋斗。这宣示了我们党在全面建设社会主义现代化国家、向第二个百年奋斗目标进军的新征程上,将始终高举中国特色社会主义伟大旗帜,团结带领中国人民承前启后、继往开来,以奋发有为的精神把新时代中国特色社会主义不断推向前进,不断夺取中国特色社会主义新胜利。

中国特色社会主义让科学社会主义在 21 世纪的中国焕发出新的蓬勃生机

江河万里总有源，树高千尺也有根。习近平总书记指出："中国特色社会主义是社会主义而不是其他什么主义，科学社会主义基本原则不能丢，丢了就不是社会主义。"中国特色社会主义是党和人民历尽千辛万苦、付出巨大代价取得的根本成就，既坚持科学社会主义基本原则，又根据时代条件赋予其鲜明的中国特色。

马克思主义是我们党和国家的指导思想。习近平总书记指出："马克思、恩格斯关于资本主义社会基本矛盾的分析没有过时，关于资本主义必然消亡、社会主义必然胜利的历史唯物主义观点也没有过时。这是社会历史发展不可逆转的总趋势"。我们要顺应社会历史发展不可逆转的总趋势，毫不动摇坚持和发展科学社会主义。

党的十八大以来，中国特色社会主义进入新时代。新时代中国特色社会主义始终坚持科学社会主义基本原则。在领导制度上，强调中国共产党领导是中国特色社会主义最本质的特征，是中国特色社会主义制度的最大优势，党是最高政治领导力量；在国体和政体上，实行人民民主专政和人民代表大会制度，不断健全人民当家作主制度体系；在经济制度上，坚持公有制为主体、多种所有制经济共同发展，按劳分配为主体、多种分配方式并存，社会主义市场经济体制等社会主义基本经济制度；在意识形态上，坚持马克思主义在意识形态领域指导地位，培育和践行社会主义核心价值观；在根本立场上，坚持以人民为中心，不断促进人的全面发展、全体人民共同富裕；等等。这些都在新的历史条件下体现了科学社会主义基本原则，充分表明新时代中国特色社会主义在坚持科学社会主义基本原则同中国具体实际、历史文化传统、新的时代要求相结合中不断丰富和发展科学社会主义。

新时代10年，以习近平同志为核心的党中央高举中国特色社会主义伟大旗帜，团结带领全党全国各族人民自信自强、守正创新，创造了新时代中国特色社会主义的伟大成就。习近平总书记指出："新时代10年的伟大变革，在党史、新中国史、改革开放史、社会主义发展史、中华民族发展史上具有里程碑意义。"新时代中国特色社会主义的伟大成就，让科学社会主义在21世纪的中国焕发出新的蓬勃生机。

中国特色社会主义是实现中华民族伟大复兴的唯一正确道路

实现中华民族伟大复兴，是近代以来中华民族最伟大的梦想。习近平总书记强调："实现中华民族伟大复兴，道路是最根本的问题。中国特色社会主义是实现中华民族伟大复兴的唯一正确道路""坚定中国特色社会主义道路自信、理论自信、制度自信、文化自信"。中国特色社会主义进入新时代，意味着中国特色社会主义道路、理论、制度、文化不断发展，证明了中国特色社会主义这条道路符合中国实际、反映中国人民意愿、适应时代发展要求，不仅走得对、走得通，而且也一定能够走得稳、走得好。我们要深入学习贯彻党的二十大精神，在中国特色社会主义道路上不可逆转地走向中华民族伟大复兴。

党的十八大以来，国内外形势新变化和实践新发展，迫切需要我们深入回答一系列重大理论和实践问题。以习近平同志为核心的党中央，提出中国特色社会主义进入新时代的重大判断，丰富发展了社会主义发展阶段理论；提出新时代我国社会主要矛盾已经转化为人民日益增长的美好生活需要和不平衡不充分的发展之间的矛盾，丰富发展了社会主义矛盾学说；揭示中国式现代化道路的中国特色和本质要求，作出全面建成社会主义现代化强国的战略部署，丰富发展了社会主义现代化理论；等等。在习近平新时代中国特色社会主义思想指引下，党和国家事业取得历史性成就、发生历史性变革，中国特色社会主义展现出更加强大、更有说服力的真理力量，中国特色社会主义道路越走越宽广，中华民族伟大复兴展现出前所未有的光明前景。

走自己的路，是党的全部理论和实践立足点，更是党百余年奋斗得出的历史结论。中国特色社会主义道路是创造人民美好生活、实现中华民族伟大复兴的康庄大道。脚踏中华大地，传承中华文明，走符合中国国情的正确道路，党和人民就具有无比广阔的舞台，具有无比深厚的历史底蕴，具有无比强大的前进定力。只要我们坚定不移走中国特色社会主义道路，就一定能够把我国建设成为富强民主文明和谐美丽的社会主义现代化强国，就一定能够实现中华民族伟大复兴。

坚持和发展中国特色社会主义要一以贯之

中国特色社会主义既是我们必须不断推进的伟大事业，又是我们开辟未来的根本保证。习近平总书记指出："新时代中国特色社会主义是我们党领导人民进行伟大社会革命的成果，也是我们党领导人民进行伟大社会革命的继续，必须一以贯之进行下去。"深入学习贯彻党的二十大精神，高举中国特色社会主义伟大旗帜，就要不断坚持和发展中国特色社会主义，以党的自我革命引领社会革命。

当前，世界百年未有之大变局加速演进，世界之变、时代之变、历史之变的特征更加明显,我国发展面临新的战略机遇、新的战略任务、新的战略阶段、新的战略要求、新的战略环境,需要应对的风险和挑战、需要解决的矛盾和问题比以往更加错综复杂,坚持和发展中国特色社会主义面临许多新的重大课题。我们要全面贯彻习近平新时代中国特色社会主义思想,统筹推进"五位一体"总体布局,协调推进"四个全面"战略布局,立足新发展阶段、贯彻新发展理念、构建新发展格局、推动高质量发展,全面深化改革开放,促进共同富裕,推进科技自立自强,发展全过程人民民主,保证人民当家作主,坚持全面依法治国,坚持社会主义核心价值体系,坚持在发展中保障和改善民生,坚持人与自然和谐共生,统筹发展和安全,加快国防和军队现代化,协同推进人民富裕、国家强盛、中国美丽。

时代呼唤着我们,人民期待着我们,唯有矢志不渝、笃行不怠,方能不负时代、不负人民。习近平总书记在党的二十大报告中深刻阐述了"五个必由之路"。全党必须牢记,坚持党的全面领导是坚持和发展中国特色社会主义的必由之路,中国特色社会主义是实现中华民族伟大复兴的必由之路,团结奋斗是中国人民创造历史伟业的必由之路,贯彻新发展理念是新时代我国发展壮大的必由之路,全面从严治党是党永葆生机活力、走好新的赶考之路的必由之路。这是我们在长期实践中得出的至关紧要的规律性认识,必须倍加珍惜、始终坚持,咬定青山不放松,引领和保障中国特色社会主义巍巍巨轮乘风破浪、行稳致远。

(执笔:刘光明　胡得志　刘永亮)

(《人民日报》2022年10月19日第17版)

坚持把国家和民族发展放在自己力量的基点上

习近平经济思想研究中心

习近平总书记在党的二十大报告中强调，坚持把国家和民族发展放在自己力量的基点上，坚持把中国发展进步的命运牢牢掌握在自己手中。这充分体现了中国共产党人在面对严峻复杂形势时的清醒与坚定，彰显了在时代洪流中开创新局面、谱写新篇章的从容与自信，为我们坚定不移以中国式现代化全面推进中华民族伟大复兴提供了科学指引。

最根本的是要把我们自己的事情做好

走自己的路，是党的全部理论和实践立足点，是党百年奋斗得出的历史结论。当今世界百年变局加速演进，国际形势更趋复杂严峻和不确定。习近平总书记指出："全党必须增强忧患意识，坚持底线思维，坚定斗争意志，增强斗争本领，以正确的战略策略应变局、育新机、开新局，依靠顽强斗争打开事业发展新天地，最根本的是要把我们自己的事情做好。"习近平总书记的重要论述，为坚持把国家和民族发展放在自己力量的基点上、在新征程上谱写全面建设社会主义现代化国家崭新篇章指明了正确方向。

这是我们党百年奋斗重大成就充分证明了的宝贵经验。新民主主义革命时期，我们党把马克思列宁主义基本原理同中国具体实际相结合，团结带领中国人民推翻帝国主义、封建主义、官僚资本主义三座大山，建立了人民当家作主的中华人民共和国，实现了民族独立、人民解放。社会主义革命和建设时期，我们党团结带领中国人民自力更生、发愤图强，建立起独立的比较完整的工业体系和国民经济体系。改革开放和社会主义现代化建设新时期，我们党团结带领中国人民解放思想、锐意进取，战胜来自各方面的风险挑战，开创、坚持、捍卫、发展中国特色社会主义，为实现中华民族伟大复兴提供了充满新的活力的体制保证和快速发展的物质条件。党的十八大以来，我们遭遇的风险挑战风高浪急，有时甚至是惊涛骇浪，各种风险挑战接踵而至，其复杂性严峻性前所未有。我们党团结带领中国人民坚定信心、迎难而上，坚持把自己的事情做好，完成脱贫攻坚、全面建成小康社会的历史任务，实现第一个百年奋斗目标，经济实力、科技实力、综合国力跃上新台阶，成功推进和拓展了中国式现代化。一百多年来，我们党团结带领全国各族人民书写了中华民族几千年历史上最恢宏的史诗，充分证明只要坚持党的领导、坚持马克思主义指导，把我们自己的事情做好，就没有任何力量可以阻挡中华民族伟大复兴的历史进程。

这是对我国政治优势、制度优势、发展优势和机遇优势的战略自信。我国有独特的政治优势、制度优势、发展优势和机遇优势，经济韧性强、潜力足、长期向好的基本面不会改变，发展仍具有诸多战略性的有利条件。党的十八大以来，以习近平同志为核心的党中央统筹国内国际两个大局，坚持以习近平新时代中国特色社会主义思想为指导，全面贯彻党的基本理论、基本路线、基本方略，采取一系列战略性举措，推进一系列变革性实践，实现一系列突破性进展，取得一系列标志性成果，攻克了许多长期没有解决的难题，办成了许多事关长远的大事要事，经受住了来自政治、经济、意识形态、自然界等方面的风险挑战考验，党和国家事业取得举世瞩目的重大成就。实践证明，面对世界之变、时代之变、历史之变，把我们自己的事情做好是应变局、育新机、开新局的主动选择，是推动高质量发展、全面建设社会主义现代化国家的必然要求，为中国特色社会主义伟大事业向前发展提供了强大动力，充分彰显了我们党坚持独立自主、排除一切艰难险阻走中国特色社会主义道路、在新征程上争取更大荣光的战略定力和高度自信。

这是中国为推动世界和平与发展作出的巨大贡献。中国的发展离不开世界，世界的发展也需要中国。中国集中精力办好自己的事情，既是对自己负责，也是为世界作贡献。党的十八大以来，面对世界经济复苏乏力和国际政治经济格局深刻变化，我们坚持以发展为第一要务，在不断提升我国综合国力、不断改善人民生活的过程中，推动建设相互尊重、公平正义、合作共赢的新型国际关系，积极推动构建人类命运共同体，努力维护世界和平、推动世界发展。从引进来到走出去，从共建"一带一路"到推动落实全球发展倡议、全球安全倡议，我们在对外开放中展现大国担当，为应对国际金融危机和促进世界经济稳定复苏作出重大贡献，2013年至2021年对世界经济增长的平均贡献率超过30%。我们树立世界眼光，坚持真正的多边主义，主动对标国际经贸规则，更好把国内发展与对外开放统一起来，以更加积极的姿态参与国际事务，承担相应的国际义务和责任，团结合作应对国际社会共同挑战，以中国发展更好惠及世界。

坚持独立自主、自力更生，牢牢掌握发展主动权

习近平总书记指出："要坚持自力更生，把国家和民族发展放在自己力量的基点上，牢牢掌握发展主动权""无论国际风云如何变幻，我们都要坚定不移做好自己的事情，不断做强经济基础，增强科技创新能力，提升综合国力"。当前，世界百年未有之大变局正在加速演进，世界进入新的动荡变革期，我国发展面临的机遇和挑战之大都前所未有。越是在这个时候，越要坚持战略自信和战略定力，聚精会神搞建设，一心一意谋发展，着力在补短板、强弱项、固底板、扬优势上下功夫，推动中华民族伟大复兴号巨轮行稳致远。

充分运用我国发展具有的优势和条件。习近平总书记指出："我国制度优势显著，治理效能提升，经济长期向好，物质基础雄厚，人力资源丰厚，市场空间广阔，发展韧性强大，社会大局稳定，继续发展具有多方面优势和条件。"充分运用这些优势和条件，必须不断加强党对经济工作的战略谋划和统一领导，坚持和完善党领导经济社会发展的体制机制，充分发挥中央和地方两个积极性，把党的领导落实到各领域各方面各环节。充分认识我国经济韧性强、潜力足、长期向好的基本面和世界第二大经济体的规模优势，用好长期积累形成的创新资源、人才资源、外汇储备资源和物质基础，为经济高质量发展提供要素保障。充分利用我国具有全球最完整、规模最大的工业体系和强大生产能力、完善配套能力等优势，坚持创新驱动发展，大力发展

制造业和实体经济，加快构建创新引领、协同发展的产业体系。充分发挥我国作为世界最大市场的潜力和作用，与时俱进全面深化改革，加快培育完整内需体系，把实施扩大内需战略同深化供给侧结构性改革有机结合起来，着力贯通生产、分配、流通、消费各环节，加快构建以国内大循环为主体、国内国际双循环相互促进的新发展格局。维护好长期稳定的社会环境，凝聚中华民族自信自强的精神力量，团结带领全国各族人民推动经济高质量发展。

加快解决发展不平衡不充分问题。习近平总书记指出："我国社会主要矛盾的变化是关系全局的历史性变化，对党和国家工作提出了许多新要求。"我们要在继续推动发展的基础上，着力解决好发展不平衡不充分问题，大力提升发展质量和效益，更好满足人民在经济、政治、文化、社会、生态等方面日益增长的需要，更好推动人的全面发展、社会全面进步。打好关键核心技术攻坚战，提高创新链整体效能，完善技术创新市场导向机制，强化企业创新主体地位，形成以企业为主体、市场为导向、产学研用深度融合的技术创新体系，持续提升科技自主创新能力。深入实施区域协调发展战略、区域重大战略、主体功能区战略、新型城镇化战略等，持续缩小城乡区域发展差距。坚持绿水青山就是金山银山理念，实施可持续发展战略，坚持山水林田湖草沙一体化保护和系统治理，深入打好污染防治攻坚战，持续提升生态环境质量，推动绿色发展，促进人与自然和谐共生。加快推进国家治理体系和治理能力现代化，推动有为政府和有效市场更好结合，推动经济社会全面协调可持续发展，努力保障和改善民生，扎实推进共同富裕。

持续增强国家安全保障能力。习近平总书记指出："要牢牢守住安全发展这条底线。"我们要深入学习贯彻习近平总书记重要论述精神，善于在复杂环境下更好推动我国经济社会发展。坚持总体国家安全观，把安全发展贯穿国家发展各领域和全过程，做到未雨绸缪，实现主动安全、动态安全。增强忧患意识，坚持底线思维，增强应对和防范化解各类重大风险能力，守住不发生系统性风险底线，筑牢国家安全屏障。在关系国计民生、国家经济命脉等重点产业领域形成完整而有韧性的产业链供应链，增强产业链供应链自主可控能力，确保产业链供应链稳定安全。扎实推动藏粮于地、藏粮于技战略落实落地，建设国家粮食安全产业带，深入实施种业振兴行动，增强粮食生产能力和防灾减灾能力，保障国家粮食安全。实施能源资源安全战略，推动能源生产和消费革命，大力发展可再生能源，完善产供储销体系，增强能源持续稳定供应保障能力。加强战略性矿产资源规划管控，提升储备安全保障能力，深化战略性资源国际合作，确保国家战略性矿产资源安全。实施金融安全战略，完善金融风险处置机制，加强地方政府债务管理，完善跨境资本流动管理框架，坚决守住不发生系统性金融风险的底线。坚持稳中求进，统筹好疫情防控和经济社会发展，采取更加有效措施，努力用最小的代价实现最大的防控效果，最大限度减少疫情对经济社会发展的影响。

（《人民日报》2022年10月20日第19版）

我们党坚定信仰信念、把握历史主动的根本所在

陈曙光

一个民族要走在时代前列,就一刻不能没有理论思维,一刻不能没有正确思想指引。习近平总书记在党的二十大报告中指出,拥有马克思主义科学理论指导是我们党坚定信仰信念、把握历史主动的根本所在。100多年来,中国共产党之所以能带领中国人民开辟伟大道路、创造伟大事业、取得伟大成就,一个根本原因就在于我们党始终把马克思主义作为思想指引和行动指南,不断推进马克思主义中国化时代化并用以指导实践。马克思主义深刻改变了中国,中国也极大丰富了马克思主义。新征程上,我们要赢得优势、赢得主动、赢得未来,必须坚持马克思主义指导地位不动摇,不断推进马克思主义中国化时代化,用习近平新时代中国特色社会主义思想这一当代中国马克思主义、二十一世纪马克思主义引领中国特色社会主义伟大实践,让马克思主义在中国大地上展现出更强大、更有说服力的真理力量。

归根到底是马克思主义行，是中国化时代化的马克思主义行

习近平总书记在党的二十大报告中指出，实践告诉我们，中国共产党为什么能，中国特色社会主义为什么好，归根到底是马克思主义行，是中国化时代化的马克思主义行。

马克思主义自诞生以来，就以其真理的光芒照耀着人类探索历史规律和实现自身解放的道路。马克思主义深刻揭示了自然界、人类社会、人类思维发展的普遍规律，为人类社会发展进步指明了方向；马克思主义坚持实现人民解放、维护人民利益的立场，以实现人的自由而全面的发展和全人类解放为己任，反映了人类对理想社会的美好憧憬；马克思主义揭示了事物的本质、内在联系及发展规律，是"伟大的认识工具"，是人们观察世界、分析问题的有力思想武器；马克思主义具有鲜明的实践品格，不仅致力于科学"解释世界"，而且致力于积极"改变世界"。马克思主义在中国的广泛传播催生了中国共产党。正是找到了马克思主义，我们党拥有了科学的世界观和方法论，拥有了认识世界、改造世界的强大思想武器。

马克思主义之所以行，就在于我们党不断推进马克思主义中国化时代化并用以指导实践。中国共产党自成立之日起就将马克思主义作为指导思想，运用马克思主义立场、观点、方法观察时代、把握时代、引领时代。我们党从中国实际出发，洞察时代大势，把握历史主动，进行艰辛探索，不断推进马克思主义中国化时代化，用发展着的理论指导发展着的实践，创造了无愧于历史、无愧于人民的伟大成就，充分彰显了我们党拥有马克思主义科学理论指导这一鲜明的政治品格和强大的政治优势，充分证明了拥有马克思主义科学理论指导是

我们党坚定信仰信念、把握历史主动的根本所在。

推进马克思主义中国化时代化，是我们党的优良传统，也是党不断取得成功的重要经验。1938年，毛泽东同志在党的六届六中全会上对马克思主义中国化作出深刻阐述，强调"马克思主义必须和我国的具体特点相结合并通过一定的民族形式才能实现"。邓小平同志在党的十二大开幕词中指出："把马克思主义的普遍真理同我国的具体实际结合起来，走自己的道路，建设有中国特色的社会主义，这就是我们总结长期历史经验得出的基本结论。"回望党的历史，我们党始终坚持解放思想和实事求是相统一、培元固本和守正创新相统一，把马克思主义基本原理同中国具体实际相结合、同中华优秀传统文化相结合，不断推进理论创新、进行理论创造。党的十八大以来，国内外形势新变化和实践新要求，迫切需要我们从理论和实践的结合上深入回答关系党和国家事业发展、党治国理政的一系列重大时代课题。我们党勇于进行理论探索和创新，以全新的视野深化对共产党执政规律、社会主义建设规律、人类社会发展规律的认识，取得重大理论创新成果，集中体现为习近平新时代中国特色社会主义思想。习近平新时代中国特色社会主义思想是当代中国马克思主义、二十一世纪马克思主义，是中华文化和中国精神的时代精华，实现了马克思主义中国化时代化新的飞跃。新时代十年，在习近平新时代中国特色社会主义思想科学指引下，我们采取一系列战略性举措，推进一系列变革性实践，实现一系列突破性进展，取得一系列标志性成果，经受住了来自政治、经济、意识形态、自然界等方面的风险挑战考验，党和国家事业取得历史性成就、发生历史性变革。

不断谱写马克思主义中国化时代化新篇章

实践没有止境,理论创新也没有止境。习近平总书记在党的二十大报告中强调,不断谱写马克思主义中国化时代化新篇章,是当代中国共产党人的庄严历史责任。时代在变化,社会在发展,但马克思主义基本原理依然是科学真理。新征程上,我们必须坚持马克思主义指导地位不动摇,继续推进实践基础上的理论创新,不断开辟马克思主义中国化时代化新境界,不断谱写马克思主义中国化时代化新篇章。

马克思主义理论不是教条,而是行动指南,必须随着实践的变化而发展。当代中国正在经历人类历史上最为宏大而独特的实践创新,改革发展稳定任务之重、矛盾风险挑战之多、治国理政考验之大都前所未有,世界百年未有之大变局深刻变化前所未有,提出了大量亟待回答的理论和实践课题。我们要把握好习近平新时代中国特色社会主义思想的世界观和方法论,坚持好、运用好贯穿其中的立场观点方法,牢牢把握必须坚持人民至上、必须坚持自信自立、必须坚持守正创新、必须坚持问题导向、必须坚持系统观念、必须坚持胸怀天下,根据新的时代特点和实践发展,不断深化认识、总结经验,坚持理论指导和实践探索辩证统一,实现理论创新和实践创新良性互动,在"实践—认识—实践"的持续深化中发展当代中国马克思主义、二十一世纪马克思主义,用马克思主义之"矢"去射新时代中国之"的",及时科学回答中国之问、世界之问、人民之问、时代之问,让当代中国马克思主义放射出更加灿烂的真理光芒。

当前,我国正处于实现中华民族伟大复兴关键时期,世界百年未有之大变局加速演进,世界之变、时代之变、历史之变的特征更加明显。越是在重大历史关头,越是形势复杂、任务艰巨,越需要科学思想指引。新征程上,我们要坚持把马克思主义作为看家本领,全面贯彻习近平新时代中国特色社会主义思想,深入领会其道理学理哲理,做到知其言更知其义、知其然更知其所以然,切实把学习成果转化为奋进新征程、建功新时代的工作举措和实际成效。

(作者为中央党校(国家行政学院)习近平新时代中国特色社会主义思想研究中心研究员)

(《人民日报》2022年10月21日第14版)

解码新征程

成功推进和拓展了中国式现代化

龚维斌

习近平总书记在党的二十大报告中明确了新时代新征程中国共产党的使命任务，指出：从现在起，中国共产党的中心任务就是团结带领全国各族人民全面建成社会主义现代化强国、实现第二个百年奋斗目标，以中国式现代化全面推进中华民族伟大复兴。未来五年是全面建设社会主义现代化国家开局起步的关键时期。深入学习贯彻党的二十大精神，对于我们坚定不移推进中国式现代化、以中国式现代化全面推进中华民族伟大复兴具有重大意义。

党领导人民成功走出中国式现代化道路

实现现代化是中华民族近代以来孜孜不倦的追求。中华民族是世界上伟大的民族，为人类文明进步作出了不可磨灭的贡献。1840年鸦片战争以后，中国逐步成为半殖民地半封建社会，国家蒙辱、人民蒙难、文明蒙尘，中华民族遭受了前所未有的劫难。中国人民和无数仁人志士不屈不挠，苦苦寻求中国现代化之路，但都没有成功。

中国共产党自诞生以来，团结带领中国人民所进行的一切奋斗，就是为了把我国建设成为现代化强国，实现中华民族伟大复兴。新中国成立后，我们党领导人民完成社会主义革命，消灭一切剥削制度，实现了中华民族有史以来最为广泛而深刻的社会变革。1957年，毛泽东同志提出要"将我国建设成为一个具有现代工业、现代农业和现代科学文化的社会主义国家"。1964年，周恩来同志在三届全国人大一次会议上提出"把我国建设成为一个具有现代农业、现代工业、现代国防和现代科学技术的社会主义强国"。为了实现现代化，党带领人民进行了一系列艰辛探索，在一穷二白的基础上建立起独立的比较完整的工业体系和国民经济体系，农业生产条件显著改变，教育、科学、文化、卫生、体育事业有了很大发展。

党的十一届三中全会作出把党和国家工作中心转移到经济建设上来、实行改革开放的历史性决策，开启了改革开放和社会主义现代化建设新时期。邓小平同志提出"中国式的现代化"概念，把实现"小康社会"作为阶段性目标，作出"三步走"战略安排。随着温饱问题的解决和总体小康的实现，我们党又提出以2010年、建党一百年和新中国成立一百年为时间节点的"新三步走"发展战略。为了加快推进社会主义现代化，我们党坚持发展是硬道理，实现了从高度集中的计划经济体制到充满活力的社会主义市场经济体制、从封闭半封闭到全方位开放的历史性转变，实现了从生产力相对落后的状况到经济总量跃居世界第二的历史性突破，实现了人民生活从温饱不足到总体小康、奔向全面小康的历史性跨越。

党的十八大以来，中国特色社会主义进入新时代。党的十九大对实现第二个百年奋斗目标作出分两个阶段推进的战略安排，提出到2035年基本实现社会主义现代化，到本世纪中叶把我国建成富强民主文明和谐美丽的社会主义现代化强国。党的十九届五中全会着眼于"两个一百年"奋斗目标有机衔接、接续推进，描绘了"十四五"时期和到2035年的发展图景。党的二十大对全面建成社会主义现代化强国两步走战略安排进行宏观展望，对全面建设社会主义现代化国家、全面推进中华民族伟大复兴进行了战略谋划。

从第一个五年计划到第十四个五年规划，从总体小康到全面小康，从"四个现代化"到全面建设社会主义现代化国家，我们党一以贯之推进社会主义现代化建设，成功走出中国式现代化道路。中国式现代化，是中国共产党领导的社会主义现代化，既有各国现代化的共同特征，更有基于自己国情的中国特色。中国式现代化是人口规模巨大的现代化、全体人民共同富裕的现代化、物质文明和精神文明相协调的现代化、人与自然和谐共生的现代化、走和平发展道路的现代化。

深刻把握中国式现代化的本质要求

党的十八大以来，以习近平同志为核心的党中央团结带领全党全军全国各族人民，采取一系列战略性举措，推进一系列变革性实践，实现一系列突破性进展，取得一系列标志性成果，党和国家事业取得历史性成就、发生历史性变革，推动我国迈上全面建设社会主义现代化国家新征程。在新中国成立特别是改革开放以来长期探索和实践基础上，经过党的十八大以来在理论和实践上的创新突破，我们党成功推进和拓展了中国式现代化。习近平总书记在党的二十大报告中深刻阐述了中国式现代化的本质要求，为我们以中国式现代化全面推进中华民族伟大复兴提供了根本遵循。

坚持中国共产党领导。习近平总书记指出:"全面建设社会主义现代化国家、全面推进中华民族伟大复兴,关键在党。"坚持和完善党的领导,是党和国家的根本所在、命脉所在,是全国各族人民的利益所在、幸福所在。党的十八大以来,我们全面加强党的领导,确保党中央权威和集中统一领导,确保党发挥总揽全局、协调各方的领导核心作用,使全党思想上更加统一、政治上更加团结、行动上更加一致,推动党对社会主义现代化建设的领导在职能配置上更加科学合理、在体制机制上更加完备完善、在运行管理上更加高效。

坚持中国特色社会主义。习近平总书记指出:"中国特色社会主义道路是实现社会主义现代化、创造人民美好生活的必由之路"。我们推进的现代化,摒弃了西方以资本为中心的现代化、两极分化的现代化、物质主义膨胀的现代化。党的十八大以来,以习近平同志为核心的党中央坚持和发展中国特色社会主义,全面贯彻党的基本理论、基本路线、基本方略,统筹推进"五位一体"总体布局,协调推进"四个全面"战略布局,攻克了许多长期没有解决的难题,办成了许多事关长远的大事要事,经受住了来自政治、经济、意识形态、自然界等方面的风险挑战考验,彰显了中国特色社会主义的强大生机活力。

实现高质量发展。习近平总书记指出:"高质量发展是全面建设社会主义现代化国家的首要任务。"发展是党执政兴国的第一要务。没有坚实的物质技术基础,就不可能全面建成社会主义现代化强国。党的十八大以来,以习近平同志为核心的党中央提出并贯彻新发展理念,着力推进高质量发展,推动构建新发展格局,实施供给侧结构性改革，制定一系列具有全局性意义的区域重大战略，我国经济实力实现历史性跃升，国内生产总值从53.9万亿元增长到114.4万亿元，占世界经济的比重从11.3%提高到18.5%，稳居世界第二位。在党的领导下，我国经济实力、科技实力、综合国力跃上新台阶，经济迈上更高质量、更有效率、更加公平、更可持续、更为安全的发展之路。

发展全过程人民民主。习近平总书记指出："全过程人民民主是社会主义民主政治的本质属性，是最广泛、最真实、最管用的民主。"全过程人民民主实现了过程民主和成果民主、程序民主和实质民主、直接民主和间接民主、人民民主和国家意志相统一，是全链条、全方位、全覆盖的民主。党的十八大以来，我们坚持走中国特色社会主义政治发展道路，全面发展全过程人民民主，社会主义民主政治制度化、规范化、程序化全面推进，有效保证了人民当家作主。

丰富人民精神世界。习近平总书记指出："全面建设社会主义现代化国家，必须坚持中国特色社会主义文化发展道路"。我们要建设的社会主义现代化强国，不仅要在物质上强，更要在精神上强。党的十八大以来，以习近平同志为核心的党中央确立和坚持马克思主义在意识形态领域指导地位的根本制度，社会主义核心价值观广泛传播，中华优秀传统文化得到创造性转化、创新性发展，文化事业日益繁荣，网络生态持续向好，不断满足人民群众多样化、多层次、多方面的精神文化需求，更好构筑中国精神、中国价值、中国力量，推动全党全国各族人民文化自信明显增强。

实现全体人民共同富裕。习近平总书记指出："中国式现代化是全体人民共同富裕的现代化"。我们推动经济社会发展，归根结底是要实现全体人民共同富裕。党的十八大以来，以习近平同志为核心的党中央深入贯彻以人民为中心的发展思想,把满足人民对美好生活的新期待作为发展的出发点和落脚点,在幼有所育、学有所教、劳有所得、病有所医、老有所养、住有所居、弱有所扶上持续用力,建成世界上规模最大的教育体系、社会保障体系、医疗卫生体系,人民群众获得感、幸福感、安全感更加充实、更有保障、更可持续,共同富裕取得新成效。

促进人与自然和谐共生。习近平总书记指出:"尊重自然、顺应自然、保护自然,是全面建设社会主义现代化国家的内在要求。"我国现代化是人与自然和谐共生的现代化,注重同步推进物质文明建设和生态文明建设。党的十八大以来,以习近平同志为核心的党中央坚持绿水青山就是金山银山的理念,坚持山水林田湖草沙一体化保护和治理,开展了一系列根本性、开创性、长远性工作,生态文明制度体系更加健全,生态环境保护发生历史性、转折性、全局性变化,我们的祖国天更蓝、山更绿、水更清。

推动构建人类命运共同体。习近平总书记指出,中国式现代化"是走和平发展道路的现代化","中国始终坚持维护世界和平、促进共同发展的外交政策宗旨,致力于推动构建人类命运共同体"。当今世界,百年变局加速演进,和平赤字、发展赤字、安全赤字、治理赤字加重,人类社会面临前所未有的挑战。习近平总书记提出构建人类命运共同体,倡导共建"一带一路",提出全球发展倡议和全球安全倡议,为建设一个持久和平、普遍安全、共同繁荣、开放包容、清洁美丽的世界提供了中国智慧和中国方案。

创造人类文明新形态。习近平总书记指出:"中国共产党领导人民成功走出中国式现代化道路,创造了人类文明新形态。"党的十八大以来，以习近平同志为核心的党中央创立了习近平新时代中国特色社会主义思想，实现了马克思主义中国化时代化新的飞跃；坚持"五位一体"总体布局和"四个全面"战略布局，推动物质文明、政治文明、精神文明、社会文明、生态文明协调发展；把弘扬中华优秀传统文化同坚持马克思主义立场观点方法结合起来，推动中华优秀传统文化创造性转化、创新性发展；坚持弘扬平等、互鉴、对话、包容的文明观，创造出光彩夺目的文明新形态、书写出人类文明新篇章。

在全面建设社会主义现代化国家新征程上，我们要深刻把握中国式现代化的本质要求，始终坚持前进道路上必须牢牢把握的重大原则，坚持和加强党的全面领导，坚持中国特色社会主义道路，坚持以人民为中心的发展思想，坚持深化改革开放，坚持发扬斗争精神，以中国式现代化全面推进中华民族伟大复兴。

（作者为中共中央党校（国家行政学院）副校（院）长）

（《人民日报》2022年10月25日第09版）

不断谱写马克思主义中国化时代化新篇章

姜 辉

马克思主义是我们立党立国、兴党兴国的根本指导思想,不断谱写马克思主义中国化时代化新篇章是当代中国共产党人的庄严历史责任。习近平总书记在党的二十大报告中指出:"实践告诉我们,中国共产党为什么能,中国特色社会主义为什么好,归根到底是马克思主义行,是中国化时代化的马克思主义行。"习近平总书记的重要论述,深刻阐明了不断开辟马克思主义中国化时代化新境界的重大意义和必然要求。只有把马克思主义基本原理同中国具体实际相结合、同中华优秀传统文化相结合,坚持运用辩证唯物主义和历史唯物主义,才能正确回答时代和实践提出的重大问题,才能始终保持马克思主义的蓬勃生机和旺盛活力。

坚持运用辩证唯物主义和历史唯物主义

习近平总书记指出:"马克思主义理论的科学性和革命性源于辩证唯物主义和历史唯物主义的科学世界观和方法论,为我们认识世界、改造世界提供了强大思想武器,为世界社会主义指明了正确前进方向。"党的十八大以来，以习近平同志为核心的党中央坚持运用辩证唯物主义和历史唯物主义，以全新的视野深化对共产党执政规律、社会主义建设规律、人类社会发展规律的认识，取得重大理论创新成果，集中体现为习近平新时代中国特色社会主义思想。

习近平新时代中国特色社会主义思想是当代中国马克思主义、二十一世纪马克思主义，是中华文化和中国精神的时代精华，实现了马克思主义中国化时代化新的飞跃。这一科学思想坚持运用辩证唯物主义观察和解决中国问题，强调学习掌握世界统一于物质、物质决定意识的原理，坚持从客观实际出发制定政策、推动工作；学习掌握事物矛盾运动的基本原理，不断强化问题意识，积极面对和化解前进中遇到的矛盾；学习掌握唯物辩证法的根本方法，不断增强辩证思维能力，提高驾驭复杂局面、处理复杂问题的本领；学习掌握认识和实践辩证关系的原理，坚持实践第一的观点，不断推进实践基础上的理论创新。这一科学思想坚持运用历史唯物主义观察和解决中国问题，强调学习掌握社会基本矛盾分析法，深入理解全面深化改革的重要性和紧迫性；学习掌握物质生产是社会生活的基础的观点，准确把握全面深化改革的重大关系；学习掌握人民群众是历史创造者的观点，紧紧依靠人民推进改革；等等。

习近平新时代中国特色社会主义思想坚持运用辩证唯物主义和历史唯物主义研究和解决中国问题，科学回答了中国之问、世界之问、人民之问、时代之问，在指导新时代伟大实践中丰富和发展了马克思主义，开辟了马克思主义中国化时代化新境界。在当代中国，坚持和发展习近平新时代中国特色社会主义思想，就是真正坚持和发展马克思主义。

把马克思主义基本原理同中国具体实际相结合、同中华优秀传统文化相结合

习近平新时代中国特色社会主义思想立足中国实际、扎根中国大地，提出一系列治国理政新理念新思想新战略，引领党和国家事业取得历史性成就、发生历史性变革，以重大原创性贡献、丰富理论内涵、高度文化自信、强大实践伟力、鲜明理论特质实现了马克思主义中国化时代化新的飞跃，成为把马克思主义基本原理同中国具体实际相结合、同中华优秀传统文化相结合的光辉典范。

习近平总书记强调："坚持解放思想、实事求是、守正创新，更好把坚持马克思主义和发展马克思主义统一起来，坚持用马克思主义之'矢'去射新时代中国之'的'，继续推进马克思主义基本原理同中国具体实际相结合、同中华优秀传统文化相结合，使马克思主义呈现出更多中国特色、中国风格、中国气派，续写马克思主义中国化时代化新篇章"。马克思主义深刻揭示了人类社会发展一般规律，是人们认识世界、改造世界的科学真理。同时，这一科学理论并没有结束真理，而是开辟了通向真理的道路。正是沿着这条通向真理的道路，我们党把马克思主义基本原理同中国具体实际相结合、同中华优秀传统文化相结合，不断推进马克思主义中国化时代化。习近平新时代中国特色社会主义思想运用马克思主义基本原理分析解决新时代中国特色社会主义发展面临的一系列重大理论和实践问题，不断推进理论创新和实践创新，拓展了马克思主义中国化时代化的内涵和途径，为丰富和发展马克思主义作出重大原创性贡献。

习近平新时代中国特色社会主义思想把马克思主义思想精髓同中

华优秀传统文化精华贯通起来、同人民群众日用而不觉的共同价值观念融通起来，不断赋予科学理论鲜明的中国特色，不断夯实马克思主义中国化时代化的历史基础和群众基础，让马克思主义在中国牢牢扎根。在推进马克思主义基本原理同中华优秀传统文化相结合中，习近平新时代中国特色社会主义思想传承中华文化和中华文明的独特基因，推动中华优秀传统文化创造性转化、创新性发展，以时代精神激活中华优秀传统文化的生命力，为传承发展中华优秀传统文化注入固本培元、立根铸魂的思想力量，为增强民族自信自强注入更为主动的精神力量，为人类文明进步作出世界性贡献。

实践发展永无止境，推进马克思主义中国化时代化也永无止境。习近平新时代中国特色社会主义思想充分彰显马克思主义的科学性和真理性、人民性和实践性、开放性和时代性，充盈着浓郁的中国味、深厚的中华情、浩然的民族魂，集中体现了新时代中国共产党人对马克思主义发展规律的深刻把握，为进一步把马克思主义基本原理同中国具体实际相结合、同中华优秀传统文化相结合指明了前进方向、提供了根本遵循。

不断推进实践基础上的理论创新

不断谱写马克思主义中国化时代化新篇章，必须把握好习近平新时代中国特色社会主义思想的世界观和方法论，坚持好、运用好贯穿其中的立场观点方法，着眼解决新时代改革开放和社会主义现代化建设的实际问题，作出符合中国实际和时代要求的正确回答，得出符合客观规律的科学认识，形成与时俱进的理论成果，更好指导中国实践。

必须坚持人民至上。一切脱离人民的理论都是苍白无力的，一切不为人民造福的理论都是没有生命力的。习近平新时代中国特色社会主义思想坚持以人民为中心，是为了人民、造福人民的科学理论。不断推进实践基础上的理论创新，必须坚持人民至上，站稳人民立场、把握人民愿望、尊重人民创造、集中人民智慧，形成为人民所喜爱、所认同、所拥有的理论。

必须坚持自信自立。中国人民和中华民族从近代以后的深重苦难走向伟大复兴的光明前景，从来就没有教科书，更没有现成答案。党的百年奋斗成功道路是党领导人民独立自主探索开辟出来的，马克思主义的中国篇章是中国共产党人依靠自身力量实践出来的，贯穿其中的一个基本点就是中国的问题必须从中国基本国情出发，由中国人自己来解答。不断推进实践基础上的理论创新，必须坚持自信自立，用中国理论阐释中国实践，用中国实践升华中国理论。

必须坚持守正创新。习近平新时代中国特色社会主义思想坚持守正创新，在马克思主义哲学、马克思主义政治经济学、科学社会主义等方面作出一系列原创性贡献，开辟了马克思主义中国化时代化新境界。不断推进实践基础上的理论创新，必须坚持守正创新，以科学的态度对待科学、以真理的精神追求真理，以满腔热忱对待一切新生事物，不断拓展认识的广度和深度，敢于说前人没有说过的新话，敢于干前人没有干过的事情，以新的理论指导新的实践。

必须坚持问题导向。习近平总书记强调："坚持问题导向是马克思主义的鲜明特点。问题是创新的起点，也是创新的动力源。"只有聆听时代的声音，回应时代的呼唤，认真研究解决重大而紧迫的问题，才能真正把握住历史脉络，找到发展规律，推动理论创新。不断推进实践基础上的理论创新，必须坚持问题导向，聚焦实践遇到的新问题、改革发展稳定存在的深层次问题、人民群众急难愁盼问题、国际变局中的重大问题、党的建设面临的突出问题，不断提出真正解决问题的新理念新思路新办法。

必须坚持系统观念。系统观念是马克思主义认识论和方法论的重要范畴，是马克思主义政党基础性的思想方法和工作方法。不断推进实践基础上的理论创新，必须坚持系统观念，不断提高战略思维、历史思维、辩证思维、系统思维、创新思维、法治思维、底线思维能力，为前瞻性思考、全局性谋划、整体性推进党和国家各项事业提供科学思想方法。

必须坚持胸怀天下。中国共产党是为中国人民谋幸福的政党，也是为人类进步事业而奋斗的政党，始终把为人类作出新的更大贡献作为自己的使命，始终同世界上一切进步力量携手前进，把为人类作出新的更大贡献作为自己的使命担当。不断推进实践基础上的理论创新，必须坚持胸怀天下，拓展世界眼光，深刻洞察人类发展进步潮流，积极回应各国人民普遍关切，为解决人类面临的共同问题作出贡献，以海纳百川的宽阔胸襟借鉴吸收人类一切优秀文明成果，推动建设更加美好的世界。

（作者为中共重庆市委常委、宣传部部长）

（《人民日报》2022年10月26日第13版）

把握好习近平新时代中国特色社会主义思想的世界观和方法论

臧安民

习近平总书记在党的二十大报告中指出:"实践告诉我们,中国共产党为什么能,中国特色社会主义为什么好,归根到底是马克思主义行,是中国化时代化的马克思主义行。拥有马克思主义科学理论指导是我们党坚定信仰信念、把握历史主动的根本所在。"深入学习贯彻党的二十大精神,把党的二十大作出的重大决策部署付诸行动、见之于成效,必须学深悟透做实习近平新时代中国特色社会主义思想,把握好其世界观和方法论,坚持好、运用好贯穿其中的立场观点方法,从而深入领会这一重要思想的道理学理哲理,做到知其言更知其义、知其然更知其所以然,切实用以武装头脑、指导实践、推动工作。

实现了马克思主义中国化时代化新的飞跃

习近平新时代中国特色社会主义思想坚持把马克思主义基本原理同中国具体实际相结合、同中华优秀传统文化相结合,以全新的视野深化了对共产党执政规律、社会主义建设规律、人类社会发展规律的认识，实现了马克思主义中国化时代化新的飞跃。

坚持人民至上是对马克思主义政党政治属性和政治功能理论的丰富发展。人民性是马克思主义的本质属性。马克思、恩格斯在《共产党宣言》中指出："过去的一切运动都是少数人的或者为少数人谋利益的运动。无产阶级的运动是绝大多数人的、为绝大多数人谋利益的独立的运动。"这样的政治观区别于一切旧式的政治观。马克思主义植根人民之中，指明了依靠人民推动历史前进的人间正道。坚持人民至上，进一步彰显了我们党始终同人民同呼吸、共命运、心连心的赤子之心，对充分发挥亿万人民的创造伟力、形成同心共圆中国梦的强大合力具有重大而深远的意义。

坚持自信自立是对马克思主义理论自信精神的丰富发展。马克思在创立、发展、传播和实践真理的过程中展现出强烈的理论自信，坚信他毕生所从事事业的正义性、思想的科学性、目标的伟大性。习近平新时代中国特色社会主义思想有着自信自立的鲜明特质，彰显对马克思主义的坚定信仰、对中国特色社会主义的坚定信念，充满着豪迈的历史担当和创造精神。这种自信自立的鲜明特质，激励着广大党员干部群众斗志昂扬地为全面建设社会主义现代化国家、全面推进中华民族伟大复兴而团结奋斗。

坚持守正创新是对马克思主义认识论和唯物辩证法的丰富发展。恩格斯指出："马克思的整个世界观不是教义，而是方法。它提供的不是现成的教条，而是进一步研究的出发点和供这种研究使用的方法。"习近平新时代中国特色社会主义思想坚持运用科学的世界观和方法论，紧跟时代步伐，顺应实践发展，坚持守正创新，以原创性理论贡献标注了马克思主义发展的新高度,指引中国共产党和中国人民团结奋斗赢得彪炳中华民族发展史册的历史性胜利,赢得对世界具有深远影响的历史性胜利。

坚持问题导向是对马克思主义问题导向思维方法的丰富发展。马克思指出:"问题就是公开的、无畏的、左右一切个人的时代声音。问题就是时代的口号,是它表现自己精神状态的最实际的呼声。"马克思主义的一个鲜明特点是自始至终贯穿着强烈的问题意识,致力于提出新问题并寻求科学的答案。习近平新时代中国特色社会主义思想聚焦实践遇到的新问题、改革发展稳定存在的深层次问题、人民群众急难愁盼问题、国际变局中的重大问题、党的建设面临的突出问题,不断提出真正解决问题的新理念新思路新办法,推动党和国家事业取得历史性成就、发生历史性变革。

坚持系统观念是对马克思主义系统观的丰富发展。唯物辩证法认为,事物是普遍联系的,事物内部各要素是相互影响、相互制约的,整个世界是相互联系的统一整体,也是相互作用的系统。习近平总书记指出:"要善于通过历史看现实、透过现象看本质,把握好全局和局部、当前和长远、宏观和微观、主要矛盾和次要矛盾、特殊和一般的关系,不断提高战略思维、历史思维、辩证思维、系统思维、创新思维、法治思维、底线思维能力"。习近平新时代中国特色社会主义思想为前瞻性思考、全局性谋划、整体性推进党和国家各项事业,完成新时代新征程中国共产党的使命任务提供了根本遵循和科学路径。

坚持胸怀天下是对马克思主义为全人类谋利益崇高价值追求的丰富发展。马克思、恩格斯在《共产党宣言》中指出:"无产者在这个革命中失去的只是锁链。他们获得的将是整个世界"。这科学揭示了人类社会最终走向共产主义的必然趋势。习近平总书记指出，中国共产党是"致力于为中国人民谋幸福、为中华民族谋复兴"的党，也是"致力于为人类谋进步、为世界谋大同"的党。弘扬全人类共同价值、推动构建人类命运共同体等重要思想理念展现了中国共产党推动人类文明进步、推动建设更加美好世界的博大胸怀。中国式现代化为人类实现现代化提供了新的选择，为解决人类面临的共同问题提供了中国智慧、中国方案、中国力量，为人类和平与发展崇高事业作出了新的重大贡献。

坚持好、运用好贯穿其中的立场观点方法

"六个坚持"是党的二十大报告的一个重大理论贡献，既是对习近平新时代中国特色社会主义思想世界观和方法论的高度凝练、科学概括，也是继续推进实践基础上的理论创新、不断谱写马克思主义中国化时代化新篇章的根本遵循。"六个坚持"构成相互联系、内在统一的有机整体，是我们深入学习、全面贯彻习近平新时代中国特色社会主义思想必须牢牢把握的基本点。

深刻领悟"六个坚持"蕴含的根本政治立场。为什么人的问题，是一个根本的问题、原则的问题，是检验一个政党、一个政权性质的试金石。习近平总书记强调："江山就是人民，人民就是江山。中国共产党领导人民打江山、守江山，守的是人民的心。"我们党坚持一切为了人民、一切依靠人民，始终保持同人民群众的血肉联系。党的十八大以来党领导人民进行的伟大实践，生动诠释了我们党坚持人

民至上的根本政治立场。把握好习近平新时代中国特色社会主义思想的世界观和方法论，就要践行党的初心使命，牢记"我们的目标很宏伟，但也很朴素，归根结底就是让全体中国人都过上更好的日子"。

深刻领悟"六个坚持"蕴含的重大原则方向。习近平总书记指出："党的百年奋斗成功道路是党领导人民独立自主探索开辟出来的，马克思主义的中国篇章是中国共产党人依靠自身力量实践出来的，贯穿其中的一个基本点就是中国的问题必须从中国基本国情出发，由中国人自己来解答。"党的十八大以来，以习近平同志为核心的党中央领导全党全军全国各族人民坚定不移走中国特色社会主义道路，完成脱贫攻坚、全面建成小康社会的历史任务，为全球减贫事业作出了重大贡献；生态环境保护发生历史性、转折性、全局性变化；党心军心民心空前凝聚振奋……把握好习近平新时代中国特色社会主义思想的世界观和方法论，就要坚持马克思主义基本原理不动摇，坚持党的全面领导不动摇，坚持中国特色社会主义不动摇，坚持志不改、道不变，坚持把中国发展进步的命运牢牢掌握在自己手中。

深刻领悟"六个坚持"蕴含的强烈政治担当。习近平总书记指出："不断提出真正解决问题的新理念新思路新办法。"党的十八大以来，以习近平同志为核心的党中央领导全党全军全国各族人民有效应对严峻复杂的国际形势和接踵而至的巨大风险挑战，以巨大的政治勇气全面深化改革，坚决破除各方面体制机制弊端，各领域基础性制度框架基本建立，许多领域实现历史性变革、系统性重塑、整体性重构。在解决大党独有难题方面，我们党经过不懈努力，找到了自我革命这一跳出治乱兴衰历史周期率的第二个答案，管党治党宽松软状况得到根本扭转。把握好习近平新时代中国特色社会主义思想的世界观和方法论，要求广大党员干部担当起该担当的责任，做到平常时候看得出来、关键时刻站得出来、危险关头豁得出来。

深刻领悟"六个坚持"蕴含的崇高精神境界。习近平总书记指出："拓展世界眼光，深刻洞察人类发展进步潮流，积极回应各国人民普遍关切，为解决人类面临的共同问题作出贡献"。党的十八大以来，我们全面推进中国特色大国外交，推动构建人类命运共同体，国际影响力、感召力、塑造力显著提升。把握好习近平新时代中国特色社会主义思想的世界观和方法论，就要开阔胸襟、开阔视野，保持对时代发展趋势的深刻认识和对自身使命的清醒把握，坚持对外开放的基本国策，坚定奉行互利共赢的开放战略，不断以中国新发展为世界提供新机遇。

深刻领悟"六个坚持"蕴含的科学思想方法和工作方法。习近平总书记指出："回答并指导解决问题是理论的根本任务。"习近平新时代中国特色社会主义思想，坚持和运用辩证唯物主义和历史唯物主义，既包含世界观、历史观，也包含认识论、方法论；既阐明是什么、怎么看，又指出为什么、怎么办；既部署过河的任务，又指引解决"桥或船"的问题。把握好习近平新时代中国特色社会主义思想的世界观和方法论，既要全面准确领悟其核心要义、精神实质、丰富内涵、实践要求，又要深刻把握贯穿其中的科学思想方法和工作方法，切实用以武装头脑、指导实践、推动工作。

坚持不懈用习近平新时代中国特色社会主义思想凝心铸魂

习近平总书记在党的二十大报告中指出:"用党的创新理论武装全党是党的思想建设的根本任务。"只有理论上清醒才能有政治上的清醒,只有理论上坚定才能有政治上的坚定。把握好习近平新时代中国特色社会主义思想的世界观和方法论,坚持好、运用好贯穿其中的立场观点方法,要坚持学思用贯通、知信行统一,坚持不懈用习近平新时代中国特色社会主义思想凝心铸魂。

要坚持全面系统学、及时跟进学、深入思考学、联系实际学,不断增强政治自觉、情感依归、行为主动。要读原文、悟原理。领导干部要原原本本学习报告,同时要把学习党的二十大报告同学习习近平总书记大会系列重要讲话和相关文件结合起来,同学习党的十八大报告、十九大报告精神结合起来。坚持理论武装同常态化长效化开展党史学习教育结合起来,做到学史明理、学史增信、学史崇德、学史力行。坚持把个人主动学同党校培训、集中轮训、专题辅导、交流研讨等结合起来,增强学习的深度和广度,推动为人民所喜爱、所认同、所拥有的理论进教材、进课堂、进头脑。

把握好习近平新时代中国特色社会主义思想的世界观和方法论,要紧密联系百年大党的辉煌历史特别是党的十八大以来党和国家事业取得的历史性成就、发生的历史性变革,深刻领悟新时代十年的伟大变革在党史、新中国史、改革开放史、社会主义发展史、中华民族发展史上具有里程碑意义。紧密联系开辟马克思主义中国化时代化新境界,新时代新征程中国共产党的使命任务和前进道路上要牢牢把握的重大原则,加快构建新发展格局、着力推动高质量发展等重大战略、重大部署、重大任务，紧密联系习近平总书记提出的"五个必由之路"这个在长期实践中得出的至关紧要的规律性认识，深刻领悟应当怎样做到"五个牢牢把握"。紧密联系自己的思想和工作实际，深刻领悟"两个确立"的决定性意义，牢记"三个务必"，牢记"国之大者"，自觉在思想上政治上行动上同以习近平同志为核心的党中央保持高度一致。

进入新时代，我们比历史上任何时期都更接近、更有信心和能力实现中华民族伟大复兴的目标。同时，前进道路上我们面临的风险考验只会越来越复杂，甚至会遇到难以想象的惊涛骇浪。广大党员干部不论在哪个岗位、做什么样的工作，都要注重淬炼敢于斗争、善于斗争的品格。坚定斗争意志，增强志气、骨气、底气，不信邪、不怕鬼、不怕压，知难而进、迎难而上；把握斗争方向，头脑特别清醒、立场特别坚定，在原则问题上坚决斗争、寸步不让、毫不退缩；增强斗争本领，在具体工作中坚持增强忧患意识和保持战略定力相统一、战略判断和战术决断相统一、斗争过程和斗争实效相统一；勇于在重大斗争中磨砺，敢于在困难大、矛盾多的地方，在形势严峻、情况复杂的时候，练胆魄、磨意志、长才干。

蓝图已经绘就，号角已经吹响。我们要切实把习近平新时代中国特色社会主义思想贯彻落实到党和国家工作各方面全过程，认真谋划本地区本部门本单位本岗位的工作。弘扬"马上就办、真抓实干"的优良作风，强化"时时放心不下"的责任感，着力在"优"字上下功夫，正确处理"做"与"做好、做优"的关系，坚持高站位、高标准、高要求；着力在"实"字上下功夫，正确处理"表"与"里"的关系，力戒形式主义、官僚主义，牢固树立正确政绩观；着力在

"效"字上下功夫，正确处理"快"与"好"的关系，能办的事、简单的事立即就办，急难险重的事、棘手的事冲锋陷阵干，复杂的事、长线的事想方设法持续办；着力在"真"字上下功夫，正确处理"显绩"与"潜绩"的关系，不计较个人功名利禄，赢得群众好口碑，既做让老百姓看得见、摸得着、得实惠的实事，又做为后人作铺垫、打基础、利长远的好事。

（《人民日报》2022年10月27日第10版）

解码新征程

深刻理解把握"五个必由之路"的重大意义

何毅亭

习近平总书记在党的二十大报告中指出:"坚持党的全面领导是坚持和发展中国特色社会主义的必由之路,中国特色社会主义是实现中华民族伟大复兴的必由之路,团结奋斗是中国人民创造历史伟业的必由之路,贯彻新发展理念是新时代我国发展壮大的必由之路,全面从严治党是党永葆生机活力、走好新的赶考之路的必由之路。""五个必由之路"的重大论断贯通历史、现实和未来,是我们党在长期实践中得出的至关紧要的规律性认识,具有重大政治意义、理论意义、实践意义。

明确新时代新征程党和国家事业发展必须坚持的领导核心、前进道路、精神风貌、发展理念、重要保障

对于中国共产党这样一个拥有9600多万名党员、世界上最大的马克思主义执政党来说,把准党和国家事业发展的政治方向极为重要。"五个必由之路"的重大政治意义,集中体现为这一重大论断科学指明了新时代党和人民奋进的必由之路。

科学指明坚持和发展中国特色社会主义的必由之路。习近平总书记强调："在坚持党的领导这个重大原则问题上，我们脑子要特别清醒、眼睛要特别明亮、立场要特别坚定，绝不能有任何含糊和动摇。"中国特色社会主义最本质的特征是中国共产党领导，中国特色社会主义制度的最大优势是中国共产党领导，中国共产党是最高政治领导力量，坚持党中央集中统一领导是最高政治原则。历史和现实证明，没有中国共产党，就没有新中国，就没有中华民族伟大复兴。坚决维护党中央权威和集中统一领导，把党的领导落实到党和国家事业各领域各方面各环节，使党始终成为风雨来袭时全体人民最可靠的主心骨，就能确保全党全军全国各族人民团结一致为坚持和发展中国特色社会主义不懈奋斗。

科学指明实现中华民族伟大复兴的必由之路。中国特色社会主义是党和人民历经千辛万苦、付出巨大代价取得的根本成就，是创造人民美好生活、实现中华民族伟大复兴的康庄大道。我们党坚持和发展中国特色社会主义，推动物质文明、政治文明、精神文明、社会文明、生态文明协调发展，成功走出中国式现代化道路，创造了人类文明新形态。始终不渝走中国特色社会主义道路、以中国式现代化全面推进中华民族伟大复兴，就能够不断实现人民对美好生活的向往，奋力谱写全面建设社会主义现代化国家新篇章。

科学指明中国人民创造历史伟业的必由之路。团结奋斗是中国共产党和中国人民最显著的精神标识。我们党团结一切可以团结的力量，调动一切可以调动的积极因素，最大限度凝聚起共同奋斗的力量，创造了人类历史上前所未有的发展奇迹。今天，我们比历史上任何时期都更接近、更有信心和能力实现中华民族伟大复兴的目标,同时必须准备付出更为艰巨、更为艰苦的努力。全党团结成"一块坚硬的钢铁",不断巩固全国各族人民大团结,加强海内外中华儿女大团结,就能够凝聚起实现民族复兴的磅礴力量,继续创造令人刮目相看的新的奇迹。

科学指明新时代我国发展壮大的必由之路。习近平总书记在党的二十大报告中强调:"必须完整、准确、全面贯彻新发展理念"。新发展理念科学回答了关于发展的目的、动力、方式、路径等一系列理论和实践问题,阐明了我们党关于发展的政治立场、价值导向、发展模式、发展道路等重大政治问题。完整、准确、全面贯彻新发展理念,加快构建新发展格局,推动高质量发展,就能够不断提高我国发展的竞争力和持续力,在日趋激烈的国际竞争中把握主动、赢得未来。

科学指明党永葆生机活力、走好新的赶考之路的必由之路。我们党历经千锤百炼而朝气蓬勃,一个重要原因在于始终坚持党要管党、全面从严治党,不断应对好自身在各个历史时期面临的风险考验。新时代新征程,党面临的"四大考验""四种危险"将长期存在,全面从严治党永远在路上,党的自我革命永远在路上。永葆"赶考"的清醒和坚定,持之以恒推进全面从严治党,时刻保持解决大党独有难题的清醒和坚定,就能够确保党永远不变质、不变色、不变味,始终走在时代前列。

深化了我们党对共产党执政规律、社会主义建设规律、人类社会发展规律的认识

共产党执政规律、社会主义建设规律、人类社会发展规律，是马克思主义政党必须遵循的重要规律。所谓"必由之路"，是指事物发展的必然性联系和客观性要求，是舍此别无他途的唯一正确道路，也是事物发展规律的体现。"五个必由之路"的重大论断凝结着对党和国家事业发展重大问题的深邃思考，以全新视野深化了我们党对"三大规律"的认识。

深化对共产党执政地位和执政优势的认识。无产阶级革命和社会主义事业必须坚持共产党领导，是马克思主义的重要原理，也是被世界社会主义实践证明完全正确的宝贵经验。坚持党的全面领导是坚持和发展中国特色社会主义的必由之路这一重大论断，深刻揭示了党的领导与中国特色社会主义的关系，深化了对党的领导作用的认识，丰富和发展了马克思主义关于无产阶级政党领导权的思想。

深化对社会主义发展战略和发展目标的认识。实现中华民族伟大复兴是近代以来中华民族最伟大的梦想，是百年来中国共产党团结带领中国人民进行一切奋斗、一切牺牲、一切创造的主题。中国特色社会主义是实现中华民族伟大复兴的必由之路这一重大论断，深化了我们党对中国特色社会主义道路和总任务的认识，科学揭示了推进伟大事业与实现伟大梦想之间的内在必然联系，丰富和发展了科学社会主义基本原理。

深化对建设社会主义的精神品格和主体力量的认识。社会主义是干出来的，伟大成就是拼出来的，幸福生活是奋斗出来的。围绕明确

奋斗目标形成的团结才是最牢固的团结，依靠紧密团结进行的奋斗才是最有力的奋斗。团结奋斗是中国人民创造历史伟业的必由之路这一重大论断，深刻回答了新时代新征程谁来创造历史伟业、怎样创造历史伟业的重大问题，丰富和发展了人民创造历史的唯物史观。

深化对社会主义发展理念和发展目的的认识。新发展理念源自新时代中国发展实践，又指引新时代中国发展实践。完整、准确、全面贯彻新发展理念，就要真正做到崇尚创新、注重协调、倡导绿色、厚植开放、推进共享。贯彻新发展理念是新时代我国发展壮大的必由之路这一重大论断，是对马克思主义政治经济学的丰富和发展，也为人类社会追求进步与发展提供了中国智慧和中国方案。

深化对长期执政的马克思主义政党自身建设的规律性认识。勇于自我革命是中国共产党区别于其他政党的显著标志。我们党历史这么长、规模这么大、执政这么久，之所以长盛不衰、不断发展壮大，奥秘就在于外靠发展人民民主、接受人民监督，内靠全面从严治党、推进自我革命。全面从严治党是党永葆生机活力、走好新的赶考之路的必由之路这一重大论断，科学揭示了我们党长期执政、永葆生机活力的"密码"和基本遵循，丰富和发展了马克思主义建党学说。

深刻总结新时代十年伟大变革为什么能够成功，科学指引未来党和国家事业怎样才能继续成功

进入新时代，以习近平同志为核心的党中央统筹国内国际两个大局，采取一系列战略性举措，推进一系列变革性实践，实现一系列突破性进展，取得一系列标志性成果，经受住了来自政治、经济、意识

形态、自然界等方面的风险挑战考验，党和国家事业取得历史性成就、发生历史性变革，推动我国迈上全面建设社会主义现代化国家新征程。"五个必由之路"的重大论断，为我们掌握历史主动、保持战略定力、坚持正确航向、推进复兴伟业提供了坚实思想基础和科学行动指引。

在党的坚强领导下毫不动摇坚持和发展中国特色社会主义。党的十八大以来，以习近平同志为核心的党中央旗帜鲜明坚持和加强党的全面领导，确保党中央权威和集中统一领导，确保党发挥总揽全局、协调各方的领导核心作用。实践证明，中国共产党领导是党和国家的根本所在、命脉所在，是全国各族人民的利益所系、命运所系。坚持和加强党的领导，首先要旗帜鲜明讲政治，坚决维护习近平总书记党中央的核心、全党的核心地位，坚决维护党中央权威和集中统一领导。全党要深刻领悟"两个确立"的决定性意义，不断增强"四个意识"、坚定"四个自信"、做到"两个维护"，在政治立场、政治方向、政治原则、政治道路上同党中央保持高度一致。

坚持以中国式现代化全面推进中华民族伟大复兴。中国式现代化，是中国共产党领导的社会主义现代化，既有各国现代化的共同特征，更有基于自己国情的中国特色，是人口规模巨大的现代化、全体人民共同富裕的现代化、物质文明和精神文明相协调的现代化、人与自然和谐共生的现代化、走和平发展道路的现代化。必须坚持以中国式现代化全面推进中华民族伟大复兴，既不走封闭僵化的老路，也不走改旗易帜的邪路，坚持把国家和民族发展放在自己力量的基点上，坚持把中国发展进步的命运牢牢掌握在自己手中。

依靠顽强斗争打开事业发展新天地。党的十八大以来，我们党团结带领全国各族人民万众一心、共同奋斗，锐意进取、攻坚克难，以奋发有为的精神把新时代中国特色社会主义不断推向前进，为实现中华民族伟大复兴提供了更为主动的精神力量。当前，世界百年未有之大变局加速演进，世界之变、时代之变、历史之变正以前所未有的方式展开。形势越复杂，任务越艰巨，挑战越尖锐，越要深刻认识到团结就是力量、奋斗开创未来，坚持大团结大联合，增强志气、骨气、底气，义无反顾进行具有许多新的历史特点的伟大斗争。

坚持把新发展理念贯穿经济社会发展全过程。新发展理念是一个整体，一定要完整把握、准确理解、全面落实。必须从根本宗旨把握新发展理念，坚持以人民为中心的发展思想，坚持发展为了人民、发展依靠人民、发展成果由人民共享。从问题导向把握新发展理念，切实解决影响构建新发展格局、实现高质量发展的突出问题，切实解决影响人民群众生产生活的突出问题。从忧患意识把握新发展理念，增强忧患意识、坚持底线思维，随时准备应对更加复杂困难的局面，牢牢守住安全发展的底线。

以党的自我革命引领社会革命。党的十八大以来，全面从严治党的政治引领和政治保障作用充分发挥，党的自我净化、自我完善、自我革新、自我提高能力显著增强。在全面建设社会主义现代化国家新征程上，必须坚持问题导向，保持战略定力，认真落实新时代党的建设总要求，健全全面从严治党体系，弘扬伟大建党精神，勇于进行自我革命，确保我们党始终成为中国特色社会主义事业的坚强领导核心。

（作者为全国人大社会建设委员会主任委员）

（《人民日报》2022年11月01日第09版）

不断实现人民对美好生活的向往

詹成付

习近平总书记在党的二十大报告中指出:"为民造福是立党为公、执政为民的本质要求。必须坚持在发展中保障和改善民生,鼓励共同奋斗创造美好生活,不断实现人民对美好生活的向往。"党的二十大报告作出的一系列重要谋划和部署,充分彰显了我们党坚定的人民立场和在新征程上不断把人民对美好生活的向往变为现实的坚强决心,对于激励全党全军全国各族人民为全面建设社会主义现代化国家、全面推进中华民族伟大复兴而团结奋斗具有重要指导意义。

深刻把握不断实现人民对美好生活向往的重大意义

我们党从成立之日起,就把为中国人民谋幸福、为中华民族谋复兴作为初心使命,团结带领中国人民为创造美好生活进行了长期奋斗。不断实现人民对美好生活的向往,集中体现了我们党的初心使命,深刻揭示了我们党长盛不衰的奥秘,也是大力弘扬伟大建党精神的必然要求。

集中体现了我们党的初心使命。习近平总书记指出:"江山就是人民，人民就是江山。中国共产党领导人民打江山、守江山，守的是人民的心。"我们党的百年奋斗史就是为人民谋幸福的历史，就是践行党的初心使命的历史。党领导人民打土豪、分田地，是为人民根本利益而斗争；领导人民开展抗日战争、赶走日本侵略者，是为人民根本利益而斗争；领导人民推翻三座大山、建立新中国，是为人民根本利益而斗争；领导人民开展社会主义革命和建设、改变一穷二白的国家面貌，是为人民根本利益而斗争；领导人民实行改革开放、推进社会主义现代化、实现中华民族伟大复兴，同样是为人民根本利益而斗争。完成脱贫攻坚、全面建成小康社会的历史任务，实现第一个百年奋斗目标，是彪炳中华民族发展史册的历史性胜利。在向第二个百年奋斗目标迈进的新征程上，要继续在让老百姓过上更加美好生活的奋斗中践行初心使命。

深刻揭示了我们党长盛不衰的奥秘。马克思、恩格斯在《共产党宣言》中指出："过去的一切运动都是少数人的，或者为少数人谋利益的运动。无产阶级的运动是绝大多数人的，为绝大多数人谋利益的独立的运动。"作为马克思主义政党，我们党的章程开宗明义：中国共产党是中国工人阶级的先锋队，同时是中国人民和中华民族的先锋队。我们党没有自己特殊的利益，在任何时候都把群众利益放在第一位。为人民而生，因人民而兴，始终同人民在一起，为人民利益而奋斗，是我们党立党兴党强党的根本出发点和落脚点。不断实现人民对美好生活的向往，赢得人民信任，得到人民支持，党就能克服任何困难，无往而不胜。

大力弘扬伟大建党精神的必然要求。坚持真理、坚守理想，践行初心、担当使命，不怕牺牲、英勇斗争，对党忠诚、不负人民的伟大建党精神，是中国共产党的精神之源。一百多年来，为了争取民族独立、人民解放和实现国家富强、人民幸福，我们党弘扬伟大建党精神，团结带领人民创造了新民主主义革命的伟大成就，创造了社会主义革命和建设的伟大成就，创造了改革开放和社会主义现代化建设的伟大成就，创造了新时代中国特色社会主义的伟大成就，书写了中华民族几千年历史上最恢宏的史诗，中华民族伟大复兴展现出前所未有的光明前景。在新征程上不断实现人民对美好生活的向往，面临的风险和考验一点也不会比过去少。实现国家富强、民族复兴、人民幸福的中国梦，必须继续弘扬伟大建党精神，以咬定青山不放松的执着奋力实现既定目标。

中国人民获得感、幸福感、安全感更加充实、更有保障、更可持续

党的十八大以来，中国特色社会主义进入新时代，在以习近平同志为核心的党中央坚强领导下，党和国家事业取得历史性成就、发生历史性变革，我国发展站到了新的历史起点上，人民群众对美好生活的向往不断变为现实，获得感、幸福感、安全感更加充实、更有保障、更可持续。

经济更加发展。我国经济实力实现历史性跃升。国内生产总值由 2012 年的 53.9 万亿元增长到 2021 年的 114.4 万亿元；2013—2021 年，国内生产总值年均增长 6.6%，高于同期世界 2.6% 和发展中经济体 3.7% 的平均增长水平，世界第二大经济体地位得到巩固提升。载

人航天、探月探火、深海深地探测、超级计算机、卫星导航、量子信息、核电技术、新能源技术、大飞机制造、生物医药等取得重大成果，我国进入创新型国家行列。建成世界上最大的高速铁路网、高速公路网，群众出行、货物运输更加安全快捷。面对突如其来的新冠疫情，统筹疫情防控和经济社会发展取得重大积极成果。当前，虽然百年变局与世纪疫情交织叠加，国内改革发展稳定任务艰巨繁重，但我国经济韧性强、潜力足、回旋余地广，长期向好的基本面不会改变，完全有条件有能力稳定宏观经济大盘，保持经济运行在合理区间。

民主更加健全。我们党深化对民主政治发展规律的认识，提出全过程人民民主的重大理念。我国全过程人民民主不仅有完整的制度程序，而且有完整的参与实践，实现了过程民主和成果民主、程序民主和实质民主、直接民主和间接民主、人民民主和国家意志相统一，是最广泛、最真实、最管用的社会主义民主。我国实行工人阶级领导的、以工农联盟为基础的人民民主专政的国体，实行人民代表大会制度的政体，实行中国共产党领导的多党合作和政治协商制度、民族区域自治制度、基层群众自治制度等基本政治制度，巩固和发展最广泛的爱国统一战线，形成了全面、广泛、有机衔接的人民当家作主制度体系。全体人民依法实行民主选举、民主协商、民主决策、民主管理、民主监督，依法通过各种途径和形式管理国家事务，管理经济和文化事业，管理社会事务，当家作主的权利进一步落到实处。

文化更加繁荣。我国文化建设为新时代坚持和发展中国特色社会主义、开创党和国家事业全新局面提供了强大正能量。党的理论创新全面推进，习近平新时代中国特色社会主义思想深刻改变中国、影响世界。党对宣传思想文化工作的领导全面加强，凝聚起全面建成小康社会、实现中华民族伟大复兴的磅礴力量。社会主义核心价值观和中华优秀传统文化广泛弘扬，主流舆论不断巩固壮大，网络空间日益清朗，全国各族人民精神面貌更加奋发昂扬。文艺创作持续繁荣，公共文化服务水平不断提高，文化事业和文化产业繁荣发展，为人民提供了更多更好的精神食粮。

社会更加和谐。我国832个贫困县全部摘帽，近1亿农村贫困人口实现脱贫，960多万贫困人口实现易地搬迁，历史性地解决了绝对贫困问题。城镇新增就业年均超过1300万人，居民人均可支配收入超过3.5万元，中等收入群体规模超过4亿人。养老、托幼、助残等福利事业平稳发展，建成世界上规模最大的教育体系、社会保障体系、医疗卫生体系，高等教育进入世界公认的普及化阶段，人均预期寿命达到78.2岁。社会保持长期稳定，成为世界公认最有安全感的国家之一。面对疫情冲击，我们党坚持人民至上、生命至上，最大限度保护了人民生命安全和身体健康。

生态更加优美。我们党坚持绿水青山就是金山银山理念，全面加强生态文明建设，系统谋划生态文明体制改革，坚持山水林田湖草沙一体化保护和系统治理，全方位、全地域、全过程加强生态环境保护，生态环境保护发生历史性、转折性、全局性变化。2021年，全国339个地级及以上城市平均空气质量优良天数比例为87.5%，受污染耕地安全利用率稳定在90%以上，地表水水质优良（Ⅰ—Ⅲ类）断面比例为84.9%，绿水青山的"含金量"越来越高，人民群众感受到了经济发展带来的实实在在的环境效益。

共同奋斗创造更加美好的生活

习近平总书记指出:"全面建设社会主义现代化国家,必须充分发挥亿万人民的创造伟力。"我们要始终坚持以人民为中心的发展思想,牢牢坚持习近平总书记在党的二十大报告中提出的"五个必由之路"的规律性认识,坚持在发展中保障和改善民生,统筹做好就业、收入分配、教育、社保、医疗、住房、养老、扶幼等各方面工作,在物质文明、政治文明、精神文明、社会文明、生态文明协调发展中全方位提升人民生活品质。

坚持党的全面领导。坚持党的全面领导是坚持和发展中国特色社会主义的必由之路。我们要坚定不移坚持党的全面领导,坚决维护党中央权威和集中统一领导,把党的领导落实到党和国家事业各领域各方面各环节,使党始终成为中国人民最可靠、最坚强的主心骨。

坚持中国特色社会主义。中国特色社会主义是实现中华民族伟大复兴的必由之路。我们要始终不渝走中国特色社会主义道路,坚持把国家和民族发展放在自己力量的基点上、把中国发展进步的命运牢牢掌握在自己手中,不断实现人民对美好生活的向往,不断推进全体人民共同富裕。

坚持团结奋斗。团结奋斗是中国人民创造历史伟业的必由之路。我们要在党的领导下团结一心、众志成城,敢于斗争、善于斗争,全力战胜前进道路上各种困难和挑战,依靠顽强斗争打开事业发展新天地。

完整、准确、全面贯彻新发展理念。贯彻新发展理念是新时代我国发展壮大的必由之路。我们要完整、准确、全面贯彻新发展理念,加快构建新发展格局，着力推动高质量发展，加快实现科技自立自强，不断提高我国发展的竞争力和持续力，在日趋激烈的国际竞争中把握主动、赢得未来。

坚持全面从严治党。全面从严治党是党永葆生机活力、走好新的赶考之路的必由之路。我们要大力弘扬伟大建党精神，不忘初心使命，勇于自我革命，不断清除一切损害党的先进性和纯洁性的有害因素，不断清除一切侵蚀党的健康肌体的病原体，确保党不变质、不变色、不变味，始终与人民风雨同舟、与人民心心相印，想人民之所想，行人民之所嘱，不断把人民对美好生活的向往变为现实。

（作者为民政部副部长）

（《人民日报》2022年11月03日第09版）

解码新征程

不断深化对马克思主义中国化时代化的认识

冯鹏志

习近平总书记在党的二十大报告中指出："继续推进实践基础上的理论创新，首先要把握好新时代中国特色社会主义思想的世界观和方法论，坚持好、运用好贯穿其中的立场观点方法。"我们要从哲学上不断深化对马克思主义中国化时代化的认识，把握好习近平新时代中国特色社会主义思想的世界观和方法论，坚持好、运用好贯穿其中的立场观点方法，不断提高用中国化时代化的马克思主义分析和解决问题的能力。

马克思主义中国化时代化具有深厚哲学基础

习近平总书记指出："马克思主义哲学深刻揭示了客观世界特别是人类社会发展一般规律，在当今时代依然有着强大生命力，依然是指导我们共产党人前进的强大思想武器。"马克思主义哲学是科学的世界观和方法论，为我们认识世界、改造世界提供了常用常新、永不枯竭的理论宝库，为人类思想发展、社会进步、文明更新和彻底解放开辟了广阔道路。

马克思主义哲学是马克思主义世界观和方法论的集中体现，学习掌握马克思主义哲学是学习掌握马克思主义的首要任务，是推进马克思主义中国化时代化的必然要求。我们党自成立之日起，就高度重视思想建党，其中十分重要的一条就是坚持用马克思主义哲学教育和武装全党。毛泽东同志指出："马克思主义有几门学问……但基础的东西是马克思主义哲学"。邓小平同志在总结历史经验时指出："二十年的历史教训告诉我们一条最重要的原则：搞社会主义一定要遵循马克思主义的辩证唯物主义和历史唯物主义，也就是毛泽东同志概括的实事求是，或者说一切从实际出发。"江泽民同志指出："在党内首先是党的高级干部中，要提倡认真学习和研究马克思列宁主义、毛泽东思想基本理论，特别是学习和研究马克思主义哲学，掌握科学的世界观、方法论。"胡锦涛同志指出："辩证唯物主义和历史唯物主义的世界观和方法论，是马克思主义最根本的理论特征。"实践表明，高度重视学习和运用马克思主义哲学，是我们党推进马克思主义中国化时代化的深厚思想理论基础，是我们党能够战胜前进道路上一切艰难险阻、不断从胜利走向胜利的重要法宝。

注重对马克思主义哲学的学习和运用，是习近平新时代中国特色社会主义思想的一个重要特征。习近平总书记不仅高度重视全党对马克思主义哲学的学习和运用，而且坚持以发展的观点看待马克思主义哲学，坚持推进马克思主义哲学中国化时代化。习近平同志在兼任中央党校校长期间指出："建议大家读一些马克思主义哲学基本著作，掌握科学世界观和方法论，不断增强工作的原则性、系统性、预见性、创造性"，强调党校要把马克思主义哲学作为主要课程。

马克思主义哲学的价值在于指导和推动实践，马克思主义哲学中国化时代化的意义在于把握和引领时代。随着新时代中国特色社会主义事业的不断推进，习近平总书记科学运用辩证唯物主义和历史唯物主义世界观和方法论，对新时代我国社会发展的阶段性特征进行深入分析，坚持社会基本矛盾分析法，全面把握社会的基本面貌和发展方向，提出社会主要矛盾的变化是关系全局的历史性变化；坚持人民是历史创造者的观点，强调坚持以人民为中心的发展思想，维护人民根本利益，增进民生福祉，不断实现发展为了人民、发展依靠人民、发展成果由人民共享，让现代化建设成果更多更公平惠及全体人民；坚持运用生产力与生产关系、经济基础与上层建筑辩证关系的原理考察当代中国的改革发展，着力推动经济高质量发展，实现物的不断丰富和人的全面发展的统一；等等。这一系列原创性治国理政新理念新思想新战略，有力推进了马克思主义哲学中国化时代化进程，为实现马克思主义中国化时代化新的飞跃提供了重要哲学基础。

不断接受马克思主义哲学智慧的滋养

习近平总书记强调：“必须不断接受马克思主义哲学智慧的滋养，更加自觉地坚持和运用辩证唯物主义世界观和方法论，把各项工作做得更好。”从哲学上认识马克思主义中国化时代化，要不断接受马克思主义哲学智慧的滋养，把握好习近平新时代中国特色社会主义思想的世界观和方法论，全面提高观察、分析和解决问题的能力。

接受马克思主义哲学智慧的滋养，就要坚持运用辩证唯物主义和历史唯物主义看待问题、分析问题、解决问题。习近平总书记指出："辩证唯物主义是中国共产党人的世界观和方法论。"强调学习和运用辩证唯物主义世界观和方法论，就要学习掌握世界统一于物质、物质决定意识的原理，坚持从客观实际出发制定政策、推动工作；学习掌握事物矛盾运动的基本原理，不断强化问题意识，积极面对和化解前进中遇到的矛盾；学习掌握唯物辩证法的根本方法，不断增强辩证思维能力，提高驾驭复杂局面、处理复杂问题的本领；学习掌握认识和实践辩证关系的原理，坚持实践第一的观点，不断推进实践基础上的理论创新。

习近平总书记指出："历史唯物主义作为马克思主义哲学的重要组成部分，是关于人类社会发展一般规律的科学。"强调学习和运用历史唯物主义，就要学习和掌握社会基本矛盾分析法，把生产力和生产关系的矛盾运动同经济基础和上层建筑的矛盾运动结合起来观察，把社会基本矛盾作为一个整体来观察，全面把握整个社会的基本面貌和发展方向；学习和掌握物质生产是社会生活的基础的观点，推动我国社会生产力不断向前发展，推动实现物的不断丰富和人的全面发展的统一；学习和掌握人民群众是历史创造者的观点，坚持把实现好、维护好、发展好最广大人民根本利益作为推进改革的出发点和落脚点，让发展成果更多更公平惠及全体人民；等等。习近平总书记科学运用辩证唯物主义和历史唯物主义，对新时代我国社会发展的阶段性特征进行深入分析，创造性丰富发展了马克思主义哲学，为习近平新时代中国特色社会主义思想奠定了坚实哲学基础，为新时代中国共产党人提供了认识世界、改造世界的强大思想武器，为坚持运用辩证唯物主义和历史唯物主义提供了科学指引和根本遵循。

坚持以马克思主义中国化时代化最新成果为指导

习近平总书记强调:"坚持用马克思主义之'矢'去射新时代中国之'的',继续推进马克思主义基本原理同中国具体实际相结合、同中华优秀传统文化相结合,使马克思主义呈现出更多中国特色、中国风格、中国气派,续写马克思主义中国化时代化新篇章。"学习好运用好马克思主义哲学,关键在于坚持以马克思主义中国化时代化最新成果为指导,更好把坚持马克思主义和发展马克思主义统一起来,用马克思主义的立场、观点、方法观察时代、把握时代、引领时代。

一个民族要走在时代前列,就一刻不能没有理论思维,一刻不能没有正确思想指引。习近平总书记指出:"实践告诉我们,中国共产党为什么能,中国特色社会主义为什么好,归根到底是马克思主义行,是中国化时代化的马克思主义行。"党的十八大以来,中国特色社会主义进入新时代,面对国内外形势变化和我国各项事业发展提出的一系列重大理论和实践问题。以习近平同志为主要代表的中国共产党人坚持把马克思主义基本原理同中国具体实际相结合、同中华优秀传统文化相结合,深刻总结并充分运用党成立以来的历史经验,从新的实际出发,创立了习近平新时代中国特色社会主义思想,实现了马克思主义中国化时代化新的飞跃。

习近平新时代中国特色社会主义思想,深刻回答了新时代坚持和发展什么样的中国特色社会主义、怎样坚持和发展中国特色社会主义,建设什么样的社会主义现代化强国、怎样建设社会主义现代化强国,建设什么样的长期执政的马克思主义政党、怎样建设长期执政的马克思主义政党等重大时代课题,科学回答了中国之问、世界之问、人民之问、时代之问，形成了系统全面、逻辑严密、内涵丰富、内在统一的科学理论体系。这一科学理论体系，以一系列原创性的治国理政新理念新思想新战略丰富和发展了马克思主义哲学，为全面建设社会主义现代化国家、全面推进中华民族伟大复兴提供了科学、系统、完整的世界观和方法论指导，为马克思主义在当今时代的大发展作出了开创性、全面性、历史性贡献。

当代中国正在经历人类历史上最为宏大而独特的实践创新，改革发展稳定任务之重、矛盾风险挑战之多、治国理政考验之大都前所未有，世界百年未有之大变局深刻变化前所未有。以正确的战略策略应变局、育新机、开新局，必须把握好习近平新时代中国特色社会主义思想的世界观和方法论，坚持好、运用好贯穿其中的立场观点方法，准确把握时代大势，勇于站在人类发展前沿，聆听人民心声，回应现实需要，坚持解放思想、实事求是、与时俱进、求真务实，研究提出解决重大时代课题的新思路、新举措，在乱云飞渡中把牢正确方向，在风险挑战面前砥砺胆识，始终掌握新时代新征程党和国家事业发展的历史主动。坚持学思用贯通、知信行统一，把习近平新时代中国特色社会主义思想转化为坚定理想、锤炼党性和指导实践、推动工作的强大力量。

（作者为中央党校（国家行政学院）哲学教研部主任、教授）

（《人民日报》2022年11月08日第09版）

深刻理解前进道路上
必须牢牢把握的重大原则

邓纯东

党的二十大报告描绘了全面建设社会主义现代化国家、全面推进中华民族伟大复兴的宏伟蓝图,为新时代新征程党和国家事业发展、实现第二个百年奋斗目标指明了前进方向、确立了行动指南。全面建设社会主义现代化国家,是一项伟大而艰巨的事业,前途光明,任重道远。习近平总书记在党的二十大报告中指出了前进道路上必须牢牢把握的重大原则,即坚持和加强党的全面领导,坚持中国特色社会主义道路,坚持以人民为中心的发展思想,坚持深化改革开放,坚持发扬斗争精神。前进道路上,我们要牢牢把握这些重大原则,坚定信心、同心同德,埋头苦干、奋勇前进,以中国式现代化全面推进中华民族伟大复兴。

坚持和加强党的全面领导

习近平总书记指出:"全面建设社会主义现代化国家、全面推进中华民族伟大复兴,关键在党。"中国共产党领导是中国特色社会主义最本质的特征，是中国特色社会主义制度的最大优势。党的领导是党和国家的根本所在、命脉所在，是全国各族人民的利益所系、命运所系。治理好我们这个世界上人口最多的国家，必须坚持党的集中统一领导，维护党中央权威，确保党始终总揽全局、协调各方。正是因为始终坚持党的集中统一领导，我们才能实现伟大历史转折，开启改革开放新时期和中华民族伟大复兴新征程；才能成功应对一系列重大风险挑战、克服无数艰难险阻，有力稳经济、促发展，战贫困、建小康，控疫情、抗大灾，应变局、化危机；才能攻克一个个看似不可攻克的难关险阻，创造一个个令人刮目相看的人间奇迹。坚持党的全面领导是坚持和发展中国特色社会主义的必由之路。

前进道路上，必须坚持和加强党的全面领导，坚决维护党中央权威和集中统一领导，把党的领导落实到党和国家事业各领域各方面各环节，使党始终成为风雨来袭时全体人民最可靠的主心骨。坚持把保证全党服从中央、维护党中央权威和集中统一领导作为党的政治建设的首要任务，健全总揽全局、协调各方的党的领导制度体系，完善党中央重大决策部署落实机制，确保全党在政治立场、政治方向、政治原则、政治道路上同党中央保持高度一致，使我们这个拥有9600多万名党员的马克思主义政党更加团结统一。毫不动摇把党的领导这个中国特色社会主义最本质的特征坚持好、这个中国特色社会主义制度的最大优势发挥好，使全党全国各族人民在党的旗帜下团结成"一块坚硬的钢铁"，心往一处想、劲往一处使，推动中华民族伟大复兴号巨轮乘风破浪、扬帆远航。

坚持中国特色社会主义道路

习近平总书记指出:"中国特色社会主义是实现中华民族伟大复兴的必由之路"。一个国家要发展,明确目标和路径至关重要。中国特色社会主义是科学社会主义理论逻辑和中国社会发展历史逻辑的辩证统一,是根植于中国大地、反映中国人民意愿、适应中国和时代发展进步要求的科学社会主义。只有坚持和发展中国特色社会主义,才能实现中华民族伟大复兴。党的十八大以来,我们以奋发有为的精神把新时代中国特色社会主义不断推向前进,深入推进改革开放和社会主义现代化建设,书写了经济快速发展和社会长期稳定两大奇迹新篇章,我国发展具备了更为坚实的物质基础、更为完善的制度保证,实现中华民族伟大复兴进入了不可逆转的历史进程。只要始终不渝走中国特色社会主义道路,我们就一定能够战胜各种风险考验,不断实现人民对美好生活的向往。

前进道路上,必须坚持中国特色社会主义道路,既不走封闭僵化的老路,也不走改旗易帜的邪路,坚持把国家和民族发展放在自己力量的基点上,坚持把中国发展进步的命运牢牢掌握在自己手中。历史已经并将继续证明,中国特色社会主义道路不仅走得对、走得通,而且走得稳、走得好。我们要坚定历史自信、增强历史主动,全面贯彻党的基本理论、基本路线、基本方略,适应国内外形势新变化和实践新要求,不断增强中国特色社会主义道路、理论、制度、文化自信,把新时代坚持和发展中国特色社会主义这场伟大社会革命进行好,不断谱写新时代坚持和发展中国特色社会主义新篇章。

坚持以人民为中心的发展思想

习近平总书记指出："江山就是人民，人民就是江山。中国共产党领导人民打江山、守江山，守的是人民的心。"治国有常，利民为本。为民造福是立党为公、执政为民的本质要求。中国共产党一经诞生，就把为中国人民谋幸福、为中华民族谋复兴确立为自己的初心和使命。坚持以人民为中心的发展思想，体现了党的理想信念、性质宗旨、初心使命，也是对党的奋斗历程和实践经验的深刻总结。我们党团结带领人民进行革命、建设、改革，根本目的就是为了让人民过上好日子，无论面临多大挑战和压力，无论付出多大牺牲和代价，这一点都始终不渝、毫不动摇。我们党的根基在人民、血脉在人民、力量在人民，始终坚持人民至上、紧紧依靠人民、不断造福人民、牢牢植根人民。我们党没有自己特殊的利益，党在任何时候都把群众利益放在第一位。这是我们党作为马克思主义政党区别于其他政党的显著标志。

前进道路上，必须坚持以人民为中心的发展思想，不断实现发展为了人民、发展依靠人民、发展成果由人民共享，让现代化建设成果更多更公平惠及全体人民。人民是我们党执政的最大底气。我们要坚持全心全意为人民服务的根本宗旨，树牢群众观点，贯彻群众路线，尊重人民首创精神，坚持一切为了人民、一切依靠人民，从群众中来、到群众中去，始终保持同人民群众的血肉联系。坚持实现好、维护好、发展好最广大人民根本利益，紧紧抓住人民最关心最直接最现实的利益问题，坚持尽力而为、量力而行，深入群众、深入基层，采取更多惠民生、暖民心举措，着力解决好人民群众急难愁盼问题，健全基本公共服务体系，提高公共服务水平，增强均衡性和可及性；扎实推进共同富裕，使人民群众获得感、幸福感、安全感更加充实、更有保障、更可持续。

坚持深化改革开放

习近平总书记指出："中国将坚定不移推进改革开放。中国改革开放永远在路上。不论国际形势发生什么变化，中国都将高举改革开放的旗帜。"实践发展永无止境，解放思想永无止境，改革开放也永无止境。党的十八大以来，以习近平同志为核心的党中央以巨大的政治勇气全面深化改革，加强对全面深化改革的顶层设计和整体谋划，增强改革的系统性、整体性、协同性，为全面建成小康社会、开启全面建设社会主义现代化国家新征程提供有力制度保障。不断拓展全面深化改革的深度与广度，各方面先后出台2000多个改革方案，许多领域实现历史性变革、系统性重塑、整体性重构，支撑中国特色社会主义制度的根本制度不断筑牢、基本制度更加完善、重要制度不断创新，各领域基础性制度框架基本确立，国家治理体系和治理能力现代化水平明显提高，党和国家事业焕发出新的生机活力。事实证明，改革开放是决定当代中国命运的关键一招。

前进道路上，必须坚持深化改革开放，把我国制度优势更好转化为国家治理效能。要坚持一切从实际出发，着眼解决新时代改革开放和社会主义现代化建设的实际问题，不断回答中国之问、世界之问、人民之问、时代之问，作出符合中国实际和时代要求的正确回答，得出符合客观规律的科学认识，形成与时俱进的理论成果，更好指导改革开放伟大实践。只要我们坚持深化改革开放，增强改革不停顿、开放不止步的坚定决心，深刻认识把握全面深化改革总目标的科学内涵和实践要求，着力构建系统完备、科学规范、运行有效的制度体系，推动中国特色社会主义制度更加成熟更加定型，必将不断彰显中国特色社会主义制度优势，不断增强社会主义现代化建设的动力和活力。

坚持发扬斗争精神

习近平总书记指出："中华民族伟大复兴，绝不是轻轻松松、敲锣打鼓就能实现的，实现伟大梦想必须进行伟大斗争。"建立中国共产党、成立中华人民共和国、实行改革开放、推进新时代中国特色社会主义事业，都是在斗争中诞生、在斗争中发展、在斗争中壮大的。党的十八大以来，面对影响党长期执政、国家长治久安、人民幸福安康的突出矛盾和问题，以习近平同志为核心的党中央审时度势、果敢抉择，锐意进取、攻坚克难，团结带领全党全军全国各族人民撸起袖子加油干、风雨无阻向前行，义无反顾进行具有许多新的历史特点的伟大斗争，攻克了许多长期没有解决的难题，办成了许多事关长远的大事要事，推动党和国家事业取得举世瞩目的重大成就。当前，我国发展进入战略机遇和风险挑战并存、不确定难预料因素增多的时期，各种"黑天鹅"、"灰犀牛"事件随时可能发生。总想过太平日子、不想斗争是不切实际的，得"软骨病"、患"恐惧症"是无济于事的。唯有主动迎战、坚决斗争才有生路出路，才能赢得尊严、求得发展。

前进道路上，必须坚持发扬斗争精神，增强全党全国各族人民的志气、骨气、底气，不信邪、不怕鬼、不怕压，知难而进、迎难而上，统筹发展和安全，全力战胜各种困难和挑战，依靠顽强斗争打开事业发展新天地。我们要增强忧患意识，坚持底线思维，做到居安思危、未雨绸缪，准备经受风高浪急甚至惊涛骇浪的重大考验。要把握新的伟大斗争的历史特点，发扬斗争精神，把握斗争方向，把握斗争主动权，坚定斗争意志，掌握斗争规律，增强斗争本领，有效应对重大挑战、抵御重大风险、克服重大阻力、解决重大矛盾，战胜前进道路上的一切艰难险阻，不断夺取全面建设社会主义现代化国家新胜利。

（作者为中国社会科学院研究员）

（《人民日报》2022年11月09日第09版）

夯实中国式现代化的农业农村基础

曲福田

习近平总书记在党的二十大报告中强调:"从现在起,中国共产党的中心任务就是团结带领全国各族人民全面建成社会主义现代化强国、实现第二个百年奋斗目标,以中国式现代化全面推进中华民族伟大复兴。"这为新时代新征程党和国家事业发展指明了前进方向、提供了根本遵循。全面建设社会主义现代化国家,最艰巨最繁重的任务仍然在农村。党的十八大以来,习近平总书记坚持用大历史观看待农业农村农民问题,发表一系列重要论述,科学回答了"三农"工作的一系列重大理论和实践问题,指引我国农业农村发展取得历史性成就、发生历史性变革。我们要全面贯彻习近平新时代中国特色社会主义思想,认真学习宣传贯彻党的二十大精神,全面推进乡村振兴,加快推进农业农村现代化,为中国式现代化夯实农业农村基础。

农业农村现代化是中国式现代化的重要组成部分

党的二十大闭幕后,习近平总书记在陕西省延安市和河南省安阳市考察时强调,全面推进乡村振兴,为实现农业农村现代化而不懈奋斗。民族要复兴，乡村必振兴。没有农业农村现代化，就没有整个国家现代化。加快推进农业农村现代化是中国式现代化的题中应有之义，是实现农业大国向农业强国跨越的基础和支撑。

从中华民族伟大复兴战略全局看，农业农村现代化是中国式现代化的重要基础。习近平总书记指出："我们要坚持用大历史观来看待农业、农村、农民问题，只有深刻理解了'三农'问题，才能更好理解我们这个党、这个国家、这个民族。"近年来，虽然我国"三农"工作取得显著成就，但农业农村发展的基础还不稳固，城乡区域发展和居民收入差距仍然较大，城乡发展不平衡、农村发展不充分仍是当前我国社会主要矛盾的重要体现。实现农业农村现代化是全面建设社会主义现代化国家、全面推进中华民族伟大复兴的重大任务。

从世界百年未有之大变局看，农业农村现代化是中国式现代化的"压舱石"。当前，国际环境日趋复杂，不稳定性不确定性日益增加，百年变局与世纪疫情交织叠加，经济全球化遭遇逆流，世界进入动荡变革期。习近平总书记指出："稳住农业基本盘、守好'三农'基础是应变局、开新局的'压舱石'""'三农'向好，全局主动"。实现农业农村现代化，有利于保障粮食等重要农产品供给安全，以国内稳产保供的确定性应对外部环境的不确定性；有利于把几亿农民同步迈向现代化的巨量消费和投资需求充分释放出来，通过畅通城乡经济循环增强国内大循环内生动力和可靠性，加快形成新发展格局，有力有效应对世界百年未有之大变局。

从中国式现代化的特征和进程看，农业农村现代化是中国式现代化的重要一环。在现代化进程中，能否处理好工农关系、城乡关系，在很大程度上决定着现代化的成败。有的国家由于没有处理好工农关系、城乡关系，不仅乡村和乡村经济走向凋敝，而且工业化和城镇化也走入困境，甚至造成社会动荡，陷入"中等收入陷阱"。我国推动的新型工业化、信息化、城镇化、农业现代化同步发展，具有时间压缩、任务叠加、后发赶超、同步推进等"并联式"特征，超越了西方国家单一线性、渐次发展的"串联"模式。在"新四化"同步发展中，农业现代化是突出"短板"，迫切需要立足中国实际，探索中国式现代化发展规律，在中国式现代化大棋局中加快推进农业农村现代化。

深刻理解和把握农业农村现代化的丰富内涵

习近平总书记指出："新时代'三农'工作必须围绕农业农村现代化这个总目标来推进。"推进农业农村现代化，要深刻理解和把握农业农村现代化的丰富内涵，坚持走中国特色社会主义乡村振兴道路，坚持农业农村优先发展，让农业成为有奔头的产业，让农民成为有吸引力的职业，让农村成为安居乐业的美丽家园。

农业农村现代化是用现代科技和经营管理推动农业发展的过程。农业现代化关键在科技进步和创新。这就要求加快实施农业生物育种重大科技项目，早日实现重要农产品的种源自主可控；立足我国国情，加强农业与科技融合，加快农业科技创新步伐，努力抢占世界农业科技竞争制高点，显著提高我国农业科技进步贡献率。坚持粮食安全是"国之大者"，全方位夯实粮食安全根基，牢牢守住18亿亩耕地红线，确保中国人的饭碗牢牢端在自己手中；树立大食物观，发展设施农业，全方位、多途径开发食物资源。推进农业供给侧结构性改革，优化农业产业结构和生产区域布局，加快构建现代农业产业体系、生产体系、经营体系，提升农业劳动生产率，提高农业综合效益和竞争力。

农业农村现代化是消除城乡发展不平衡和乡村发展不充分、实现城乡一体化发展的过程。全面建设社会主义现代化国家，既要建设繁华的城市，也要建设繁荣的农村，推动工业和农业相互促进、城市与乡村相互融合。要坚持农业现代化和农村现代化一体设计、一体推进，健全城乡发展一体化体制机制，推动先进生产要素向乡村流动、公共服务向乡村延伸；大力践行绿水青山就是金山银山理念，加强农村生态文明建设，改善农村人居环境；保护农村传统村落，为老百姓留住鸟语花香的田园风光和美丽乡愁，着重提高农村生活品质。

农业农村现代化既包括"物"的现代化——现代化的农业农村，也包括人的现代化——现代化的农民。要加快农业产业化步伐，盘活农村资产，发展新型农村集体经济，增加农民收入，让更多农民勤劳致富，共享发展成果，共享现代生活；把乡村建设摆在现代化建设的重要位置，坚持乡村建设为农民而建，逐步让农村基本具备现代生活条件，让农民过上好日子、过上现代化的生活；坚持物质文明和精神文明一起抓，提升农民精神风貌，让农民的思想道德观念、价值取向、科学文化素养和行为方式等适应现代化需要，加快培育新型农民。

实施乡村振兴战略是关系全面建设社会主义现代化国家的全局性、历史性任务，是加快推进农业农村现代化的有效途径。要坚持农业农村优先发展的总方针，按照产业兴旺、生态宜居、乡风文明、治理有效、生活富裕的总要求，建立健全城乡融合发展体制机制和政策体系，扎实推动乡村产业、人才、文化、生态、组织振兴，促进农业高质高效全面升级，农村宜居宜业全面进步，农民富裕富足全面发展，推动农业农村农民与工业城镇市民同步实现现代化，开启城乡融合发展和现代化建设新局面。

以全面推进乡村振兴加快农业农村现代化进程

党的二十大对全面推进乡村振兴、加快建设农业强国作出战略部署，为加快推进农业农村现代化提供了行动指南。我们要自觉用党的二十大精神统一思想和行动，坚持科学理论指导，强化组织保证，激发内生动力，一步一个脚印把党的二十大作出的重大决策部署付诸行动、见之于成效。

坚持科学理论指导。习近平总书记关于"三农"工作的重要论述是习近平新时代中国特色社会主义思想的重要组成部分，是做好新时代"三农"工作的行动纲领和根本遵循。我们要深刻认识习近平总书记关于"三农"工作的重要论述的历史逻辑，切实领会坚持党的农村工作基本立场、基本原则、基本方法、基本观点的历史必然；深刻认识习近平总书记关于"三农"工作的重要论述的理论逻辑，学深悟透"三农"工作的认识论、方法论、价值观；深刻认识习近平总书记关于"三农"工作的重要论述的实践逻辑，准确把握做好"三农"工作的主要路径和政策取向，确保新时代"三农"工作始终保持正确方向。

强化组织保证。习近平总书记指出："农业农村农民问题是关系国计民生的根本性问题，必须始终把解决好'三农'问题作为全党工作重中之重。"要健全党领导农村工作的组织体系、制度体系、工作机制，提高党把方向、谋大局、定政策、促改革的能力和定力，确保党始终总揽全局、协调各方，提高新时代党全面领导农村工作的能力和水平；健全党委全面统一领导、政府负责、党委农村工作部门统筹协调的农村工作领导体制，落实五级书记抓乡村振兴要求；提高农村基层组织建设质量，建设一支懂农业、爱农村、爱农民的干部队伍，把党中央提出的重大任务转化为基层的具体工作，抓牢、抓实、抓出成效。

激发内生动力。解决农业农村现代化进程中遇到的各种矛盾和问题，要从农业农村发展的深层次矛盾出发，通过深化改革调动亿万农民的积极性、主动性、创造性，激活乡村振兴内生动力。巩固拓展脱贫攻坚成果，增强脱贫地区和脱贫群众内生发展动力。聚焦农民和土地的关系，把握"大国小农"的基本国情农情，深化农村土地制度改革，赋予农民更加充分的财产权益；健全农村要素市场化配置机制，畅通城乡要素流动；发展新型农业经营主体和社会化服务，发展农业适度规模经营，推进农业现代化。聚焦农民和集体的关系，深化村民自治实践，加强法治乡村建设，培育文明乡风淳朴民风，健全自治、法治、德治相结合的乡村治理体系，推进乡村治理现代化。聚焦乡村与城市的关系，加强城乡发展空间的统一规划，加大户籍制度改革力度，加快推进城乡统一的建设用地市场建设，推动城乡融合发展，努力形成工农互促、城乡互补、协调发展、共同繁荣的新型工农城乡关系。

（作者为南京农业大学中国资源环境与发展研究院院长）

（《人民日报》2022年11月10日第09版）

坚持把中国发展进步的命运牢牢掌握在自己手中

中央党校（国家行政学院）习近平新时代中国特色社会主义思想研究中心

党的二十大报告进一步指明了党和国家事业的前进方向，是我们党团结带领全国各族人民在新时代新征程坚持和发展中国特色社会主义的政治宣言和行动纲领。习近平总书记在党的二十大报告中指出："坚持把国家和民族发展放在自己力量的基点上，坚持把中国发展进步的命运牢牢掌握在自己手中。"这是深刻总结历史经验、科学审视当今世界和当代中国发展大势作出的重要战略判断，对于我们在全面建设社会主义现代化国家新征程上行稳致远具有十分重要的意义。

关键在于办好自己的事

一个国家、一个民族的发展，立足点在于走好自己的路，关键在于办好自己的事。"坚持把中国发展进步的命运牢牢掌握在自己手中"的重要论述，深刻体现了以习近平同志为核心的党中央对如何推动当前和今后一个时期党和国家事业发展的战略思考，具有充分的理论依据、历史依据和现实依据。

这是对事物发展规律的科学把握。唯物辩证法认为，事物发展变化是内因和外因共同作用的结果，内因是事物发展变化的根据，决定着事物发展的基本趋势，外因通过内因起作用。中国共产党人历来重视充分发挥"内因"的作用，认为革命、建设、改革主要靠自己，必须把命运掌握在自己手中。毛泽东同志指出："中国的事情，要靠共产党办，靠人民办。"邓小平同志指出："一切决定于我们自己的事情干得好不好。"新时代，面对世情国情党情的深刻变化，习近平总书记指出："中国的事情必须按照中国的特点、中国的实际来办，这是解决中国所有问题的正确之道""多从内因着眼、着手、着力，找准症结就有的放矢、对症下药"。历史和现实都表明，只有把国家和民族发展放在自己力量的基点上，才能把中国发展进步的命运牢牢掌握在自己手中。

这是党百年奋斗历程的深刻启示。自成立以来，党团结带领中国人民进行的一切奋斗、一切牺牲、一切创造，归结起来就是一个主题：实现中华民族伟大复兴。新民主主义革命时期，党团结带领人民推翻帝国主义、封建主义、官僚资本主义三座大山，建立了人民当家作主的中华人民共和国，创造了新民主主义革命的伟大成就，为实现中华民族伟大复兴创造了根本社会条件。社会主义革命和建设时期，党团结带领人民确立社会主义基本制度，推进社会主义建设，创造了社会主义革命和建设的伟大成就，为实现中华民族伟大复兴奠定了根本政治前提和制度基础。改革开放和社会主义现代化建设新时期，党团结带领人民坚定不移推进改革开放，开创、坚持、捍卫、发展中国特色社会主义，创造了改革开放和社会主义现代化建设的伟大成就，为实现中华民族伟大复兴提供了充满新的活力的体制保证和快速发展的物质条件。中国特色社会主义新时代，党团结带领人民如期实现全面建成小康社会目标，顺利开启实现第二个百年奋斗目标新征程，创造了新时代中国特色社会主义的伟大成就，为实现中华民族伟大复兴提供了更为完善的制度保证、更为坚实的物质基础、更为主动的精神力量。一百多年来，我们党之所以能团结带领人民书写中华民族几千年历史上最恢宏的史诗，一个重要原因就是锚定奋斗目标，在每个历史阶段都把中国发展进步的命运牢牢掌握在自己手中。

这是推进中华民族伟大复兴的战略谋划。习近平总书记指出："从现在起，中国共产党的中心任务就是团结带领全国各族人民全面建成社会主义现代化强国、实现第二个百年奋斗目标，以中国式现代化全面推进中华民族伟大复兴。"以中国式现代化全面推进中华民族伟大复兴，是以习近平同志为核心的党中央把国家和民族发展放在自己力量基点上作出的重大决策，也是把中国发展进步的命运牢牢掌握在自己手中的宏伟事业。中国式现代化具有中国特色、符合中国实际，是人口规模巨大、全体人民共同富裕、物质文明和精神文明相协调、人与自然和谐共生、走和平发展道路的现代化。坚持以中国式现代化全面推进中华民族伟大复兴，要求我们坚持中国共产党领导，依靠中国人民力量，既不走封闭僵化的老路，也不走改旗易帜的邪路，坚定不移在中国特色社会主义道路这条唯一正确的道路上实现民族复兴。

坚持团结奋斗，增强历史主动

越是接近民族复兴，越不会一帆风顺。越是斗争形势复杂，越要坚持把中国发展进步的命运牢牢掌握在自己手中。在全面建设社会主义现代化国家新征程上,要坚持团结奋斗、增强历史主动、发扬斗争精神,不为任何风险所惧,不为任何干扰所惑,风雨无阻向前行。

坚持团结奋斗。习近平总书记指出:"团结奋斗是中国人民创造历史伟业的必由之路"。坚持把中国发展进步的命运牢牢掌握在自己手中,要求全党坚持全心全意为人民服务的根本宗旨,树牢群众观点,贯彻群众路线,尊重人民首创精神,坚持一切为了人民、一切依靠人民,从群众中来、到群众中去,始终保持同人民群众的血肉联系。只要我们始终同人民同呼吸、共命运、心连心,全党全国各族人民就能在党的旗帜下团结成"一块坚硬的钢铁",心往一处想、劲往一处使,推动中华民族伟大复兴号巨轮乘风破浪、扬帆远航,真正把中国发展进步的命运牢牢掌握在自己手中。

增强历史主动。习近平总书记指出:"拥有马克思主义科学理论指导是我们党坚定信仰信念、把握历史主动的根本所在。"马克思主义是我们立党立国、兴党兴国的根本指导思想。实践告诉我们,中国共产党为什么能,中国特色社会主义为什么好,归根到底是马克思主义行,是中国化时代化的马克思主义行。坚持把中国发展进步的命运牢牢掌握在自己手中,必须继续高举中国特色社会主义伟大旗帜,始终不渝走中国特色社会主义道路,全面贯彻习近平新时代中国特色社会主义思想,增强历史主动,创造性地解答和解决事关中国发展进步的重大理论和实践问题。

发扬斗争精神。开启全面建设社会主义现代化国家新征程,面临的风险和考验一点也不会比过去少。坚持把中国发展进步的命运牢牢掌握在自己手中,要增强志气、骨气、底气,不信邪、不怕鬼、不怕压,知难而进、迎难而上;要积极主动、未雨绸缪,见微知著、防微杜渐,做好经济上、政治上、文化上、社会上、外交上、军事上各种斗争的准备;要以越是艰险越向前的精神奋勇搏击、迎难而上,自觉加强斗争历练,在斗争中学会斗争,在斗争中成长提高,发扬斗争精神,增强斗争本领,敢打硬仗、善打胜仗,全力战胜前进道路上各种困难和挑战,依靠顽强斗争打开事业发展新天地。

坚持系统观念,加强统筹协调

当前,世界百年未有之大变局加速演进,世界之变、时代之变、历史之变的特征更加明显,我国发展进入战略机遇和风险挑战并存、不确定难预料因素增多的时期,各种"黑天鹅"、"灰犀牛"事件随时可能发生。前进道路上,我们要坚持系统观念,加强统筹协调,把我们自己的事情办好,准备经受风高浪急甚至惊涛骇浪的重大考验,真正在自己力量的基点上牢牢掌握中国发展进步的命运。

统筹好国内国际两个大局。当今世界正经历百年未有之大变局,我国正处于实现中华民族伟大复兴的关键时期。这是一个船到中流浪更急、人到半山路更陡的时候,是一个愈进愈难、愈进愈险而又不进则退、非进不可的时候。把中国发展进步的命运牢牢掌握在自己手中,要统筹好国内国际两个大局,保持战略定力,不断发展壮大自己,夯实应对世界变局的战略基石,以自身发展的稳定性应对外部环境的不确定性。

统筹好发展和安全两件大事。当前,世界进入新的动荡变革期,全球发展和安全形势错综复杂。统筹发展和安全,增强忧患意识,做到居安思危，是我们党治国理政的一个重大原则。坚持把中国发展进步的命运牢牢掌握在自己手中，要求我们增强忧患意识，树立底线思维，把困难估计得更充分一些，把风险思考得更深入一些，注重堵漏洞、强弱项，下好先手棋、打好主动仗，有效防范化解各类风险挑战，塑造有利于经济社会发展的安全环境。要保持战略自信、战略耐心，聚精会神搞建设、一心一意谋发展，运用发展成果夯实国家安全的实力基础，牢牢掌握战略主动权，着力增强对国家安全的主动塑造能力。

统筹好疫情防控和经济社会发展。百年不遇的新冠疫情发生以来，我们坚持人民至上、生命至上，最大程度保护了人民生命安全和身体健康，统筹疫情防控和经济社会发展取得重大积极成果。要完整、准确、全面贯彻落实党中央决策部署，坚定不移坚持人民至上、生命至上，坚定不移落实"外防输入、内防反弹"总策略，坚定不移贯彻"动态清零"总方针，按照疫情要防住、经济要稳住、发展要安全的要求，高效统筹疫情防控和经济社会发展，最大程度保护人民生命安全和身体健康，最大限度减少疫情对经济社会发展的影响。

（执笔：郝永平　黄相怀）

《人民日报》（2022年11月14日第13版）

以中国式现代化全面推进中华民族伟大复兴

张东刚　林尚立

习近平总书记在党的二十大报告中指出:"从现在起,中国共产党的中心任务就是团结带领全国各族人民全面建成社会主义现代化强国、实现第二个百年奋斗目标,以中国式现代化全面推进中华民族伟大复兴。"报告深刻阐述了中国式现代化的中国特色、本质要求和前进道路上必须牢牢把握的重大原则,描绘了全面建设社会主义现代化国家、全面推进中华民族伟大复兴的宏伟蓝图,为新时代新征程党和国家事业发展、实现第二个百年奋斗目标指明了前进方向、确立了行动指南。我们要深入学习贯彻党的二十大精神,在推进中国式现代化中展现新担当新作为,奋力谱写全面建设社会主义现代化国家新篇章。

深刻认识中国式现代化的历史逻辑

现代化是世界发展的历史潮流,实现现代化是世界各国发展普遍面临的历史任务。鸦片战争以后,为了挽救民族危亡、赓续传承中华文明,中国人民和无数仁人志士以各种方式苦苦探寻现代化之路,但都没有成功。

中国共产党的诞生是开天辟地的大事变。我们党一经成立就将马克思主义作为指导思想，开始了把马克思主义基本原理同中国具体实际相结合、同中华优秀传统文化相结合的理论和实践探索，不断推进马克思主义中国化时代化，为中国的现代化探索和中华民族伟大复兴提供了正确思想指引。社会主义革命和建设时期，我们党创造性提出"四个现代化"的目标任务，推进社会主义建设，取得了独创性理论成果和巨大成就，为实现中华民族伟大复兴奠定了根本政治前提和制度基础。改革开放和社会主义现代化建设新时期，我们党制定了到21世纪中叶分三步走、基本实现社会主义现代化的发展战略，制定并实施"一个中心、两个基本点"的基本路线，建立社会主义市场经济体制，为实现中华民族伟大复兴提供了充满新的活力的体制保证和快速发展的物质条件。

进入新时代，以习近平同志为核心的党中央立足新的历史方位，统筹中华民族伟大复兴战略全局和世界百年未有之大变局，对全面建成社会主义现代化强国作出战略部署，总的战略安排是分两步走：从2020年到2035年基本实现社会主义现代化；从2035年到本世纪中叶把我国建成富强民主文明和谐美丽的社会主义现代化强国。党的二十大对全面建成社会主义现代化强国两步走战略安排进行宏观展望，对全面建设社会主义现代化国家、全面推进中华民族伟大复兴进行了战略谋划。在新中国成立特别是改革开放以来长期探索和实践基础上，经过党的十八大以来在理论和实践上的创新突破，我们党成功推进和拓展了中国式现代化，实现中华民族伟大复兴进入了不可逆转的历史进程。

深刻把握中国式现代化的中国特色和本质要求

中国式现代化，是中国共产党领导的社会主义现代化，既有各国现代化的共同特征，更有基于自己国情的中国特色。以中国式现代化全面推进中华民族伟大复兴，必须把握好中国式现代化的中国特色。

深刻理解和把握人口规模巨大的现代化。中国拥有14亿多人口，在如此规模巨大的人口基数上谋划现代化的发展途径和推进方式，其艰巨性和复杂性在整个人类现代化史上前所未有。我们党始终从国情出发想问题、作决策、办事情，既不好高骛远，也不因循守旧，保持历史耐心，坚持稳中求进、循序渐进、持续推进，广泛调动全体中国人民建设社会主义现代化国家的积极性、主动性、创造性。

深刻理解和把握全体人民共同富裕的现代化。西方现代化是以资本为中心的现代化，其结果必然导致贫富两极分化和社会撕裂对抗。中国式现代化是社会主义现代化，共同富裕是中国特色社会主义的本质要求。中国式现代化坚持把实现人民对美好生活的向往作为现代化建设的出发点和落脚点，着力维护和促进社会公平正义，着力促进全体人民共同富裕，坚决防止两极分化。

深刻理解和把握物质文明和精神文明相协调的现代化。西方以资本为中心的现代化容易导致物质主义膨胀、精神世界空虚。物质富足、精神富有是社会主义现代化的根本要求。中国式现代化在不断厚植现代化的物质基础、夯实人民幸福生活的物质条件的同时，大力发展社会主义先进文化，加强理想信念教育，传承中华文明，促进物的全面丰富和人的全面发展。

深刻理解和把握人与自然和谐共生的现代化。人与自然是生命共同体，无止境地向自然索取甚至破坏自然必然会遭到大自然的报复。中国式现代化坚持可持续发展，坚持节约优先、保护优先、自然恢复为主的方针，像保护眼睛一样保护自然和生态环境，坚定不移走生产发展、生活富裕、生态良好的文明发展道路，推动实现中华民族永续发展。

深刻理解和把握走和平发展道路的现代化。纵观人类现代化历史，一些西方国家通过殖民扩张实现资本原始积累，通过对外战争转嫁资本主义现代化发展的种种危机。中国式现代化高举和平、发展、合作、共赢旗帜，在坚定维护世界和平与发展中谋求自身发展，又以自身发展更好维护世界和平与发展，努力为人类和平与发展作出更大贡献。

党的二十大对中国式现代化的本质要求作出科学概括：坚持中国共产党领导，坚持中国特色社会主义，实现高质量发展，发展全过程人民民主，丰富人民精神世界，实现全体人民共同富裕，促进人与自然和谐共生，推动构建人类命运共同体，创造人类文明新形态。这一概括从领导力量、方向道路、发展方式、民主政治、精神文化、社会公平、生态文明、全球治理、文明境界等方面对推进社会主义现代化建设提出要求，是我们党对我国和世界现代化发展历史经验的深刻总结，是对我国这样一个东方大国如何加快实现现代化在认识上不断深入、战略上不断成熟、实践上不断丰富而形成的思想理论结晶，进一步丰富和发展了现代化理论。

牢牢把握以中国式现代化全面推进中华民族伟大复兴的重大原则

党和人民的事业是在不断解决问题、迎接挑战、化解风险中向前推进的。党的二十大从领导核心、发展道路、根本立场、基本动力、精神状态等方面确立了前进道路上必须牢牢把握的五个重大原则,为我们从容应对各种风险考验,以中国式现代化全面推进中华民族伟大复兴提供了根本遵循。

坚持和加强党的全面领导。中国共产党领导是中国特色社会主义最本质的特征,是中国特色社会主义制度的最大优势。党的二十大报告提出:"全面建设社会主义现代化国家、全面推进中华民族伟大复兴,关键在党。"历史和现实深刻表明,没有中国共产党,就没有新中国,就没有中国式现代化,就没有中华民族伟大复兴。前进道路上,我们必须坚决维护党中央权威和集中统一领导,把党的领导落实到党和国家事业各领域各方面各环节,确保我国社会主义现代化建设正确方向。必须持之以恒推进全面从严治党,深入推进新时代党的建设新的伟大工程,在革命性锻造中增强党的政治领导力、思想引领力、群众组织力、社会号召力,确保拥有团结奋斗的强大政治凝聚力、发展自信心,集聚起万众一心、共克时艰的磅礴力量。

坚持中国特色社会主义道路。方向决定道路,道路决定命运。一切成功发展振兴的民族,都是找到了适合自己实际的道路的民族。实践充分证明,走符合中国国情的正确道路,党和人民就具有无比广阔的舞台,具有无比深厚的历史底蕴,具有无比强大的前进定力。中国特色社会主义是实现中华民族伟大复兴的必由之路。我们必须坚持以经济建设为中心,坚持四项基本原则,坚持改革开放,坚持独立自主、自力更生,坚持道不变、志不改,既不走封闭僵化的老路,也不走改旗易帜的邪路,坚持把国家和民族发展放在自己力量的基点上,坚持把中国发展进步的命运牢牢掌握在自己手中。

坚持以人民为中心的发展思想。习近平总书记指出:"只有坚持以人民为中心的发展思想,坚持发展为了人民、发展依靠人民、发展成果由人民共享,才会有正确的发展观、现代化观。"党的根基在人民、血脉在人民、力量在人民,人民是党执政兴国的最大底气。在全面建设社会主义现代化国家新征程上,我们要紧紧抓住人民最关心最直接最现实的利益问题,坚持在发展中保障和改善民生,扎实推进共同富裕,不断实现发展为了人民、发展依靠人民、发展成果由人民共享,让现代化建设成果更多更公平惠及全体人民。

坚持深化改革开放。改革开放是党和人民大踏步赶上时代的重要法宝,是决定当代中国命运的关键一招。以中国式现代化全面推进中华民族伟大复兴,必须坚持深化改革开放。我们要增强战略思维、历史思维、辩证思维、系统思维、创新思维、法治思维、底线思维,坚持加强党的领导和尊重人民首创精神相结合,坚持"摸着石头过河"和顶层设计相结合,坚持问题导向和目标导向相统一,坚持试点先行和全面推进相促进,注重增强改革的系统性、整体性、协同性,着力破解深层次体制机制障碍,不断彰显中国特色社会主义制度优势,不断增强社会主义现代化建设的动力和活力,把我国制度优势更好转化为国家治理效能。

坚持发扬斗争精神。社会是在矛盾运动中前进的,有矛盾就会有斗争。敢于斗争、敢于胜利,是党和人民不可战胜的强大精神力量。

当前，世界百年未有之大变局加速演进，世界进入新的动荡变革期，全面推进中华民族伟大复兴必然面临越来越复杂的风险考验，甚至会遇到难以想象的惊涛骇浪，各种"黑天鹅"、"灰犀牛"事件随时可能发生。我们必须清醒认识前进道路上进行伟大斗争的长期性、复杂性、艰巨性，发扬斗争精神，坚定斗争意志，增强斗争本领，知难而进、迎难而上，在斗争中争取团结、谋求合作、争取共赢，全力战胜前进道路上各种困难和挑战，依靠顽强斗争打开事业发展新天地。

（作者分别为中国人民大学党委书记、校长）

（《人民日报》2022年11月15日第09版）

解码新征程

着力推动高质量发展

广东省习近平新时代中国特色社会主义思想研究中心

党的二十大报告明确新时代新征程"中国共产党的中心任务就是团结带领全国各族人民全面建成社会主义现代化强国、实现第二个百年奋斗目标,以中国式现代化全面推进中华民族伟大复兴",强调"高质量发展是全面建设社会主义现代化国家的首要任务"。这充分体现了以习近平同志为核心的党中央团结带领全党全国各族人民全面建设社会主义现代化国家、全面推进中华民族伟大复兴的战略定力和责任担当,为着力推动高质量发展提供了根本遵循。

充分认识高质量发展对全面建设社会主义现代化国家的重大意义

高质量发展是"十四五"乃至更长时期我国经济社会发展的主题,关系我国社会主义现代化建设全局。

解决我国社会主要矛盾的有力举措。习近平总书记指出:"发展是解决我国一切问题的基础和关键"。中国特色社会主义进入新时代,我国社会主要矛盾转化为人民日益增长的美好生活需要和不平衡不充分的发展之间的矛盾。这要求我们必须把发展质量问题摆在更为突出的位置，着力提升发展质量和效益，推动高质量发展。要着力解决不平衡不充分的发展问题，推动经济发展质量变革、效率变革、动力变革，推动经济实现质的有效提升和量的合理增长，增强经济竞争力、创新力、抗风险能力，使我国经济迈上更高质量、更有效率、更加公平、更可持续、更为安全的发展之路。

中国式现代化的本质要求。党的二十大报告从九个方面阐释了中国式现代化的本质要求，其中之一是"实现高质量发展"。高质量发展是体现新发展理念的发展，是创新成为第一动力、协调成为内生特点、绿色成为普遍形态、开放成为必由之路、共享成为根本目的的发展。推动高质量发展是根据我国发展阶段、发展环境、发展条件变化作出的科学判断，是对经济社会发展方方面面的总要求。要在坚持以经济建设为中心的同时，全面推进经济建设、政治建设、文化建设、社会建设、生态文明建设，使各领域都体现高质量发展的要求，促进现代化建设各个环节、各个方面协调发展。

促进共同富裕的现实需要。习近平总书记指出，要"在高质量发展中促进共同富裕"。共同富裕是中国特色社会主义的本质要求，是中国式现代化的重要特征。在我国社会主义制度下，既要不断解放和发展社会生产力，不断创造和积累社会财富，又要防止两极分化，切实推动人的全面发展、全体人民共同富裕取得更为明显的实质性进展。为此，首先要通过全国人民共同奋斗，持续推动高质量发展，把"蛋糕"做大做好，然后通过合理的制度安排正确处理增长和分配关系，把"蛋糕"切好分好。这是一个长期的历史过程，我们要向着这个目标更加积极有为地进行努力，让广大人民群众获得感、幸福感、安全感更加充实、更有保障、更可持续。

应对风险挑战的必然选择。习近平总书记指出："国家安全是民族复兴的根基，社会稳定是国家强盛的前提。"当前，世界百年未有之大变局加速演进，世界进入新的动荡变革期。我国发展进入战略机遇和风险挑战并存、不确定难预料因素增多的时期，各种"黑天鹅"、"灰犀牛"事件随时可能发生。防范化解各类风险隐患，积极应对外部环境变化带来的冲击挑战，关键在于办好自己的事，提高发展质量，提高国际竞争力，增强国家综合实力和抵御风险能力，有效维护国家安全，实现经济行稳致远、社会和谐安定。

深刻把握推动高质量发展的优势和有利条件

党的十八大以来，在以习近平同志为核心的党中央坚强领导下，党和国家事业取得历史性成就、发生历史性变革，推动我国迈上全面建设社会主义现代化国家新征程。在新征程上着力推动高质量发展，我们具有多方面的优势和有利条件。

有中国共产党的坚强领导。中国特色社会主义最本质的特征是中国共产党领导，中国特色社会主义制度的最大优势是中国共产党领导，中国共产党是最高政治领导力量。新时代十年，我们之所以能够书写经济快速发展和社会长期稳定两大奇迹新篇章、取得今天这样的伟大成就，最根本的是有中国共产党的坚强领导。事实充分证明，中国共产党具有无比坚强的领导力、组织力、执行力，是团结带领人民攻坚克难、开拓前进最可靠的领导力量。坚决维护党中央权威和集中统一领导，把党的领导落实到党和国家事业各领域各方面各环节，使党始终成为风雨来袭时全体人民最可靠的主心骨，就能确保我国社会主义现代化建设正确方向，确保拥有团结奋斗的强大政治凝聚力、发展自信心，依靠团结奋斗书写高质量发展的新篇章。

有科学理论的指引。拥有马克思主义科学理论指导是我们党坚定信仰信念、把握历史主动的根本所在。中国共产党为什么能，中国特色社会主义为什么好，归根到底是马克思主义行，是中国化时代化的马克思主义行。党的十八大以来，我们党勇于进行理论探索和创新，以全新的视野深化对共产党执政规律、社会主义建设规律、人类社会发展规律的认识，取得重大理论创新成果，集中体现为习近平新时代中国特色社会主义思想。面对世界之变、时代之变、历史之变，坚持以习近平新时代中国特色社会主义思想为指导，把握好习近平新时代中国特色社会主义思想的世界观和方法论，坚持好、运用好贯穿其中的立场观点方法，就能有力有效推动高质量发展。

有更为坚实的物质基础和更为完善的制度保证。新时代十年来，在以习近平同志为核心的党中央坚强领导下，我国改革开放和社会主义现代化建设深入推进，我国发展具备了更为坚实的物质基础、更为完善的制度保证。经济实力实现历史性跃升，经济总量占世界经济比重从11.3%上升到18.5%，稳居世界第二位；一些关键核心技术实现突破，战略性新兴产业发展壮大，进入创新型国家行列；制定并深入实施一系列具有全局性意义的区域重大战略，释放持续强劲的发展动能；实行更加积极主动的开放战略，共建"一带一路"成为深受欢迎的国际公共产品和国际合作平台，形成更大范围、更宽领域、更深层次对外开放格局；各领域基础性制度框架基本建立，中国特色社会主义制度更加成熟更加定型。实践充分证明，我国经济韧性强、潜力足、回旋余地广，长期向好的基本面不会改变，有条件有能力推动经济高质量发展取得新突破。

着力推动经济高质量发展取得新突破

党的二十大对推动高质量发展作出战略部署，要求构建高水平社会主义市场经济体制、建设现代化产业体系、全面推进乡村振兴、促进区域协调发展、推进高水平对外开放。我们要贯彻落实党的二十大精神和党中央决策部署，完整、准确、全面贯彻新发展理念，努力在以下几方面取得新成效，推动经济高质量发展取得新突破。

开辟发展新领域新赛道，不断塑造发展新动能新优势。教育、科技、人才是全面建设社会主义现代化国家的基础性、战略性支撑，要坚持科技是第一生产力、人才是第一资源、创新是第一动力，坚持教育优先发展、科技自立自强、人才引领驱动，深入实施科教兴国战略、人才强国战略、创新驱动发展战略。坚持创新在我国现代化建设全局中的核心地位，健全新型举国体制，强化国家战略科技力量，提升国家创新体系整体效能，形成具有全球竞争力的开放创新生态。加快实施创新驱动发展战略，加快实现高水平科技自立自强，以国家战略需求为导向，集聚力量进行原创性引领性科技攻关，坚决打赢关键核心技术攻坚战。深入实施人才强国战略，加快建设世界重要人才中心和创新高地，为高质量发展提供强大人才支撑。

坚持社会主义市场经济改革方向，进一步激发高质量发展的活力和潜能。改革是解放和发展社会生产力的关键，是推动国家发展的根本动力。要坚持和完善社会主义基本经济制度，坚持"两个毫不动摇",充分发挥市场在资源配置中的决定性作用,更好发挥政府作用。完善分配制度,坚持按劳分配为主体、多种分配方式并存,坚持多劳多得,鼓励勤劳致富,促进机会公平,增加低收入者收入,扩大中等收入群体,规范收入分配秩序,规范财富积累机制,使人人都有通过勤奋劳动实现自身发展的机会。构建全国统一大市场,深化要素市场化改革,建设高标准市场体系。坚持尽力而为、量力而行,着力解决好人民群众急难愁盼问题,健全基本公共服务体系,提高公共服务水平,增强均衡性和可及性,扎实推进共同富裕。

坚持高水平对外开放,以高水平开放推动高质量发展。开放是当代中国的鲜明标识。中国坚持对外开放的基本国策,坚定奉行互利共赢的开放战略,不断以中国新发展为世界提供新机遇,推动建设开放型世界经济。要推进高水平对外开放,稳步扩大规则、规制、管理、标准等制度型开放,加快建设贸易强国,推动共建"一带一路"高质量发展,维护多元稳定的国际经济格局和经贸关系。坚持经济全球化正确方向,共同营造有利于发展的国际环境,共同培育全球发展新动能。同国际社会一道努力落实全球发展倡议、全球安全倡议,共同应对各种全球性挑战,携手推动构建人类命运共同体。

加快构建新发展格局,增强我国经济创新力和竞争力。构建新发展格局是适应我国发展新阶段要求、塑造国际合作和竞争新优势的必然选择,关键在于畅通经济循环,实现高水平自立自强,不断增强我国经济创新力和竞争力。要坚持以推动高质量发展为主题,把实施扩大内需战略同深化供给侧结构性改革有机结合起来,增强国内大循环内生动力和可靠性,提升国际循环质量和水平。建设现代化产业体系,坚持把发展经济的着力点放在实体经济上,推进新型工业化。全面推进乡村振兴，加快建设农业强国，确保中国人的饭碗牢牢端在自己手中。促进区域协调发展，优化重大生产力布局，构建优势互补、高质量发展的区域经济布局和国土空间体系。统筹发展和安全，坚定不移贯彻总体国家安全观，以新安全格局保障新发展格局，实现高质量发展与高水平安全良性互动。

（执笔：丁晋清）

（《人民日报》2022年11月16日第09版）

培养有理想敢担当
能吃苦肯奋斗的新时代好青年

贺军科

党的二十大擘画了全面建设社会主义现代化国家、以中国式现代化全面推进中华民族伟大复兴的宏伟蓝图，充分展现了百年大党正青春、新的征程再出发、万众一心齐奋斗的宏阔气象。习近平总书记在党的二十大报告中指出："当代中国青年生逢其时，施展才干的舞台无比广阔，实现梦想的前景无比光明"，殷切寄语广大青年"立志做有理想、敢担当、能吃苦、肯奋斗的新时代好青年"。这是党的领袖对青年一代发出的伟大号召，为新时代中国青年成长成才指明了方向。党旗所指就是团旗所向，共青团要引领广大青年自觉沿着习近平总书记指引的方向茁壮成长，扛起时代责任，引领凝聚青年、组织动员青年、联系服务青年，让青春在全面建设社会主义现代化国家的火热实践中绽放绚丽之花。

把牢"有理想"的首要标准,团结引领广大青年自觉沿着习近平新时代中国特色社会主义思想指引的方向奋勇前进

理想是指引青年成长进步的灯塔,青年的理想信念关乎国家未来。习近平总书记指出:"青年理想远大、信念坚定,是一个国家、一个民族无坚不摧的前进动力",对青年坚定理想信念提出重要要求。回首历史,一代代青年坚定信念、紧跟党走,为争取民族独立、人民解放和实现国家富强、人民幸福贡献力量。在党的坚强领导下,在理想信念的指引下,一代代青年踔厉奋发、拼搏奋斗,成为实现中华民族伟大复兴征程上的先锋力量。

强国伟业前景无比美好,但前行道路不会一帆风顺。实现党的二十大确立的宏伟目标、完成党的二十大部署的各项任务,应对更为复杂严峻的风险挑战,需要亿万胸怀远大理想、一辈子坚持为之奋斗的有志青年。青年一代的理想信念、精神状态、综合素质,是一个国家发展活力的重要体现;青年一代有理想、有担当,国家就有前途,民族就有希望。新时代中国青年要树立对马克思主义的信仰、对中国特色社会主义的信念、对中华民族伟大复兴中国梦的信心,把自己的小我融入祖国的大我、人民的大我之中,让理想信念在创业奋斗中升华,让青春在创新创造中闪光。

真理之光照亮理想之路,青年一代坚定远大理想离不开科学理论的指引。习近平新时代中国特色社会主义思想开辟了马克思主义中国化时代化新境界,为新时代党和国家事业取得历史性成就、发生历史性变革提供了科学思想指引,必将指引我们不断夺取全面建设社会主义现代化国家新胜利。共青团要全面贯彻习近平新时代中国特色社会

主义思想，组织广大青年深入学习领悟习近平新时代中国特色社会主义思想的世界观和方法论，引导青年自觉运用贯穿其中的立场观点方法观察时代、把握时代，分析问题、解决问题，引导青年正确解答在理想和现实、主义和问题、利己和利他、小我和大我、民族和世界等方面遇到的思想困惑，让对党的真挚信赖、对国家的赤诚热爱、对崇高理想的不懈追求在青年心中深深扎根，自觉把青春梦融入中国梦，立志为打拼出一个更加美好的中国贡献青春的智慧和汗水。

突出"敢担当"的时代要求，团结引领广大青年在党和人民最需要的时刻冲得出来、顶得上去

青年有担当，是一个国家兴旺发达的希望所在。习近平总书记指出："实现第二个百年奋斗目标也就是一两代人的事，我们正逢其时、不可辜负，要作出我们这一代的贡献。"这充分体现了党的领袖对人民、对民族、对历史的强烈担当，也饱含着对当代青年敢于担当的殷切期待。党的二十大对全面建成社会主义现代化强国两步走战略安排进行了宏观展望。从现在到本世纪中叶还有不到 30 年的时间，实现强国伟业的艰巨使命和历史重任历史性地落在了当代青年的肩上。

勇当先锋、勇挑重担，是中国青年的鲜明特质，是新时代中国青年的时代风采。新时代中国青年在脱贫攻坚战场摸爬滚打，在科技攻关岗位奋力攀登，在抢险救灾前线冲锋陷阵，在疫情防控一线披甲出征，在奥运竞技赛场奋勇争先，在保卫祖国哨位威武守护，用臂膀扛起如山的责任，展现出不怕苦、不畏难、不惧牺牲的青春担当。同时

要看到，船到中流浪更急、人到半山路更陡，越是接近民族复兴的伟大目标，前进道路上的风险挑战就越是严峻。面对前进道路上风高浪急甚至惊涛骇浪的重大考验，当代青年尤其要发扬担当精神，在党和人民最需要的时刻冲得出来、顶得上去，主动担苦、担难、担重、担险，不断增强担当的意志和韧劲，提高担当的能力和本领。

强国之路必定充满艰辛，既要不断增强物质实力，又要充分焕发精神力量。共青团要引领广大青年增强志气、骨气、底气，不信邪、不怕鬼、不怕压，排除万难、争取胜利，在各自岗位上扛起责任，在担当中历练、在尽责中成长。要围绕中心、服务大局，不断深化和拓展"青"字号品牌项目，组织动员广大青年在科技创新最前沿、乡村振兴大舞台、服务社会第一线、网络空间舆论场、国际交往新天地、急难险重任务中施展抱负、建功立业，以实际行动担当起这一代青年的历史重任。

锤炼"能吃苦"的坚毅品格，团结引领广大青年在敢于斗争、善于斗争中展现刚健有为的精神风貌

苦难成就辉煌，困难磨砺青春。100多年来，中国青年在党的领导下，经受住了生与死、苦与乐、得与失的各种考验，从来没有被困难压垮。能吃苦，成为支撑一代代青年茁壮成长的宝贵精神财富。60多年前，河南林县，300名青年组成突击队，用17个月时间奋战红旗渠咽喉工程——青年洞，成为一代青年吃苦耐劳、战天斗地的缩影。今年10月，习近平总书记在河南安阳红旗渠考察时强调："年轻一代要继承和发扬吃苦耐劳、自力更生、艰苦奋斗的精神，摒弃骄

娇二气，像我们的父辈一样把青春热血镌刻在历史的丰碑上。"青年时代，选择吃苦也就选择了收获，选择奉献也就选择了高尚。青年要不怕吃苦，把艰苦环境、艰巨任务作为磨炼自己的机遇，把奋斗的足迹印在实现中华民族伟大复兴的征途上。

当代青年沐浴着新时代的阳光雨露，有了更好的生活条件，但肯吃苦、能吃苦的优良传统不能丢。能吃苦展现的是一种刚健自强、百折不挠的品格，是一种不惧困难、甘于奉献的精神。青年要磨砺能吃苦的品格和精神，勇于战胜一切困难，不被任何困难所压倒，在新时代的伟大斗争中创造新业绩、赢得新胜利。

温室大棚养不出参天大树，风雪磨砺方能成就松柏挺立。共青团要引领广大青年在思想上"准备吃苦"，引导他们认识到，幸福生活不会从天而降，社会主义是拼出来、干出来的，中华民族伟大复兴不会轻轻松松实现，新征程上必须继续艰苦奋斗。战胜困难、解决难题的过程，是真正长本事的过程，只有真正长了本事，才能担当重任、创造更大成绩。要引领广大青年在行动上"自找苦吃"，引导他们真正在内心深处把困难当财富、把吃苦当收获，主动到条件艰苦的基层、国家建设的一线、项目攻关的前沿，经受锻炼、增长才干，在经历大风大浪中磨砺品质、强壮筋骨，不怕困难、攻坚克难，敢于闯新路、创新业，以刚健有为的精神风貌不断开辟事业发展新天地。

弘扬"肯奋斗"的光荣传统，团结引领广大青年永久奋斗、团结奋斗

习近平总书记指出："没有广大人民特别是一代代青年前赴后

继、艰苦卓绝的接续奋斗,就没有中国特色社会主义新时代的今天,更不会有实现中华民族伟大复兴的明天。"奋斗是青春最亮丽的底色。一代代青年在党的领导下接续拼搏、勇毅前行,为中华民族迎来从站起来、富起来到强起来的伟大飞跃贡献了青春、建立了重要功勋。

实现中华民族伟大复兴是一场接力跑。在这场接力跑中,几代中国共产党人团结带领人民砥砺奋进,向历史交出了优异答卷。今天,我们比历史上任何时期都更接近中华民族伟大复兴的目标,比历史上任何时期都更有信心、有能力实现这个目标。民族复兴的使命要靠奋斗来实现,人生理想的风帆要靠奋斗来扬起。新时代是奋斗者的时代。当代青年要在青春的赛道上奋力奔跑、跑出最好成绩,就要勇于做走在时代前列的奋进者、开拓者、奉献者,把奋斗精神体现在做好每一件小事、完成好每一项任务、履行好每一项职责的实际行动中。

永久奋斗是中国青年运动的革命传统。共青团要团结带领广大青年在新时代继承和发扬这一光荣传统,既要讲好历代青年英模人物和英雄集体的奋斗故事,又要讲好当代青年向上向善向前的先进事迹,使广大青年懂得幸福是奋斗出来的、奋斗的青春最美丽的道理,引导青年一代衣食无忧而不忘艰苦、岁月静好而不丢奋斗,把青春的奋斗热情激发出来,做永不停歇的奋斗者。团结奋斗是中国人民创造历史伟业的必由之路。要不断健全党领导下的以共青团为主导的青年组织体系,不断巩固和扩大青年爱国统一战线,把各族各界青年最广泛地组织起来,更加有效地把一切可以团结的海内外中华青年团结起来。聚焦青年关心的急难愁盼问题,扎实推动中长期青年发展规划实施,帮助青年解决各种操心事、烦心事,营造有利于青年发展进步的社会环境，推动建立鼓励青年脱颖而出的政策环境，推动广大青年自觉融入党和人民团结奋斗的历史洪流，争当伟大理想的追梦人，争做伟大事业的生力军。

习近平总书记强调："青年之于党和国家而言，最值得爱护、最值得期待""党和国家的希望寄托在青年身上"。新时代新征程，我们要紧密团结在以习近平同志为核心的党中央周围，深刻领悟"两个确立"的决定性意义，更加自觉地增强"四个意识"、坚定"四个自信"、做到"两个维护"，发扬革命加拼命的精神，砥砺实干加苦干的行动，引领广大青年听党话、跟党走，怀抱梦想又脚踏实地，敢想敢为又善作善成，在全面建设社会主义现代化国家、全面推进中华民族伟大复兴的新征程上，书写无愧于历史、无愧于人民的崭新青春篇章。

（作者为共青团中央书记处第一书记）

（《人民日报》2022年11月21日第09版）

深入理解和把握中国式现代化的本质要求

颜晓峰

习近平总书记在党的二十大报告中明确了中国式现代化的本质要求:"坚持中国共产党领导,坚持中国特色社会主义,实现高质量发展,发展全过程人民民主,丰富人民精神世界,实现全体人民共同富裕,促进人与自然和谐共生,推动构建人类命运共同体,创造人类文明新形态"。牢牢把握新时代新征程党的使命任务,必须深入理解和把握中国式现代化的本质要求,以中国式现代化全面推进中华民族伟大复兴。

中国式现代化是中国共产党领导的社会主义现代化

习近平总书记在党的二十大报告中强调:"中国式现代化,是中国共产党领导的社会主义现代化"。中国式现代化是中国共产党领导、开创、推动的现代化,是坚持和发展中国特色社会主义的现代化。作为中国式现代化本质要求的重要内容,"坚持中国共产党领导,坚持中国特色社会主义"从历史经验和本质规律角度深刻阐明中国式现代化坚持党的领导的要求和社会主义性质,为推进中国式现代化指明了正确方向。

中国共产党是中国式现代化的领导力量。我们党是在领导人民成功开创、坚持和发展中国特色社会主义的过程中探索和推进中国式现代化的，中国式现代化的"中国式"，从根本上讲就是基于中国特色社会主义形成的。在领导和推进中国式现代化进程中，我们党始终坚持中国式现代化的正确方向，坚持人民主体地位，在不同历史时期明确推进中国式现代化的目标、任务、重点，不断深化对中国式现代化的规律性认识，在中华民族伟大复兴历史进程中不断将中国式现代化推向新阶段和新高度。

我们党团结带领中国人民浴血奋战、百折不挠，创造了新民主主义革命的伟大成就；自力更生、发愤图强，创造了社会主义革命和建设的伟大成就；解放思想、锐意进取，创造了改革开放和社会主义现代化建设的伟大成就。特别是党的十八大以来，以习近平同志为核心的党中央团结带领全党全国各族人民，自信自强、守正创新，创造了新时代中国特色社会主义的伟大成就，为实现中华民族伟大复兴提供了更为完善的制度保证、更为坚实的物质基础、更为主动的精神力量。在新中国成立特别是改革开放以来长期探索和实践基础上，经过党的十八大以来在理论和实践上的创新突破，我们党成功推进和拓展了中国式现代化。

中国特色社会主义是社会主义而不是别的什么主义，中国式现代化是中国共产党领导的社会主义现代化而不是别的什么现代化。坚持中国共产党领导，是中国式现代化最鲜明的特征和最突出的优势，是推进中国式现代化必须坚持的最高原则。坚持中国特色社会主义，深刻体现了中国式现代化的基本性质和发展方向。

深刻认识中国式现代化的本质要求和中国特色的内在联系

习近平总书记在党的二十大报告中指出：中国式现代化"既有各国现代化的共同特征，更有基于自己国情的中国特色"。深入理解和把握中国式现代化的本质要求，一个重要方面在于将中国式现代化的本质要求与中国特色结合起来，深刻认识和把握两者之间的辩证统一关系。

从"人口规模巨大的现代化"来认识中国式现代化的本质要求。坚持中国共产党领导，坚持中国特色社会主义，发展全过程人民民主，是中国式现代化的本质要求的重要内容。我国14亿多人口整体迈进现代化社会，规模超过现有发达国家人口的总和，艰巨性和复杂性前所未有。推进中国式现代化，必须坚持党的领导，充分发挥党总揽全局、协调各方的领导核心作用。必须坚持中国特色社会主义，充分发挥社会主义集中力量办大事的优势，在统筹兼顾中协调处理好现代化建设各方面各领域的关系。必须发展全过程人民民主，坚持人民主体地位，充分体现人民意志、保障人民权益、激发人民创造活力。

从"全体人民共同富裕的现代化"来认识中国式现代化的本质要求。共同富裕是中国特色社会主义的本质要求，实现全体人民共同富裕是中国式现代化的本质要求的重要内容。党的十八大以来，以习近平同志为核心的党中央科学把握新发展阶段，把逐步实现全体人民共同富裕摆在更加突出的位置，团结带领全党全国各族人民完成脱贫攻坚、全面建成小康社会的历史任务，实现第一个百年奋斗目标。共同富裕是一个长期的历史过程，要着力维护和促进社会公平正义，着力促进全体人民共同富裕，坚决防止两极分化，不断推动人的全面发展、全体人民共同富裕取得更为明显的实质性进展。

从"物质文明和精神文明相协调的现代化"来认识中国式现代化的本质要求。物质富足、精神富有是社会主义现代化的根本要求。实现高质量发展，丰富人民精神世界，是中国式现代化的本质要求的重要内容。坚持高质量发展，才能不断厚植现代化的物质基础，不断夯实人民幸福生活的物质条件。大力发展社会主义先进文化，加强理想信念教育，传承中华文明，才能不断丰富人民精神世界。只有坚持高质量发展，不断丰富人民精神世界，才能不断促进物的全面丰富和人的全面发展。

从"人与自然和谐共生的现代化"来认识中国式现代化的本质要求。促进人与自然和谐共生是中国式现代化的本质要求之一。尊重自然、顺应自然、保护自然，是全面建设社会主义现代化国家的内在要求。建设人与自然和谐共生的现代化，必须坚持可持续发展，坚持节约优先、保护优先、自然恢复为主的方针，像保护眼睛一样保护自然和生态环境，坚定不移走生产发展、生活富裕、生态良好的文明发展道路，实现中华民族永续发展。

从"走和平发展道路的现代化"来认识中国式现代化的本质要求。推动构建人类命运共同体，是中国式现代化本质要求的重要内容。当前，世界百年未有之大变局加速演进，建设持久和平、共同繁荣的世界是各国人民的共同愿望。必须坚定站在历史正确的一边、站在人类文明进步的一边，高举和平、发展、合作、共赢旗帜，在坚定维护世界和平与发展中谋求自身发展，又以自身发展更好维护世界和平与发展。

世界上既不存在定于一尊的现代化模式，也不存在放之四海而皆准的现代化标准。推进中国式现代化也是创造人类文明新形态的过程。中国式现代化从人类文明发展的高度彰显本质要求和中国特色，彻底打破了现代化就是西方化的迷思，拓展了发展中国家走向现代化的途径，给世界上那些既希望加快发展又希望保持自身独立性的国家和民族提供了全新选择，为人类实现现代化提供了新的选择。

牢牢把握推进中国式现代化的重大原则

习近平总书记在党的二十大报告中强调："从现在起，中国共产党的中心任务就是团结带领全国各族人民全面建成社会主义现代化强国、实现第二个百年奋斗目标，以中国式现代化全面推进中华民族伟大复兴。"我们党自成立以来，团结带领中国人民所进行的一切奋斗，就是为了把我国建设成为现代化强国，实现中华民族伟大复兴。前进道路上，要深入理解中国式现代化的本质要求，牢牢把握推进中国式现代化的重大原则，为全面推进中华民族伟大复兴提供坚强保障、凝聚强大合力。

坚持和加强党的全面领导，发挥中国式现代化的最大优势。中国共产党领导是中国特色社会主义最本质的特征，是中国特色社会主义制度的最大优势，是党和国家的根本所在、命脉所在，是全国各族人民的利益所系、命运所系。中国式现代化的本质要求，根植于党的全面领导这一最本质特征和最大优势。以中国式现代化全面推进中华民族伟大复兴，必须坚决维护习近平总书记党中央的核心、全党的核心地位，维护以习近平同志为核心的党中央权威和集中统一领导，把党的领导落实到党和国家事业各领域各方面各环节，使党始终成为风雨来袭时全体人民最可靠的主心骨，确保我国社会主义现代化建设正确方向，确保拥有团结奋斗的强大政治凝聚力、发展自信心，集聚起万众一心、共克时艰的磅礴力量。

坚持中国特色社会主义道路，牢牢把握中国式现代化的正确方向。中国特色社会主义道路，是创造人民美好生活、实现中华民族伟大复兴的康庄大道。坚持中国特色社会主义，是中国式现代化同西方现代化的根本区别。以中国式现代化全面推进中华民族伟大复兴，必须坚持以经济建设为中心，坚持四项基本原则，坚持改革开放，坚持独立自主、自力更生，坚持道不变、志不改，既不走封闭僵化的老路，也不走改旗易帜的邪路，坚持把国家和民族发展放在自己力量的基点上，坚持把中国发展进步的命运牢牢掌握在自己手中。

坚持以人民为中心的发展思想，始终明确中国式现代化的出发点和落脚点。实现人民对美好生活的向往，是我国社会主义现代化建设的出发点和落脚点。以中国式现代化全面推进中华民族伟大复兴，必须维护人民根本利益，增进民生福祉，不断实现发展为了人民、发展依靠人民、发展成果由人民共享，让现代化建设成果更多更公平惠及全体人民。

坚持深化改革开放，不断增强中国式现代化的动力。改革开放是党和人民大踏步赶上时代的重要法宝，是决定当代中国命运的关键一招。必须深入推进改革创新，坚定不移扩大开放，着力破解深层次体制机制障碍，不断彰显中国特色社会主义制度优势，不断增强社会主义现代化建设的动力和活力，把我国制度优势更好转化为国家治理效能。

坚持发扬斗争精神，凝聚中国式现代化的强大精神力量。敢于斗争、敢于胜利,是党和人民不可战胜的强大精神力量。当前,我们比历史上任何时期都更接近、更有信心和能力实现中华民族伟大复兴的目标。同时,前进道路上我们面临的风险考验只会越来越复杂,甚至会遇到难以想象的惊涛骇浪。必须不断增强全党全国各族人民的志气、骨气、底气,不信邪、不怕鬼、不怕压,知难而进、迎难而上,统筹发展和安全,全力战胜前进道路上各种困难和挑战,依靠顽强斗争打开事业发展新天地,不断夺取全面建设社会主义现代化国家新胜利。

(作者为天津大学马克思主义学院院长)

(《人民日报》2022年11月22日第09版)

为加强国际传播能力建设凝聚青春力量

曲莹璞

习近平总书记在党的二十大报告中指出:"加强国际传播能力建设,全面提升国际传播效能,形成同我国综合国力和国际地位相匹配的国际话语权。"这是我们党为增强中华文明传播力影响力作出的战略部署。作为中央主要宣传文化单位和国际传播主力军,中国日报社认真学习宣传贯彻党的二十大精神,加强国际传播能力建设,发挥数十年积累的青少年"教育+传媒"品牌优势、平台优势、人才优势、话语优势,打造国际传播未来工程,努力提高中国青年讲好中国故事的能力水平,为加强我国国际传播能力建设、促进文明交流互鉴、推动构建人类命运共同体凝聚青春力量。

深化文明交流互鉴,需要促进青年一代相知相亲

深化文明交流互鉴,推动中华文化更好走向世界,广大青年是生力军。永葆睦邻友好合作事业活力,必须促进各国民众特别是青年一代心灵相通。习近平总书记高度重视发挥青年在促进文明交流互鉴、推动构建人类命运共同体中的重要作用,发表一系列重要论述,鼓

励各国青年相知相亲，尊重世界文明多样性，以文明交流超越文明隔阂、文明互鉴超越文明冲突、文明共存超越文明优越。

习近平总书记指出："'国之交在于民相亲'，而'民相亲'要从青年做起。"习近平总书记在不同外交场合多次强调加强中外青年交流。在出席第十五届中越青年友好会见活动时，习近平总书记希望两国青年"做中越传统友谊的传承者""做中越友好合作的推动者""做中越关系未来的建设者"，提出"除面对面交流外，你们可以运用互联网等增进相知相识相交，深入了解对方，多发出正面声音，努力传递正能量，不断增进两国人民相互理解，推进两国互利合作。"在许多双边、多边外交活动中，习近平总书记提出加强中外青年交流的具体倡议。比如，2015年4月在巴基斯坦议会的演讲中，习近平总书记提出："我们要延续互派百人青年团的传统，鼓励两国青年一代多来往、多交流。"2015年11月，习近平总书记在津巴布韦《先驱报》发表题为《让中津友谊绽放出更加绚丽的芳华》的署名文章，提出："我们要密切人文交流，加强教育、文化、卫生、旅游、青年、智库、媒体等领域合作，巩固两国友好民意和社会基础，让中津友谊代代相传。"2016年1月，习近平总书记在伊朗《伊朗报》发表题为《共创中伊关系美好明天》的署名文章，提出："我们要加强文化、教育、新闻、出版、旅游等领域交流，鼓励青年和学生交往，让丝绸之路精神薪火相传，让两国人民心与心相通、手和手相连。"

只有加强交流，才能增进相互理解，形成推动构建人类命运共同体的合力。习近平总书记对中外青年加强交流、为推动构建人类命运共同体发挥积极作用提出殷切期望。2020年5月17日，在给北京科技大学全体巴基斯坦留学生的回信中，习近平总书记强调："中国欢迎各国优秀青年来华学习深造，也希望大家多了解中国、多向世界讲讲你们所看到的中国，多同中国青年交流，同世界各国青年一道，携手为促进民心相通、推动构建人类命运共同体贡献力量。"2021年8月10日，在给"国际青年领袖对话"项目外籍青年代表的回信中，习近平总书记表示："我们欢迎更多国际青年来华交流，希望中外青年在互学互鉴中增进了解、收获友谊、共同成长，为推动构建人类命运共同体贡献青春力量。"习近平总书记的重要论述，为我们凝聚青年力量加强国际传播能力建设、更好服务文明交流互鉴和推动构建人类命运共同体指明了前进方向、确立了行动指南。

新时代中国青年胸怀世界，在推动构建人类命运共同体中展现担当

新时代中国日益走近世界舞台中央，发展成就举世瞩目，国际影响力、感召力、塑造力显著提升。广大青年是与新时代同向同行、共同前进的一代。当代中国青年既有家国情怀，也有人类关怀，秉承中华文化崇尚的四海一家、天下为公理念，积极学习借鉴各国有益经验和文明成果，与世界各国青年共同推动构建人类命运共同体，共同弘扬和平、发展、公平、正义、民主、自由的全人类共同价值，携手创造人类更加美好的未来。

习近平总书记指出："70后、80后、90后、00后，他们走出去看世界之前，中国已经可以平视这个世界了"。中国青年以前所未有的深度和广度认识世界、融入世界，在对外交流合作中更加理性包

容、自信自强。随着中国对外开放的大门越开越大，通过留学、务工、旅游、考察等方式，中国青年以极大的热情和包容的心态，全方位、深层次了解世界、融入世界、拥抱世界。在各种国际舞台上，中国青年讲述中国故事、参与全球青年事务治理，在双多边框架下积极交流互动、促进合作共赢。中国青年参与双边交流机制更加广泛深入，与各有关国家青年走得越来越近、友谊越来越深。中国青年深刻认识到，每个民族、每个国家的前途命运都紧紧联系在一起，应该风雨同舟、守望相助，努力把共同的地球家园建成一个命运与共的大家庭。中国青年积极传播、努力践行构建人类命运共同体理念，围绕脱贫减贫、气候变化、抗疫合作等主题，征集世界各国青年故事、传播世界各国青年声音、凝聚世界各国青年共识。中国青年积极投身"一带一路"建设，践行共商共建共享理念。几十万名海外中资机构青年员工在异国他乡辛勤工作，为当地经济社会发展作出贡献；开展志愿服务、慈善捐赠、文化交流，增进与所在国青年之间的友谊与合作。以青年为主体的国际中文教师志愿者在100多个国家服务，帮助各国青年学习中华文化。

青年是社会中最积极、最有生气的力量。当代中国青年生逢其时，施展才干的舞台无比广阔，实现梦想的前景无比光明，必须学会运用马克思主义立场观点方法观察世界、分析世界，真正搞懂面临的时代课题，深刻把握世界发展走向，认清中国和世界发展大势，在中华文化更好走向世界的过程中发挥先锋作用，展现构建人类命运共同体的青春担当。

凝聚广大青年，高质量推进国际传播未来工程

当前，世界百年未有之大变局加速演进，世界之变、时代之变、历史之变正以前所未有的方式展开。新时代新征程，中国日报社将积极发挥特色优势，创新方式方法，高质量推进国际传播未来工程，促进广大青年坚定文化自信、拓宽全球视野，在国际传播中讲好中国故事、传播好中国声音，引导广大青年为展现可信、可爱、可敬的中国形象，推动构建人类命运共同体贡献青春力量。

充分调动青年，助推增强中华文明传播力影响力。当前，以互联网为代表的信息技术日新月异，对各国经济社会发展和人类文明进程产生深远影响。一出生就与信息时代无缝对接的"Z世代"青年群体，在网络空间十分活跃、富有活力。要积极创造条件，让他们把亲身经历的中国故事以多种形式向世界传播，推动中外文化交流和文明对话更加深入，让世界上更多的人领略中华文化的独特魅力。中国日报社将进一步办好"Z世代"研究中心和"一带一路"英语演讲比赛、"致经典"双语诵读会等系列活动。在此前吸引来自50余个国家的数万名青少年参与的基础上，进一步向其他国家和地区辐射，提升中国故事对中外"Z世代"青年群体的吸引力，更好展现当代中国青年开放自信的风采。

推动国际交流，促进中外青年共鸣共情。青年之间容易产生共同语言，推动国际青年交流有助于纠正错误认知，深化文明交流互鉴。中国日报社将通过推出以青年为主角的"Z世代"学习、社交等方面的项目节目，让不同文化背景的青年展示才华与激情，在文化交流和思想沟通中深化理解和增进友谊。继续发挥《中国让我没想到》系列

视频、《Z言Z语》专栏等品牌作用，以形式多样灵活、内容新颖有趣的短视频，发挥海内外优秀青少年的示范和带动效应，鼓励海内外青少年讲述自己的中国故事，更好向世界展示新时代中国的发展面貌。

构建旗舰平台，促进形成共建美好世界的最大公约数。青年是国家的未来，也是世界的未来。作为网络空间的"原住民"，"Z世代"青年群体是国际传播的重要参与者，是信息时代塑造国际舆论格局的重要力量。中国日报社将继续打造旗舰视频节目《少年会客厅》，在总结第一季10期节目总传播量超10亿次、受到全球媒体界和学术界广泛关注的经验基础上，坚持以"Z世代"青年群体为主体和对象，精心设计体现全人类共同价值的话题议题，努力构建全球"Z世代"青年群体发声和交流第一平台，增进彼此认知，更好凝聚全球青年推动构建人类命运共同体、共建美好世界的思想共识。

适应传播创新，确保产品形式更加贴近青年习惯。青年对新生事物感兴趣，乐于和善于使用新技术、新应用。动漫、游戏、元宇宙等新平台新技术为"Z世代"青年群体国际交流开辟了新的空间，为媒体深度融合提供了新的场景，也催生了新的国际传播方式。中国日报社将充分发挥国际传播优势、渠道优势和经验优势，结合国内的美术优势和人才优势，与六家国内美院成立"画时代"美院国传联盟，让融媒体产品制作更加贴近"Z世代"青年群体读图、阅屏习惯，努力赢得广大海内外青年的喜爱，更好展示丰富多彩、生动立体的中国形象。

广大青年既是追梦者，也是圆梦人。向世界讲述追梦、圆梦过程中的中国故事，广大青年大有可为，也必将大有作为。中国日报社坚持把对外宣介习近平新时代中国特色社会主义思想作为首要任务，牢记联接中外、沟通世界的重要职责，依靠青年、支持青年、培育青年，努力发挥青年在国际传播中的重要作用，助力全面提升国际传播效能，讲好中国故事，展示真实、立体、全面的中国。

（作者为中国日报社社长兼总编辑）

（《人民日报》2022年11月24日第09版）

全过程人民民主保障人民当家作主

李 林

党的二十大报告提出:"发展全过程人民民主,保障人民当家作主。"人民当家作主是社会主义民主政治的本质和核心,是我们党矢志不渝的奋斗目标。党的十八大以来,以习近平同志为核心的党中央坚持党的领导、人民当家作主、依法治国有机统一,深化对中国民主政治发展规律的认识,提出全过程人民民主重大理念,健全人民当家作主制度体系,使人民当家作主更好体现在国家政治生活和社会生活之中,拓展了中国特色社会主义政治发展道路。

真正坚持人民主体地位

习近平总书记指出:"民主是全人类的共同价值,是中国共产党和中国人民始终不渝坚持的重要理念。"一百多年来,我们党高举人民民主旗帜,为实现人民当家作主进行不懈探索。从"一切权力归农会"到创立工农兵代表苏维埃,从建立以"三三制"为原则的参议会到组织各界人民代表会议,从召开新政协到确立人民代表大会制度,我们党始终坚持以人民为中心,为落实人民主体地位,使中国人民真正成为国家、社会和自己命运的主人而努力奋斗。

全过程人民民主是近代以来党团结带领人民长期奋斗历史逻辑、理论逻辑、实践逻辑的必然结果。这一符合中国国情的民主新形态真正坚持并充分彰显人民主体地位，把人民当家作主真正落到实处。这首先体现在全过程人民民主坚持人民至上，坚持国家的一切权力属于人民，确保人民享有更加广泛、更加充实的权利和自由。全过程人民民主落实人民的国家主人翁地位，保证人民依照宪法和法律规定，通过各种途径和形式管理国家事务，管理经济和文化事业，管理社会事务，支持人民通过人民代表大会有效掌握和行使国家权力，使人民真正成为国家的主人。全过程人民民主把人民对美好生活的向往作为奋斗目标，确保人民享有宪法和法律规定的人身自由、宗教信仰自由、言论自由、选举权和被选举权等各项权利，推动人民的生存权、发展权、健康权得到充分保障，经济、政治、文化、社会、环境等方面权利不断发展。

全过程人民民主真正坚持人民主体地位，还体现在坚持一切为了人民、一切依靠人民，调动最广大人民的积极性、主动性、创造性，充分发挥人民主体作用上。全过程人民民主维护人民知情权、参与权、表达权、监督权，使人民在各个层级、各个领域参与国家政治生活和社会生活的管理、实现当家作主，让广大人民的主人翁精神在国家治理中得到充分激发。人民的这种广泛参与涵盖民主选举、民主协商、民主决策、民主管理、民主监督，使各民主环节都能够做到体现人民利益、反映人民愿望、维护人民权益、增进人民福祉。人民广泛持续参与，让民主实践深深融入人们的日常工作和生产生活，有效防止选举时漫天许诺、选举后无人过问的现象，充分体现人民当家作主的主体地位。

具有制度体系坚强保障

习近平总书记指出:"人民民主是社会主义的生命。没有民主就没有社会主义,就没有社会主义的现代化,就没有中华民族伟大复兴。"发展人民民主,必须依靠制度、依靠法治,不断推进社会主义民主政治制度化、规范化、程序化。我们党自成立之日起就致力于建设人民当家作主的新社会,提出了关于未来国家制度的主张,并领导人民为之进行斗争。党的十八大以来,以习近平同志为核心的党中央积极发展全过程人民民主,健全全面、广泛、有机衔接的人民当家作主制度体系,为实现人民当家作主提供坚强制度保障。

在我国,全过程人民民主具有完整的制度程序,构建起多样、畅通、有序的民主渠道。具体来看,我国实行工人阶级领导的、以工农联盟为基础的人民民主专政的国体,实现民主与专政有机统一,保证人民当家作主。实行人民代表大会制度的政体,坚持党的领导、人民当家作主、依法治国有机统一,正确处理事关国家前途命运的一系列重大政治关系,有效保证国家政治生活既充满活力又安定有序。实行中国共产党领导的多党合作和政治协商制度,在协商中促进广泛团结、推进多党合作、实践人民民主,充分体现我国社会主义民主有事多商量、遇事多商量、做事多商量的特点和优势。实行民族区域自治制度,从制度和政策层面保障少数民族公民享有平等自由权利以及经济、社会、文化权利,极大增强了各族人民当家作主的自豪感责任感,中华民族共同体意识日益牢固。实行以村民自治制度、居民自治制度和职工代表大会制度为主要内容的基层群众自治制度,人民群众在基层党组织的领导和支持下,依法直接行使民主权利,实现自我管理、自我服务、自我教育、自我监督，有效防止了人民形式上有权、实际上无权的现象。巩固和发展最广泛的爱国统一战线，团结一切可以团结的力量、调动一切可以调动的积极因素，最大限度凝聚起中华民族一切智慧和力量。

通过坚持和完善根本政治制度、基本政治制度和各方面重要制度，全过程人民民主形成了科学有效的制度安排，并不断转化为具体现实的民主实践。这些制度安排既相互联系、密不可分，又各有侧重、相辅相成，构成了一个有机整体，充分发挥出支持人民当家作主的强大制度合力和整体效应，确保党和国家在决策、执行、监督、落实各个环节都能听到人民的声音，促进人民当家作主具体地、现实地体现在党治国理政的政策措施上，具体地、现实地体现在党和国家机关各个方面各个层级工作上，具体地、现实地体现在实现人民对美好生活向往的工作上。

显著提升国家治理效能

民主的发展与国家治理的现代化相伴相生、相互作用、相互促进。好的民主一定是实现良政善治的，一定是推动国家发展的。党的十八大以来，党和国家事业取得的历史性成就、发生的历史性变革充分证明，全过程人民民主是最广泛、最真实、最管用的民主，能够显著提升国家治理效能，使国家治理取得更大更好的治理成效，中国特色社会主义政治制度优越性得到充分体现。这让人民当家作主不仅在过程上得到充分实现，而且在成果上也得到充分体现。

习近平总书记指出："民主不是装饰品，不是用来做摆设的，而是要用来解决人民需要解决的问题的。"全过程人民民主推动解决国家治理中事关人民根本利益的重大问题，不断满足人民对民主的新要求新期盼。比如，全过程人民民主能够有效保证人民享有更加广泛、更加充实的权利和自由，保证人民广泛参与国家治理和社会治理；能够有效调节国家政治关系，发展充满活力的政党关系、民族关系、宗教关系、阶层关系、海内外同胞关系，增强民族凝聚力，形成安定团结的政治局面；能够集中力量办大事，有效促进社会生产力解放和发展，促进现代化建设各项事业，促进人民生活质量和水平不断提高。全过程人民民主坚持从中国国情和实际出发，扎根中国土壤、汲取充沛养分，同时注重吸收借鉴人类政治文明一切有益成果，既有鲜明的中国特色，也体现全人类对民主的共同追求，在实践中展现出强大的治理效能。

全过程人民民主具有鲜明的中国特色和显著优势，能够切实把民主与专政、民主与法治、民主与集中、民主与效率、秩序与活力有机统一起来，把党的主张、国家意志、人民意愿紧密融合在一起，使得党、国家和人民成为目标相同、利益一致、相互交融、同心同向的整体，形成团结干事的强大合力。这就从根本上克服了议而不决、决而不行、行而不实等现象，避免了相互掣肘、彼此扯皮、效率低下等弊端，让中国的国家治理更加富有生机活力。全过程人民民主的高质量，促进了国家治理的高效能，提升了国家治理体系和治理能力现代化水平。

（作者为中国社会科学院法学研究所研究员）

（《人民日报》2022年12月01日第09版）

推进文化自信自强

沈壮海

文化兴则国运兴，文化强则民族强。新时代十年，我国文化建设在正本清源、守正创新中取得历史性成就、发生历史性变革。习近平总书记所作的党的二十大报告，深刻阐明了文化在新时代新征程中的地位作用，明确了"推进文化自信自强，铸就社会主义文化新辉煌"的重大任务。新时代新征程，我们要全面贯彻习近平新时代中国特色社会主义思想，坚持中国特色社会主义文化发展道路，为新时代坚持和发展中国特色社会主义、开创党和国家事业全新局面提供强大正能量。

把文化建设提升到一个新的历史高度

中国特色社会主义是全面发展、全面进步的伟大事业，没有社会主义文化繁荣发展，就没有社会主义现代化。党的十八大以来，以习近平同志为核心的党中央把文化建设提升到一个新的历史高度，以高度的文化自觉和文化自信全面推进文化建设的理论创新、制度创新和实践创新，以中华文化繁荣兴盛为全面推进中华民族伟大复兴提供更为主动、更为强大的精神力量。

取得重大理论成果。一个民族要走在时代前列，一刻不能没有理论思维，一刻不能没有正确思想指引。新时代十年，我们自觉用习近平新时代中国特色社会主义思想统领文化建设，更好构筑中国精神、中国价值、中国力量。在世界百年未有之大变局与中华民族伟大复兴战略全局交织交融的时代背景下，习近平总书记将文化建设放在我国和世界发展的大历史、大趋势中来审视，准确把握我国文化发展所面对的时代之呼、人民之需，深刻论述了推动中国特色社会主义文化繁荣发展的指导思想、本质要求、使命任务、战略关键、根本原则，提出一系列新理念新思想新战略，取得重大理论成果，有力引领了新时代社会主义文化强国建设。

取得重大制度成果。新时代十年，我们党把制度建设摆到更加突出的位置，推动各方面制度更加成熟更加定型。在文化领域，我们党坚持马克思主义在意识形态领域指导地位的根本制度，在繁荣发展社会主义先进文化上建立健全重要制度、具体制度，在进一步健全人民文化权益保障制度、完善坚持正确导向的舆论引导工作机制等方面作出重大部署，进一步建立健全了把社会效益放在首位、社会效益和经济效益相统一的文化创作生产体制机制……这些重大制度成果为文化繁荣兴盛提供了坚强有力的制度保障。

取得重大实践成果。新时代十年，我们党两次召开全国宣传思想工作会议，召开文艺工作座谈会、党的新闻舆论工作座谈会、网络安全和信息化工作座谈会、哲学社会科学工作座谈会、全国高校思想政治工作会议，就一系列根本性问题阐明原则立场、指明奋进方向。文化事业不断壮大，公共文化服务体系日益完善；文化与科技融合不断深化，文化数字化战略不断推进，新型文化业态发展势头强劲；文化产业迅速发展，文化市场竞争力不断提升；中华优秀传统文化实现创造性转化、创新性发展，更好融入日常生活、走进人民大众，成为人们追求美好生活的重要滋养。

文化自信更加坚定

文化自信是一个国家、一个民族发展中最基本、最深沉、最持久的力量。新时代文化建设取得的历史性成就、发生的历史性变革，是新时代十年伟大变革的重要组成部分，不仅展现着时代的风华，更极大增强了我们的文化自信。

意识形态领域形势发生全局性、根本性转变。意识形态工作是为国家立心、为民族立魂的工作。党的十八大以来，我们党着力解决意识形态领域党的领导弱化问题，立破并举、激浊扬清，就意识形态领域许多方向性、战略性问题作出部署，确立和坚持马克思主义在意识形态领域指导地位的根本制度，加强价值引领、强化理论武装，礼赞英雄楷模、厚植理想信念，依法管网治网、净化舆论环境，创新文明实践、培育时代新人，社会主义意识形态的凝聚力、引领力在正本清源、守正创新中显著增强。

高品质精神食粮更加丰富。满足人民过上美好生活的新期待，必须为人民提供丰富的精神食粮。新时代十年，文化建设坚持"二为"方向、"双百"方针，坚持以人民为中心，创作推出了电影《我和我的祖国》《长津湖》、电视剧《觉醒年代》《山海情》等一批叫好又叫座的"中国大片"。文化惠民工程深入实施，城乡公共文化服务体系一体建设持续推进。2021年末，全国广播、电视节目综合人口覆盖率分别达到99.5%和99.7%。截至2022年6月，全国94%的县（市、区）建成文化馆总分馆制、93%的县（市、区）建成图书馆总分馆制。全国所有公共图书馆、文化馆（站）、美术馆和91%的博物馆均实行免费开放。收藏在禁宫里的文物、陈列在广阔大地上的遗产、书写在古籍里的文字在满足人民美好生活需要的过程中越来越多地"活起来"。

人民精神力量得到极大提振。更好构筑中国精神、中国价值、中国力量，为人民提供精神指引，是文化建设的重要责任和神圣使命。庆祝中国人民解放军建军90周年、改革开放40周年，隆重纪念中国人民抗日战争暨世界反法西斯战争胜利70周年、中国人民志愿军抗美援朝出国作战70周年等一系列重大活动的举办，有力彰显党心民心、国威军威，在全社会唱响了主旋律、弘扬了正能量。在社会主义先进文化、革命文化、中华优秀传统文化的感召和浸润中，全党全国各族人民文化自信明显增强、精神面貌更加奋发昂扬，全社会凝聚力和向心力极大提升，焕发出更为强烈的历史自觉和历史主动精神，为新时代开创党和国家事业发展新局面提供了坚强思想保证和强大精神力量。

国家文化软实力、中华文化影响力显著提升。我们全面推进中国特色大国外交，推动构建人类命运共同体，倡导弘扬全人类共同价值，在全球引起广泛共鸣，产生深远影响。《习近平谈治国理政》已出版4卷、37个语种版本，发行覆盖全球170多个国家和地区，成为国际社会了解中国、读懂中国的重要思想之窗。我们不断加强对外文化交流和多层次文明对话，积极构建多主体、立体化大外宣格局，推动文化交流互鉴，促进民心相通相融，积极向世界讲好中国故事、传播好中国声音，我国国际话语权和影响力显著提升，可信可爱可敬的中国形象更加鲜亮。

不断拓展中国特色社会主义文化发展道路

新时代十年文化建设的非凡成就，进一步拓展了中国特色社会主义文化发展道路，推动社会主义文化强国建设站在了新的历史起点上。面向未来，我们要推进文化自信自强，在全面建设社会主义现代化国家新征程中铸就社会主义文化新辉煌。

始终坚持党对文化建设的全面领导。中国共产党领导是中国特色社会主义最本质的特征，是中国特色社会主义制度的最大优势。坚持党的全面领导是中国特色社会主义文化繁荣发展的根本保证。在以中国式现代化全面推进中华民族伟大复兴的历史进程中，我们要全面贯彻习近平新时代中国特色社会主义思想，坚持党的全面领导，坚持中国特色社会主义文化发展道路，紧紧围绕举旗帜、聚民心、育新人、兴文化、展形象，自信自强地推进社会主义文化强国建设的崭新实践，书写社会主义文化强国建设的崭新篇章。

始终坚持以人民为中心的发展思想。习近平总书记指出："只有坚持以人民为中心的发展思想，坚持发展为了人民、发展依靠人民、发展成果由人民共享，才会有正确的发展观、现代化观。"中国特色社会主义文化建设，因人民而兴，也为人民而兴。我们要始终牢记江山就是人民、人民就是江山，坚持文化为人民服务、为社会主义服务的根本方向，创新实施文化惠民工程，有效保障人民文化权益，努力创造和提供更多既能满足人民文化需求、又能增强人民精神力量的优秀精神文化产品。

始终坚持激发全民族文化创新创造活力。文明永续发展，既需要薪火相传、代代守护，更需要顺时应势、推陈出新。铸就社会主义文化新辉煌，归根到底靠创新创造。我们要坚持把马克思主义基本原理同中国具体实际相结合、同中华优秀传统文化相结合，坚持运用辩证唯物主义和历史唯物主义，紧跟时代步伐，顺应实践发展，以满腔热忱对待一切新生事物，探索实施创新驱动发展战略在文化领域的具体路径，不断深化文化体制机制改革创新，不断激发全民族文化创新创造活力，让一切文化创造源泉充分涌流，为铸就社会主义文化新辉煌提供不竭的创新动能。

（作者为武汉大学党委副书记）

（《人民日报》2022 年 12 月 02 日第 09 版）

不断谱写马克思主义中国化时代化新篇章

孙来斌

马克思主义是我们立党立国、兴党兴国的根本指导思想。习近平总书记在党的二十大报告中指出:"实践告诉我们,中国共产党为什么能,中国特色社会主义为什么好,归根到底是马克思主义行,是中国化时代化的马克思主义行。"习近平总书记的重要论述深刻揭示了马克思主义科学理论对实践的重要指导意义。新时代十年,党和国家事业取得历史性成就、发生历史性变革,最根本的原因在于有习近平总书记作为党中央的核心、全党的核心掌舵领航,在于有习近平新时代中国特色社会主义思想科学指引。新时代十年的伟大变革,充分证明了中国化时代化的马克思主义行。

我们党坚定信仰信念、把握历史主动的根本所在

习近平总书记在党的二十大报告中强调:"拥有马克思主义科学理论指导是我们党坚定信仰信念、把握历史主动的根本所在。"马克思主义政党的先进性,首先体现为思想理论上的先进性。注重思想建党、理论强党,是我们党的鲜明特色和光荣传统。正是因为始终坚持

以马克思主义为指导,不断推进马克思主义中国化时代化,我们党才能坚定信仰信念、把握历史主动。

拥有马克思主义科学理论指导让我们党始终坚定信仰信念、坚守初心使命。马克思主义是人民的理论,人民性是马克思主义的本质属性。马克思主义之所以具有跨越国度、跨越时代的影响力,就是因为它植根人民之中,指明了依靠人民推动历史前进的人间正道,第一次创立了人民实现自身解放的思想体系。回顾百年奋斗历程,我们党之所以始终得到人民拥护和支持,根本原因在于坚持马克思主义的立场观点方法,坚定信仰信念,坚持全心全意为人民服务的根本宗旨,始终不渝为中国人民谋幸福、为中华民族谋复兴。党的十八大以来,以习近平同志为核心的党中央坚持以人民为中心的发展思想,用党和国家事业取得历史性成就、发生历史性变革兑现"人民对美好生活的向往,就是我们的奋斗目标"的庄严承诺,实现中华民族伟大复兴进入了不可逆转的历史进程。

拥有马克思主义科学理论指导让我们党充分发挥政治优势、把握历史主动。坚持马克思主义科学理论指导,马克思主义政党才能深刻把握人类社会发展规律、洞察人类历史走向、引领人民追求解放。拥有马克思主义科学理论指导,是我们党鲜明的政治品格和强大的政治优势。一百多年来,我们党坚持运用马克思主义基本原理分析把握历史大势,正确处理中国和世界的关系,善于抓住和用好各种历史机遇,取得一个又一个胜利。在这一过程中,中国共产党人既坚定地信仰马克思主义,又以科学的态度对待马克思主义,坚持不懈推进马克思主义中国化时代化。党的百年奋斗实践深刻表明,只有牢牢扎根中国大地,着眼解决中国的实际问题,得出符合客观规律的科学认识,形成与时俱进的理论成果，才能以更宽广的视野、更长远的眼光增强预见性、把握规律性，更好指导中国实践、把握历史主动。

牢牢把握当代中国共产党人的庄严历史责任

习近平总书记在党的二十大报告中指出："不断谱写马克思主义中国化时代化新篇章，是当代中国共产党人的庄严历史责任。""归根到底是马克思主义行，是中国化时代化的马克思主义行"，这一重要论断揭示了不断谱写马克思主义中国化时代化新篇章的历史必然性。当代中国正经历着我国历史上最为广泛而深刻的社会变革，也正在进行着人类历史上最为宏大而独特的实践创新。正是这种前无古人、极具创造性的伟大实践，为马克思主义中国化时代化提供了不竭的源头活水。我们要立足新时代中国特色社会主义伟大实践，继续推进实践基础上的理论创新。

始终坚守马克思主义的真理和正道。马克思主义科学阐明了人类解放的必然趋势和实现路径，为人类走向理想社会竖起了崇高的精神灯塔，在人类思想史上占据着真理和道义的制高点。马克思创建了唯物史观和剩余价值学说，揭示了人类社会发展的一般规律，揭示了资本主义运行的特殊规律，为人类指明了从必然王国向自由王国飞跃的途径，为人民指明了实现自由和解放的道路。马克思、恩格斯根据人类社会发展一般规律，在深刻批判旧世界的过程中发现新世界，提出科学社会主义的若干基本原则。科学社会主义基本原则是中国特色社会主义的"根"和"源"，也是不断谱写马克思主义中国化时代化新篇章必须牢牢坚持的真理和正道。

彰显马克思主义与时俱进的品格和追求。习近平总书记指出："守正就不能偏离马克思主义、社会主义，但不是刻舟求剑，还要往前发展、与时俱进，否则就是僵化的、陈旧的、过时的"。中国特色社会主义进入新时代，国内外形势新变化和实践新要求，迫切需要我们从理论和实践的结合上深入回答关系党和国家事业发展、党治国理政的一系列重大时代课题。以习近平同志为主要代表的中国共产党人，勇于进行理论探索和创新，以全新的视野深化对共产党执政规律、社会主义建设规律、人类社会发展规律的认识，取得重大理论创新成果，集中体现为习近平新时代中国特色社会主义思想。这一科学思想坚持解放思想、实事求是、与时俱进、求真务实，一切从实际出发，着眼解决新时代改革开放和社会主义现代化建设的实际问题，科学回答中国之问、世界之问、人民之问、时代之问，有力指导新时代中国的伟大实践。不断谱写马克思主义中国化时代化新篇章，必须把握好习近平新时代中国特色社会主义思想的世界观和方法论，坚持好、运用好贯穿其中的立场观点方法，切实做到坚持人民至上、坚持自信自立、坚持守正创新、坚持问题导向、坚持系统观念、坚持胸怀天下，让马克思主义在中国大地上展现出更强大、更有说服力的真理力量。

在"两个结合"中始终保持马克思主义的蓬勃生机和旺盛活力

习近平总书记在党的二十大报告中强调："只有把马克思主义基本原理同中国具体实际相结合、同中华优秀传统文化相结合，坚持运用辩证唯物主义和历史唯物主义,才能正确回答时代和实践提出的重大问题,才能始终保持马克思主义的蓬勃生机和旺盛活力。"习近平总书记的重要论述,深刻阐明了马克思主义永葆蓬勃生机和旺盛活力的内在机理。

马克思、恩格斯在《共产党宣言》1872年德文版序言中指出:"不管最近25年来的情况发生了多大的变化,这个《宣言》中所阐述的一般原理整个说来直到现在还是完全正确的……这些原理的实际运用,正如《宣言》中所说的,随时随地都要以当时的历史条件为转移"。"随时随地",强调的正是马克思主义的本土化时代化,在中国,就是马克思主义中国化时代化。在中国这样一个人口众多、生产力发展水平相对落后的东方大国干革命、搞建设、抓改革,必须坚持把马克思主义基本原理同中国具体实际相结合、同中华优秀传统文化相结合,坚持以中国化时代化的马克思主义为指导。

一百多年来,我们党坚持以科学的态度对待科学、以真理的精神追求真理,不断推进马克思主义中国化时代化,不断开辟马克思主义发展新境界,创立了毛泽东思想、邓小平理论,形成了"三个代表"重要思想、科学发展观,创立了习近平新时代中国特色社会主义思想,为党和国家事业发展提供了科学理论指导。正是因为我们党始终坚持从中国具体实际出发,注重从中华优秀传统文化中汲取养分,马克思主义才在中国落地生根并不断丰富发展,形成了马克思主义中国化时代化的一系列重大理论成果。在这一系列重大理论成果指引下,我们党团结带领人民接续奋斗,创造了新民主主义革命的伟大成就、社会主义革命和建设的伟大成就、改革开放和社会主义现代化建设的伟大成就、新时代中国特色社会主义的伟大成就。实践证明,历史和人民选择马克思主义是完全正确的，中国共产党把马克思主义写在自己的旗帜上是完全正确的，不断推进马克思主义中国化时代化是完全正确的。

推进马克思主义中国化时代化是一个追求真理、揭示真理、笃行真理的过程。当前，世界百年未有之大变局加速演进，世界之变、时代之变、历史之变正以前所未有的方式展开。我国发展面临新的战略机遇、新的战略任务、新的战略阶段、新的战略要求、新的战略环境，需要应对的风险和挑战、需要解决的矛盾和问题比以往更加错综复杂。不断谱写马克思主义中国化时代化新篇章，必须坚持"两个结合"，用马克思主义之"矢"去射新时代中国之"的"，深入研究回答实践遇到的新问题、改革发展稳定存在的深层次问题、人民群众急难愁盼问题、国际变局中的重大问题、党的建设面临的突出问题，不断提出真正解决问题的新理念新思路新办法。同时，坚定历史自信、文化自信，坚持古为今用、推陈出新，把马克思主义思想精髓同中华优秀传统文化精华贯通起来、同人民群众日用而不觉的共同价值观念融通起来，不断赋予科学理论鲜明的中国特色，夯实马克思主义中国化时代化的历史基础和群众基础，在新时代伟大实践中不断开辟马克思主义中国化时代化新境界。

（作者为北京大学马克思主义学院教授）

（《人民日报》2022年12月05日第09版）

依规治党为自我革命提供有力保障

莫纪宏

习近平总书记在党的二十大报告中指出"全面建设社会主义现代化国家、全面推进中华民族伟大复兴,关键在党",强调"坚持制度治党、依规治党""完善党内法规制度体系"。持之以恒推进全面从严治党,深入推进新时代党的建设新的伟大工程,以党的自我革命引领社会革命,必须坚持制度治党、依规治党。党的十八大以来,以习近平同志为核心的党中央创造性提出坚持依规治党,注重发挥党内法规在管党治党、提高党的执政能力和领导水平中的重要作用。新时代新征程,要不断完善党内法规制度体系,切实提升党内法规治理效能,确保党在坚持和发展中国特色社会主义的历史进程中始终成为坚强领导核心。

党内法规制度为党的建设提供制度保障

我们党历来重视党内法规制度建设,注重运用党内法规管党治党、提高党的执政能力和领导水平。1921年,党的一大通过中国共产党第一个纲领。党的二大通过第一个党章,对党员条件、党的各级组织和党的纪律等作出具体规定，为立党管党提供了总章程。1938年10月，毛泽东同志在党的六届六中全会的报告中指出："为使党内关系走上正轨，除了上述四项最重要的纪律外，还须制定一种较详细的党内法规，以统一各级领导机关的行动"，在党的历史上首次明确提出"党内法规"概念。党的六届六中全会通过了《关于中央委员会工作规则与纪律的决定》《关于各级党部工作规则与纪律的决定》《关于各级党委暂行组织机构的决定》等重要党内法规，首次对党的各级组织的权力运行提出具体规范，奠定了党的领导制度的基础。

新中国成立后特别是改革开放以来，面对新的考验，我们党总结历史经验教训，强化党内法规在党的建设中的重要地位和作用，以健全民主集中制为重点加大党内法规制度建设力度，努力实现用制度管权、管事、管人。在党的十一届三中全会召开前夕的中央工作会议上，邓小平同志指出："国要有国法，党要有党规党法。党章是最根本的党规党法。没有党规党法，国法就很难保障。"1990年7月印发的《中国共产党党内法规制定程序暂行条例》明确了党内法规的概念内涵，对党内法规的名称、制定原则、制定程序等作出具体规定。此后，党内法规制定工作逐步进入制度化规范化程序化轨道。《中国共产党党员权利保障条例（试行）》《党政领导干部选拔任用工作条例》《中国共产党党内监督条例（试行）》《中国共产党巡视工作条例（试行）》等一大批党内法规相继出台，并不断修订完善，为党开创、坚持、捍卫、发展中国特色社会主义提供了重要制度保障。

中国特色社会主义进入新时代，以习近平同志为核心的党中央针对加强新时代党内法规制度建设作出一系列重大决策部署，党内法规制定力度之大、出台数量之多、制度权威之高、治理效能之好都前所未有。习近平总书记强调："加强党内法规制度建设是全面从严治党的长远之策、根本之策。"党的十八大以来，截至今年6月底，共制定修订中央党内法规156部，其中制定修订起"四梁八柱"作用的准则、条例45部。党内法规体系建设全方位、立体式推进，党内法规体系的"四梁八柱"加快健全，制度优势充分发挥，形成建章立制与事业发展同频共振、同步推进的生动局面。坚持依规治党、加强党内法规制度建设，为维护党中央集中统一领导、保障党长期执政和国家长治久安、推进新时代党的建设新的伟大工程、落实全面从严治党提供了更加坚强的制度保障，不仅成为"中国之治"的一个独特治理密码，有力提升了国家治理体系和治理能力现代化水平，丰富和发展了新时代中国共产党执政理念和治国方略，而且为世界政党治理贡献了中国智慧和中国方案。

依规治党积累了宝贵经验

一百多年来，我们党坚持思想建党和制度治党同向发力，扎实推进党内法规制度建设，形成比较完善的党内法规体系。放眼全世界，没有哪个政党像我们党这样，拥有这么严密完善的制度体系，让党的制度如此全面深刻发力于管党治党、治国理政，成为一大独特优势。作为成立100多年、执政70多年、拥有9600多万名党员、具有重大全球影响力的世界第一大执政党，我们党以党内法规体系为主干，形成了一套系统完备的党的制度，这在世界上是独一无二的。这一党的建设的重要成就，标志着党内法规制度建设由此迈入高质量发展新阶段，全面从严治党、依规治党站到新的历史起点上。

党内法规因党而生、因党而立、因党而兴。党的十九届六中全会通过的《中共中央关于党的百年奋斗重大成就和历史经验的决议》,将"坚持自我革命"作为党百年奋斗的十条历史经验之一。党的二十大报告提出"全面从严治党永远在路上,党的自我革命永远在路上"。党内法规制度建设的光辉历史启示我们,要把党的伟大自我革命进行到底,永葆共产党人的政治本色,永葆党的生机活力,必须坚持制度治党,完善党的自我革命制度规范体系。只有把规矩立起来、使制度严起来,坚持用制度规矩管党治党,推动党的各级组织和党员干部更加自觉地遵守党的纪律、服从党的决定,才能使全党上下统一思想、统一意志、步调一致向前进。迈上新征程,我们要从事关党长期执政和国家长治久安的战略高度,坚持依规治党、加强党内法规制度建设,为推进伟大自我革命提供更加坚强的制度保障。

党的十八大以来,习近平总书记对加强新时代党内法规制度建设作出许多重要论断和深刻论述。习近平总书记关于依规治党的重要论述在第二次全国党内法规工作会议上被集中概括为"十个坚持",即坚持把依规治党摆在事关党长期执政和国家长治久安的战略位置,坚持完善"两个维护"制度保障,坚持把党章作为管党治党总依据,坚持贯彻民主集中制,坚持围绕党和国家工作大局推进党内法规制度建设,坚持高质量构建党内法规体系,坚持执规必严、违规必究,坚持思想建党和制度治党同向发力,坚持依法治国和依规治党有机统一,坚持抓好"关键少数"尊规学规守规用规。这些重要论述深化了对党的建设和党长期执政的规律性认识,凝结着坚持制度治党、依规治党的宝贵经验,蕴含着深刻的历史逻辑、理论逻辑、实践逻辑,引领党内法规制度建设全方位向前推进。

不断完善党内法规制度体系

习近平总书记指出:"我们党要履行好执政兴国的重大历史使命、赢得具有许多新的历史特点的伟大斗争胜利、实现党和国家的长治久安,必须坚持依法治国与制度治党、依规治党统筹推进、一体建设。"新的赶考之路上,党面临的"四大考验""四种危险"是长期的、尖锐的,影响党的先进性、弱化党的纯洁性的因素也是复杂的。确保党在世界形势深刻变化的历史进程中始终走在时代前列,在新时代坚持和发展中国特色社会主义的历史进程中始终成为坚强领导核心,必须坚持以习近平新时代中国特色社会主义思想为指导,以实现高质量发展为主题,以改革创新为根本动力,以提高执行力为着力点,紧紧围绕推动党和国家事业发展发力,推进党内法规体系与时俱进,发挥好党内法规在维护党中央集中统一领导、保障党长期执政和国家长治久安方面的重大作用,在推进新时代党的建设新的伟大工程、落实全面从严治党方面的重大作用,把党内法规制度优势更好转化为管党治党、治国理政的治理效能。

进一步推进党内法规制度建设,必须适应新形势新任务新要求,把牢方向、遵循规律、深化改革,使党内法规体系更加完善、党内法规制度更有活力。这就要求我们紧紧围绕贯彻党的指导思想不断完善党内法规体系,把马克思主义中国化最新成果及时体现到党章中,转化为全党遵循的制度规范,使之更好发挥凝聚全党共识、指引全党前进方向的旗帜作用;紧紧围绕坚持党的全面领导不断完善党内法规体系,把党的全面领导落实到治国理政的方方面面、落实到各级各类组织的活动之中;紧紧围绕保持党同人民群众血肉联系不断完善党内法规体系，通过完善制度着力防范脱离群众的危险，不断密切党同人民群众的血肉联系；紧紧围绕全面从严治党向纵深发展不断完善党内法规体系，更多用制度治党、管权、治吏，确保党不变质、不变色、不变味，永葆党的先进性和纯洁性；紧紧围绕服务党和国家工作大局不断完善党内法规体系，为实现党的奋斗目标和政治任务提供有力制度保障，更好发挥党内法规制度建设对于党和国家事业发展的引领和保障作用；紧紧围绕坚持和完善中国特色社会主义制度、推进国家治理体系和治理能力现代化不断完善党内法规体系，在坚持和完善党的领导制度体系方面下更大功夫，把党的领导体现到国家治理的各领域各方面各环节，有效转化为国家制度优势和国家治理效能；紧紧围绕推进中国特色社会主义法治建设不断完善党内法规体系，注重党内法规同国家法律的衔接和协调，努力形成党内法规和国家法律相辅相成、相互促进、相互保障的格局，以更加完善的制度保证党履行好执政兴国的重大历史使命。

在新的历史起点上，我们要增强依规治党的自觉性和坚定性，进一步深入研究解决依规治党面临的一系列重大理论与实践问题，更加注重各领域党内法规制度建设整体推进、协调发展，形成管党治党的制度合力，努力为我们党管党治党、执政治国提供更加坚实的制度支撑和政治保障，书写百年大党以伟大自我革命引领伟大社会革命的历史新篇。

（作者为中国社会科学院大学法学院院长）

（《人民日报》2022年12月06日第09版）

思政课要讲深讲透讲活"六个坚持"

吴付来

习近平总书记在党的二十大报告中指出:"继续推进实践基础上的理论创新,首先要把握好新时代中国特色社会主义思想的世界观和方法论,坚持好、运用好贯穿其中的立场观点方法。"报告从六个方面作出概括和阐述,强调必须坚持人民至上、坚持自信自立、坚持守正创新、坚持问题导向、坚持系统观念、坚持胸怀天下。"六个坚持"是内在统一、相互贯通的有机整体,深刻揭示了习近平新时代中国特色社会主义思想的理论品格和鲜明特质,是我们深入理解把握这一重要思想的基本点。坚持不懈用习近平新时代中国特色社会主义思想凝心铸魂,要求高校思政课教师全面准确把握"六个坚持"的科学内涵和精神实质,在思政课教学中努力把"六个坚持"讲深讲透讲活,推动新时代高校思政课高质量发展。

必须坚持人民至上

唯物史观认为,人民群众是社会历史的创造者,是推动人类社会发展进步的主体力量。坚持人民至上，深刻体现了习近平新时代中国特色社会主义思想的根本立场，也是贯穿这一重要思想的一条红线。中国特色社会主义进入新时代，以习近平同志为核心的党中央丰富和发展了马克思主义人民观，提出以人民为中心的发展思想，坚持一切为了人民、一切依靠人民，始终把人民放在心中最高位置、把人民对美好生活的向往作为奋斗目标，不断满足人民群众日益增长的美好生活需要，团结带领全党全国各族人民打赢了人类历史上规模最大的脱贫攻坚战，历史性地解决了绝对贫困问题，全面建成了小康社会，充分彰显了习近平新时代中国特色社会主义思想的根本立场。

习近平总书记指出："一切脱离人民的理论都是苍白无力的，一切不为人民造福的理论都是没有生命力的。我们要站稳人民立场、把握人民愿望、尊重人民创造、集中人民智慧，形成为人民所喜爱、所认同、所拥有的理论，使之成为指导人民认识世界和改造世界的强大思想武器。"思政课要善用生动鲜活的事例，教育引导学生深刻认识"人民"二字在习近平新时代中国特色社会主义思想中的根本性意义，始终站稳人民立场，锤炼过硬本领，牢固树立为人民服务的信念，把小我融入祖国的大我、人民的大我之中，在深入基层、深入群众中更好实现人生价值。

必须坚持自信自立

自信是我们党宝贵的精神气质，自立是我们立党立国的重要原则。自信才能自立，自立才能自强。中国人民和中华民族从近代以后的深重苦难走向伟大复兴的光明前景，从来就没有教科书，更没有现成答案。党的百年奋斗成功道路是党团结带领人民独立自主探索开辟出来的，马克思主义的中国篇章是中国共产党人依靠自身力量实践出来的，贯穿其中的一个基本点就是中国的问题必须从中国基本国情出发，由中国人自己来解答。这是我们党全部理论和实践的立足点，也是党和人民事业不断从胜利走向胜利的根本所在。

习近平总书记指出："人类历史上，没有一个民族、没有一个国家可以通过依赖外部力量、跟在他人后面亦步亦趋实现强大和振兴。那样做的结果，不是必然遭遇失败，就是必然成为他人的附庸。"我们党团结带领人民依靠自身力量，用百年奋斗书写了中华民族几千年历史上最恢宏的史诗，这是讲好思政课的丰厚资源。思政课要坚持理论性和实践性相统一，立足新时代中国特色社会主义生动实践，把新时代十年的伟大变革讲清楚、讲透彻，引导学生增强中国特色社会主义道路自信、理论自信、制度自信、文化自信，把爱国情、强国志、报国行自觉融入全面建设社会主义现代化国家、全面推进中华民族伟大复兴的奋斗之中。

必须坚持守正创新

守正创新，既与中华优秀传统文化中的恪守正道、革故鼎新理念相承袭，又与我们党一贯坚持的解放思想、实事求是、与时俱进、求真务实的品格相贯通。守正与创新相辅相成，体现了继承与发展，过去、现在与未来，原则性与创造性的辩证统一。守正创新是新时代的鲜明气象，也是习近平新时代中国特色社会主义思想的显著标识。党的十八大以来，以习近平同志为核心的党中央在立场、方向、原则、道路等根本性问题上旗帜鲜明、毫不含糊，着力正本清源、固本培元，确保了党不变质、不变色、不变味。同时，面对世界之变、时代之变、历史之变，面对新形势新任务，我们党坚持立破并举，以巨大勇气、顽强意志推进各方面改革创新，推动党和国家事业取得历史性成就、发生历史性变革。

习近平新时代中国特色社会主义思想，既坚持了老祖宗、又讲了许多新话，以全新的视野深化了对共产党执政规律、社会主义建设规律、人类社会发展规律的认识，为发展马克思主义作出了原创性贡献，实现了马克思主义中国化时代化新的飞跃。思政课要深刻阐明守正创新这一习近平新时代中国特色社会主义思想的显著标识，教育引导学生赓续红色血脉、传承红色基因，始终做到道不变、志不改。同时紧跟时代步伐，顺应实践发展，以满腔热忱对待一切新生事物，树立敢为人先、锐意进取的创新精神，不断提升创新能力、勇攀创新高峰。

必须坚持问题导向

问题是时代的声音，回答并指导解决问题是理论的根本任务。人类认识世界、改造世界的过程，就是一个发现问题、解决问题的过程。坚持问题导向，是马克思主义的鲜明特点。中国共产党人干革命、搞建设、抓改革，从来都是为了解决中国的现实问题，党的理论也是在不断回答时代课题中创新发展的。坚持问题导向，是习近平新时代中国特色社会主义思想的鲜明风格。党的十八大以来，我们党把问题作为研究制定政策的出发点，把破解难题作为打开局面的突破口，体现了鲜明的问题意识、问题导向。正是基于对重大时代课题的准确把握和科学回答，习近平新时代中国特色社会主义思想得以创立并不断丰富发展。

习近平总书记指出:"每个时代总有属于它自己的问题,只要科学地认识、准确地把握、正确地解决这些问题,就能够把我们的社会不断推向前进。"思政课要坚持灌输性和启发性相统一,在教学实践中,依据教学目标,注重启发式教育,将中国人民正在书写的时代篇章作为鲜活素材,通过设置学生感兴趣的问题,激发学生的求知欲望,让学生切实感知习近平新时代中国特色社会主义思想的真理力量和实践伟力,并把学习成果转化为解决实际问题的能力和本领。

必须坚持系统观念

万事万物是相互联系、相互依存的。坚持系统观念,是辩证唯物主义的客观要求,是认识复杂事物、解决复杂矛盾的客观需要。我国作为世界最大发展中国家,正在经历广泛而深刻的社会变革,统筹改革发展稳定任务之艰巨、调整利益格局之复杂举世罕见。党的十八大以来,面对错综复杂的国内外形势和艰巨繁重的改革发展稳定任务,习近平总书记始终坚持系统思维,统筹谋划布局政治和经济、物质和文化、发展和民生、资源和生态、当前和长远、国内和国际等多个方面,为我们应对复杂局面、推动事业发展提供了科学遵循。

习近平总书记指出,思政课"无论怎么讲,最终都要落到引导学生树立正确的理想信念、学会正确的思维方法上来"。思政课教学要坚持系统观念,整合资源和力量,引导学生掌握正确思维方法,以辩证方法分析事物,以系统观念看待全局,善于通过历史看现实、透过现象看本质,把握好全局和局部、当前和长远、宏观和微观、主要矛盾和次要矛盾、特殊和一般的关系,不断提高战略思维、历史思维、辩证思维、系统思维、创新思维、法治思维、底线思维能力。

必须坚持胸怀天下

大道之行，天下为公。中国共产党是为中国人民谋幸福、为中华民族谋复兴的党，也是为人类谋进步、为世界谋大同的党。在百年奋斗历程中，我们党始终坚持胸怀天下，以世界眼光关注人类前途命运，为促进世界和平发展和人类进步事业作出了重要贡献。进入新时代，习近平总书记统筹"两个大局"，从促进中国发展和人类进步的高度提出了构建人类命运共同体的重大倡议，并不断丰富完善构建人类命运共同体的思想体系，深刻体现了中国同各国一道建设更加美好世界的坚定决心和使命担当，为维护世界和平与促进共同发展提供了中国智慧、中国方案、中国力量。

当今世界正经历百年未有之大变局，中华民族伟大复兴正处在关键时期。面对快速变化的世界和中国，思政课要讲清楚习近平新时代中国特色社会主义思想的世界视野和人类情怀，引导学生从"两个大局"出发，把握中国和世界发展的时与势，正确看待、客观认识、辩证分析现实问题，在国内外对比中深刻认识新时代十年的伟大变革在党史、新中国史、改革开放史、社会主义发展史、中华民族发展史上具有里程碑意义；引导学生以海纳百川的宽阔胸襟吸收借鉴人类一切优秀文明成果，为解决人类面临的共同问题作出应有贡献。

（作者为中国人民大学党委副书记、纪委书记）

（《人民日报》2022年12月07日第12版）

奋力推进新时代语言文字事业高质量发展

田学军

党的二十大是在全党全国各族人民迈上全面建设社会主义现代化国家新征程、向第二个百年奋斗目标进军的关键时刻召开的一次十分重要的大会，是一次高举旗帜、凝聚力量、团结奋进的大会。习近平总书记在大会上所作的报告，深刻阐释了新时代坚持和发展中国特色社会主义的一系列重大理论和实践问题，描绘了全面建设社会主义现代化国家、全面推进中华民族伟大复兴的宏伟蓝图，为新时代新征程党和国家事业发展指明了前进方向、提供了根本遵循。深入学习宣传贯彻党的二十大精神是当前和今后一个时期语言文字战线的首要政治任务，要认真落实习近平总书记强调的"在全面学习、全面把握、全面落实上下功夫"的重要要求，奋力推进新时代新征程语言文字事业高质量发展。

深刻认识新时代十年语言文字事业的历史性成就

党的十八大以来，以习近平同志为核心的党中央高度重视语言文字工作。习近平总书记就推广普及国家通用语言文字、传承弘扬中华优秀语言文化等作出一系列重要指示批示，为新时代语言文字事业发展提供了思想指引和行动指南。习近平总书记强调："全面加强国家通用语言文字教育，不断提高各族群众科学文化素质。"习近平总书记致信祝贺甲骨文发现和研究120周年，要求"深入研究甲骨文的历史思想和文化价值，促进文明交流互鉴"。党的二十大胜利闭幕后，习近平总书记在河南安阳考察时强调："中国的汉文字非常了不起，中华民族的形成和发展离不开汉文字的维系。"2020年，全国语言文字工作会议的召开和《国务院办公厅关于全面加强新时代语言文字工作的意见》的印发，充分体现了党和国家对新时代语言文字工作的高度重视。

在党中央坚强领导下，新时代十年语言文字事业取得历史性成就。一是实现国家通用语言文字在全国范围内基本普及、语言交际障碍基本消除的历史性目标。全国普通话普及率超过80%、识字人口使用规范汉字比例超过95%，十年累计开展普通话水平测试6200余万人次，有力促进了社会主义现代化建设和社会发展进步，助力决战决胜脱贫攻坚和扎实推进共同富裕。二是深入传承弘扬中华优秀语言文化，实施古文字与中华文明传承发展工程、中华经典诵读工程等，推动甲骨文成功入选联合国教科文组织"世界记忆名录"，开展中国汉字听写大会、中国诗词大会等系列语言文化品牌活动，引领语言文化传承弘扬和创新发展，文化自信更加坚定，民族凝聚力显著增强。三是语言文字规范化标准化信息化水平不断提升，发布31项语言文字规范标准，建设汉字全息资源应用系统、国家语言资源服务平台等资源平台，有效满足人民群众语言服务需求。四是语言文化交流合作持续深化，举办世界语言大会并发布《苏州共识》，召开世界语言资源保护大会并发布联合国教科文组织永久性文件《岳麓宣言》，加强双边多边语言文化交流合作。五是国际中文教育创新发展，建设全球中文学习平台，开设网络中文课堂，加快国际中文教育数字化发展。六是加快推进语言文字工作治理体系和治理能力现代化，健全"党委领导、政府主导、语委统筹、部门支持、社会参与"的管理体制，形成日益完善的语言文字法律制度体系，构建以课题研究、机构建设、人才培养为重点的语言文字科研体系，语言文字工作队伍不断壮大，大语言文字工作格局不断健全。

回顾新时代十年语言文字工作走过的历程，我们深切体会到，我国语言文字事业之所以能取得历史性成就，根本在于以习近平同志为核心的党中央坚强领导，在于习近平新时代中国特色社会主义思想科学指引。新时代新征程，我们要深刻领悟"两个确立"的决定性意义，增强"四个意识"、坚定"四个自信"、做到"两个维护"，不断提高政治判断力、政治领悟力、政治执行力，坚定不移在思想上政治上行动上同以习近平同志为核心的党中央保持高度一致。

深入把握党的二十大对语言文字事业提出的新任务新要求

语言文字是国家重要的文化资源、经济资源、安全资源和战略资源。新时代新征程，我们要立足世界发展大势、国家发展全局，着眼于实现中华民族伟大复兴的中国梦，深刻认识语言文字工作面临的形势和任务，不断增强服务党和国家工作大局的能力。

服务铸牢中华民族共同体意识。习近平总书记在党的二十大报告中强调："加大国家通用语言文字推广力度。"国家通用语言文字是中华民族共同性的重要标志之一，是各民族共享的中华文化符号和中华民族形象，更是铸牢中华民族共同体意识的文化基因。推广普及国家通用语言文字是铸牢中华民族共同体意识、推进中华民族共同体建设的必然要求，有利于促进各民族交往交流交融，促进各民族像石榴籽一样紧紧抱在一起，促进各民族共同繁荣发展。新时代新征程，要进一步提高政治站位，坚定不移推广普及国家通用语言文字。

服务实现全体人民共同富裕。习近平总书记在党的二十大报告中指出："中国式现代化是全体人民共同富裕的现代化。"坚持以人民为中心的发展思想，以语言文字事业高质量发展促进共同富裕，要求我们把不断满足人民群众的语言文字需求作为事业发展的根本动力。要积极开发利用语言文字的经济价值和文化价值，将语言文字工作与农村新产业新业态发展相结合，帮助农民提升语言交际、语言传播、语言服务等方面的能力，充分发挥语言文字在助力乡村振兴中的重要作用。促进农民农村共同富裕，语言文字事业大有可为。

服务促进人的全面发展。习近平总书记在党的二十大报告中指出："不断夯实人民幸福生活的物质条件，同时大力发展社会主义先进文化，加强理想信念教育，传承中华文明，促进物的全面丰富和人的全面发展。"语言文字战线要全面贯彻党的教育方针，充分发挥语言文字在落实立德树人根本任务方面的基础性作用。加大语言文化建设力度，坚持创造性转化、创新性发展，产出一大批满足人民精神文化需求、可以传之久远的语言文化成果，为促进人的全面发展、增强实现中华民族伟大复兴的精神力量作出应有贡献。

服务提升国家文化软实力。习近平总书记在党的二十大报告中强调："推进文化自信自强，铸就社会主义文化新辉煌"。要充分发挥语言文字的文化载体和基础要素功能，深入挖掘其中蕴含的丰厚历史积淀和精神价值，丰富人民精神生活。加强语言文字国际交流合作，加强全球视角下的中文建设，打造全人类共享的语言文字公共产品。深入借鉴吸收优秀语言文化成果，推动中华优秀语言文化更好走向世界，提升国家文化软实力和中华文化影响力。

为全面建成社会主义现代化强国提供语言文字支撑

新中国成立以来，我国语言文字事业始终与党和国家事业发展同向而行，始终坚持为推进中国式现代化提供良好的语言文字条件。新时代语言文字事业要全面融入中国式现代化伟大事业，为全面建成社会主义现代化强国提供语言文字支撑。

加大国家通用语言文字推广力度，铸牢中华民族共同体意识。按照"聚焦重点、全面普及、巩固提高"的新时代推普工作方针，实施推普攻坚行动，重点解决学前儿童、教师、青壮年劳动力、基层干部等重点人群的短板弱项问题。实施推普助力乡村振兴计划，提出推普在助力乡村教育发展和文化、产业、人才、组织振兴等方面的任务要求。在普通话普及率已达到85%的省份和基础较好的城市地区，开展国家通用语言文字高质量普及行动，以更全面更充分普及为目标，统筹部署国家通用语言文字教育教学、社会领域用语用字规范化、语言文字科技赋能、语言文字服务能力等提升任务。

聚焦国家重大发展战略，增强语言文字事业支撑保障能力。围绕建设教育强国、科技强国、人才强国目标，提供有力保障支撑。要加强国家语言政策、战略、规划的前瞻性研究，开展粤港澳大湾区、雄安新区、海南自由贸易港等区域语言规划研究。支持港澳地区开展普通话教育，巩固拓展普通话水平测试及培训合作，提升港澳地区普通话普及应用水平。加强语言文字类基础学科、新兴学科、交叉学科建设，开展有组织科研，培养事业发展急需的各类人才。

传承弘扬中华优秀语言文化，助力坚定文化自信和中华文明传承发展。持续推进古文字与中华文明传承发展工程、中华经典诵读工程、中国语言资源保护工程、中华思想文化术语传播工程等重大语言文化工程建设，促进中华优秀语言文化创造性转化、创新性发展。不断满足人民日益增长的语言文化需求，推动优秀语言文化融入国民教育、道德建设、文化创造和生产生活，着力提升全体人民的中华语言文化素养。针对不同群体开展分类阅读专项活动，服务建设学习型社会、学习型大国。要拓展深化内地与港澳、大陆与台湾语言文化交流。

加强语言文字基础能力建设，提升国家语言文字服务能力。落实教育数字化战略行动，促进语言文字信息处理及智能化技术发展，建设高质量语言文字数字资源和信息化服务平台，更好满足社会的语言文字应用需求。加强语言文字规范标准建设，完善多层级语言文字规范标准体系。统筹推进行业领域的语言文字规范标准建设。做好语言文字规范标准的发布实施、推广宣传、咨询服务等工作。丰富举措，提升全社会语言文字规范化水平。主动服务推进高水平对外开放、营造国际一流营商环境的语言需求，构建交流顺畅、开放包容、规范文明的国际交往语言环境。

强化国际语言文化交流，助力推动构建人类命运共同体。拓展双边和多边语言文化交流合作，加强与有关国家、国际组织语言文字工作机构的交流合作。打造更加开放包容、更加优质可及的国际中文教育新格局，推广国际中文教育标准和汉语水平考试，创新信息化、数字化、智能化建设。积极推动在国际活动和对外交流交往中使用中文，逐步扩大中文在国际组织的应用。创新中国理念和概念、术语的中文国际表达。打造语言文化交流品牌，推动中华优秀语言文化走向世界。

健全语言文字工作体制机制，提升语言文字工作治理效能。把坚持和加强党的全面领导贯穿语言文字工作全过程。推动语言文字工作全面融入法治中国建设，夯实语言文字工作法治基础。融入公共安全、社会治理大局，构建和谐语言生活。加强社会语言文字使用监管治理，加强社会用语用字综合治理，加强语言文明教育，强化各类新媒体语言文字使用的监管与引导，坚决遏阻庸俗暴戾网络语言传播，建设健康文明的网络语言环境。

（作者为教育部原副部长、国家语言文字工作委员会原主任）

（《人民日报》2023年01月09日第09版）

解码新征程

为中国式现代化提供坚强安全保障

邱 进

习近平总书记在党的二十大报告中,从实现第二个百年奋斗目标和中华民族伟大复兴的战略高度,作出"推进国家安全体系和能力现代化,坚决维护国家安全和社会稳定"的重要部署。这充分体现了新时代新征程国家安全工作在党和国家事业全局中的重要地位,彰显了我们党对国家安全工作的深刻认识和全面把握。我们要坚持以习近平新时代中国特色社会主义思想为指导,准确研判国家安全形势新变化新趋势,着力推进国家安全体系和能力现代化,为全面建设社会主义现代化国家、全面推进中华民族伟大复兴提供坚强安全保障。

战胜各种风险挑战、顺利推进中国式现代化的必然要求

习近平总书记在党的二十大报告中指出:"国家安全是民族复兴的根基,社会稳定是国家强盛的前提。"旧中国百年屈辱,帝国主义列强横行,国家和民族面临生死存亡危机。新中国的成立,为国家强盛、民族振兴奠定了根本前提。在中国共产党的坚强领导下,中国人民创造了经济快速发展和社会长期稳定两大奇迹。党的

十八大以来，在以习近平同志为核心的党中央坚强领导下，我们实现了第一个百年奋斗目标，全面建成小康社会，实现中华民族伟大复兴进入不可逆转的历史进程。回顾奋斗历程，成就来之不易。我们党团结带领人民战胜强大敌人，化解来自政治、经济、意识形态、自然界等方面的风险挑战考验，才有了今日中国的繁荣昌盛、欣欣向荣。非凡奋斗历程说明，没有安全和稳定，一切都无从谈起。国家安全和社会稳定，是实现发展进步的牢固基础。

展望全面建设社会主义现代化国家新征程，我们面临着前所未有的战略机遇，也面临着更加错综复杂的风险挑战，必须继续保持清醒头脑，准备接受风高浪急甚至惊涛骇浪的重大考验。从国际看，世界百年未有之大变局加速演进，和平与发展仍是时代主题。但国际形势的不稳定性不确定性明显增加，世界进入新的动荡变革期。恃强凌弱、巧取豪夺、零和博弈等霸权霸道霸凌行径危害深重。外部势力对我讹诈、遏制、封锁、极限施压等一系列恶劣做法随时可能升级。全球范围的能源危机、粮食危机、金融动荡等也可能会传导到国内，对我国国家安全和社会稳定构成威胁。从国内看，全面建成小康社会为全面建设社会主义现代化国家创造了有利条件，但我国发展面临的内外部风险上升，我国改革发展稳定面临不少深层次矛盾躲不开、绕不过，及时妥善解决人民内部矛盾的任务也十分繁重。

党的十八大以来，以习近平同志为核心的党中央从全局和战略高度对国家安全作出一系列重大决策部署，我国国家安全全面加强，国家安全工作取得历史性成就、发生历史性变革。但应看到，应对重大挑战、抵御重大风险、克服重大阻力、解决重大矛盾，都对国家安全体系和能力建设提出了新的更高要求。推进国家安全体系和能力现代化，事关第二个百年奋斗目标能否如期实现，事关中华民族伟大复兴伟业能否顺利推进。只有与时俱进推进国家安全体系和能力现代化，健全国家安全体系，不断增强维护国家安全的能力，才能确保社会主义现代化建设和民族复兴进程不被迟滞或打断，顺利推进中国式现代化。

坚定不移贯彻总体国家安全观

习近平总书记统筹国内国际两个大局，把马克思主义国家安全理论和当代中国安全实践、中华优秀传统战略文化结合起来，创造性提出总体国家安全观，标志着我们党对国家安全基本规律的认识达到了新高度，为我们维护国家安全和社会稳定提供了强大思想武器和科学行动指南。推进国家安全体系和能力现代化，必须坚持以总体国家安全观为指导，牢牢把握正确方向，坚定不移走中国特色国家安全道路。要坚持以人民安全为宗旨、以政治安全为根本、以经济安全为基础、以军事科技文化社会安全为保障、以促进国际安全为依托，统筹外部安全和内部安全、国土安全和国民安全、传统安全和非传统安全、自身安全和共同安全，统筹维护和塑造国家安全，夯实国家安全和社会稳定基层基础，完善参与全球安全治理机制，建设更高水平的平安中国，以新安全格局保障新发展格局。

推进国家安全体系和能力现代化是一项系统工程。体系现代化和能力现代化是辩证统一的。体系现代化的目的是能力的提升，能力现代化是体系现代化的结果。有了科学高效的体系，就可以调动方方面面的人力资源，有效配置科学技术装备和物质保障。抓住体系建设就抓住了做好国家安全工作的关键。坚持党对国家安全工作的领导，是做好国家安全工作的根本原则。要坚持党中央对国家安全工作的集中统一领导，完善高效权威的国家安全领导体制。坚定不移贯彻中央国家安全委员会主席负责制，在国家安全工作中深刻领悟"两个确立"的决定性意义，增强"四个意识"、坚定"四个自信"、做到"两个维护"，把党中央关于国家安全工作的决策部署落到实处。强化国家安全工作协调机制，完善国家安全法治体系、战略体系、政策体系、风险监测预警体系、国家应急管理体系，完善重点领域安全保障体系和重要专项协调指挥体系，强化经济、重大基础设施、金融、网络、数据、生物、资源、核、太空、海洋等安全保障体系建设。健全反制裁、反干涉、反"长臂管辖"机制。完善国家安全力量布局，构建全域联动、立体高效的国家安全防护体系。

党的二十大报告提出："加强重点领域安全能力建设"。推进国家安全能力现代化，要聚焦重点，抓纲带目。政治安全是国家安全的根本，国家利益至上是国家安全的准则。国家政治安全得不到保障，国家发展就无从谈起。要坚定维护国家政权安全、制度安全、意识形态安全，坚定捍卫国家主权、安全、发展利益。同时，适应国家安全形势新变化，着眼于国土安全、经济安全、外部安全等重点领域，着力解决国家安全面临的突出问题。要确保粮食、能源资源、重要产业链供应链安全，加强海外安全保障能力建设，维护我国公民、法人在海外合法权益，维护海洋权益。提高防范化解重大风险能力，严密防范系统性安全风险，严厉打击敌对势力渗透、破坏、颠覆、分裂活动。

维护国家安全和维护社会稳定是紧密相连、辩证统一的。没有国家安全，就不可能有社会稳定；社会不稳定，也会严重影响国家安全。社会安全有序，人民才能安居乐业，国家才能长治久安。我们要站在维护最广大人民根本利益的高度，将维护社会稳定、维护公共安全放在贯彻落实总体国家安全观中来思考，放在推进国家治理体系和治理能力现代化中来把握，切实做好各项工作。要主动适应社会治理新的阶段性特征，健全共建共治共享的社会治理制度，提升社会治理效能，建设人人有责、人人尽责、人人享有的社会治理共同体。坚持安全第一、预防为主，建立大安全大应急框架，完善公共安全体系，推动公共安全治理模式向事前预防转型，提高公共安全治理水平。

坚持专群结合，共筑国家安全防线

坚持专门工作与群众路线相结合，既充分发挥专门机关的职能作用，又动员人民群众积极参与，共筑维护国家安全的坚固防线，是推进国家安全体系和能力现代化的必然要求，也是中国特色国家安全道路特点和优势的重要体现。

专门机关承担着推进国家安全体系和能力现代化的重要使命责任。无论是维护国家安全，还是维护社会稳定，在应对各种风险挑战中，专门机关都发挥着不可替代的重要作用。要在党的领导下，充分发挥专门机关作用，不断提高专门机关的斗争能力，有效捍卫国家安全和利益，保卫人民群众幸福安宁的生活。进一步加强专门机关的思想政治建设、人员队伍建设，锻造忠诚纯洁可靠的国家安全干部队伍，提高其综合运用各种手段、各种资源化险为夷、打好主动仗的能力水平，使专门机关成为捍卫国家安全和社会稳定坚不可摧的强大力量。

　　推进国家安全体系和能力建设,要坚持群众路线,依靠群众、发动群众,拓展人民群众参与国家安全治理的有效途径,筑牢国家安全人民防线。无论是与各种敌对势力作斗争,还是处理突发事件、抗击自然灾害;无论是抵御防范外来威胁,还是处理内部的各种矛盾,人民群众都是我们赢得胜利的根本力量、根本底气所在。要全面加强国家安全教育,突出总体国家安全观在国家安全教育中的指导性地位,进一步丰富和完善国民教育中国家安全教育的内容,创新国家安全教育形式,引导全社会充分认识国家安全的重要性。通过深入细致的宣传教育,切实增强全民国家安全意识和素养,使维护国家安全和社会稳定成为人民群众的自觉行动。推动各级领导干部增强忧患意识、树立底线思维,统筹发展和安全,做到守土有责、守土负责、守土尽责。通过全党全社会共同努力,汇聚维护国家安全的强大力量。

(《人民日报》2023年01月17日第09版)

让红色文化在新征程上焕发时代光芒

王伟光

习近平总书记指出："中国式现代化是物质文明和精神文明相协调的现代化，要弘扬中华优秀传统文化，用好红色文化，发展社会主义先进文化，丰富人民精神文化生活。"红色文化是在革命战争年代创造的，蕴含着丰富红色资源与厚重文化内涵的先进文化形态，是我们在前进道路上战胜各种困难和挑战、不断夺取新胜利的强大精神力量。大力弘扬红色文化，必须把握好习近平新时代中国特色社会主义思想的世界观和方法论，坚持好、运用好贯穿其中的立场观点方法，让红色文化在新征程上焕发时代光芒，确保红色江山后继有人、代代相传。

坚持人民至上，深刻领会红色文化的价值立场

马克思、恩格斯指出："历史活动是群众的活动，随着历史活动的深入，必将是群众队伍的扩大。"坚持人民至上，深刻体现唯物史观关于人民群众创造历史的基本原理，为科学理解和把握红色文化明确了价值立场、提供了根本遵循。

习近平总书记指出："老区和老区人民，为我们党领导的中国革命作出了重大牺牲和贡献。"人民是真正的英雄，群众的力量是无穷的。井冈山的红米饭、延安的红枣、太行山的小米、苏北大地的独轮车等等，都是我们党来自人民、植根人民、造福人民，依靠人民创造历史伟业的生动见证。新时代新征程，人民群众不仅对物质文化生活提出更高要求，而且对民主、法治、公平、正义、安全、环境等方面的要求也日益增长。更好满足人民日益增长的美好生活需要，必须坚持人民至上。这就要从革命传统中寻找智慧、从红色文化中汲取力量，坚持以人民为中心的发展思想，坚持发展为了人民、发展依靠人民、发展成果由人民共享，站稳人民立场、把握人民愿望、尊重人民创造、集中人民智慧，切实解决人民群众急难愁盼问题，让人民更多更好享有经济、政治、文化、社会、生态文明发展成果，让人民的获得感成色更足、幸福感更可持续、安全感更有保障，推动全体人民共同富裕取得更为明显的实质性进展。

坚持自信自立，深刻领会红色文化的思想基点

红色文化是我们党领导中国人民在艰苦卓绝的革命斗争中形成的精神文化结晶，自信自立在红色文化中体现为精神自信与精神自立的统一。

革命战争年代的环境之艰苦、生存之艰难、战斗之残酷是难以想象的，但中国共产党人以"砍头不要紧，只要主义真"的无畏，腹中满是草根、宁愿饿死也不投降的气节，竹签钉入十指、痛彻心扉也不叛党的坚贞，深刻诠释了红色文化中爱党信党、坚定不移的

精神自信。从土地革命战争时期提出"工农武装割据""开展土地革命""思想建党、政治建军"等,到抗日战争时期提出"实事求是""自力更生"等,再到解放战争时期提出"两个务必"等,都深刻彰显红色文化中求真务实、开拓创新的自立精神。新时代新征程,大力弘扬红色文化,必须坚持自信自立,始终保持对马克思主义的坚定信仰、对中国特色社会主义的坚定信念,坚定道路自信、理论自信、制度自信、文化自信,坚持把国家和民族发展放在自己力量的基点上,始终从国情出发想问题、作决策、办事情,既不走封闭僵化的老路,也不走改旗易帜的邪路,永葆奋斗激情、勇于开拓创新,创造令世人刮目相看的新的更大奇迹。

坚持守正创新,深刻领会红色文化的本质要求

习近平总书记强调:"只有把马克思主义基本原理同中国具体实际相结合、同中华优秀传统文化相结合,坚持运用辩证唯物主义和历史唯物主义,才能正确回答时代和实践提出的重大问题,才能始终保持马克思主义的蓬勃生机和旺盛活力。"红色文化的形成、发展内含于我们党不断开辟马克思主义中国化时代化新境界的历史进程中,具有守正创新的鲜明特征。

红色文化在守正创新中被赋予新的时代内涵,是不断丰富发展的。新时代新征程,大力弘扬红色文化,必须坚持守正创新,以科学的态度对待科学、以真理的精神追求真理,坚持马克思主义基本原理不动摇,坚持党的全面领导不动摇,坚持中国特色社会主义不动摇,紧跟时代步伐,顺应实践发展,以满腔热忱对待一切新生事物,不断

拓展认识的广度和深度，敢于说前人没有说过的新话，敢于干前人没有干过的事情，以新的理论指导新的实践。要守马克思主义真理之"正"、历史唯物主义之"正"、科学社会主义之"正"，创中国特色社会主义之"新"、中国式现代化道路之"新"、新时代党的建设之"新"，继续回答好新时代坚持和发展什么样的中国特色社会主义、怎样坚持和发展中国特色社会主义，建设什么样的社会主义现代化强国、怎样建设社会主义现代化强国，建设什么样的长期执政的马克思主义政党、怎样建设长期执政的马克思主义政党等重大时代课题。

坚持问题导向，深刻领会红色文化的内生动力

马克思指出："问题就是公开的、无畏的、左右一切个人的时代声音。"中国共产党能够在腥风血雨中由小到大、从弱变强，不断从胜利走向胜利，一个成功密码就是始终坚持问题意识、不断解答时代问题，这在红色文化中有着深刻体现。

在建立红色政权、探索革命道路的伟大实践中，我们党高度重视抓主要矛盾，提高解决全局性、根本性、关键性问题的本领与水平。比如，《中国的红色政权为什么能够存在？》《井冈山的斗争》等论著，有针对性地解决了"红旗到底打得多久"的问题。《统一战线中的独立自主问题》《目前抗日统一战线中的策略问题》等论著，有针对性地解决了如何加强抗日民族统一战线的问题。新时代新征程，大力弘扬红色文化，必须坚持问题导向，敢于正视问题，清醒认识解决问题的重要性和必要性。既要善于发现问题，不断提高敏锐性、前瞻

性，发现真问题、找到真症结；又要长于分析问题，坚持全面、联系、发展看问题，分清缓急、把握重点、抓住关键；更要勇于解决问题，聚焦实践遇到的新问题、改革发展稳定存在的深层次问题、人民群众急难愁盼问题、国际变局中的重大问题、党的建设面临的突出问题，不断提出真正解决问题的新理念新思路新办法，科学回答中国之问、世界之问、人民之问、时代之问，向历史向人民交上更加优异的答卷。

坚持系统观念，深刻领会红色文化的科学思维

马克思主义理论体系是一个整体。作为马克思主义中国化时代化的重要组成部分，红色文化是涵盖不同历史阶段红色文化具体形态的综合性、集成性概念。

我们党在带领中国人民进行革命的伟大实践中，形成了井冈山精神、苏区精神、长征精神、遵义会议精神、延安精神、抗战精神、红岩精神、西柏坡精神等红色精神文化。这些宝贵精神文化既具有各自内涵与品格，又彰显红色文化的内在品质和精髓要义，是相互联系、相互依存的有机整体。新时代新征程，大力弘扬红色文化，必须坚持系统观念，善于通过历史看现实、透过现象看本质，用好"五个战略性有利条件"，走好"五个必由之路"；不断提高战略思维、历史思维、辩证思维、系统思维、创新思维、法治思维、底线思维能力，统筹推进"五位一体"总体布局，协调推进"四个全面"战略布局，努力实现发展质量、结构、规模、速度、效益、安全相统一，不断增强工作的原则性、系统性、预见性和创造性。

坚持胸怀天下，深刻领会红色文化的世界情怀

习近平总书记在党的二十大报告中指出："中国共产党是为中国人民谋幸福、为中华民族谋复兴的党，也是为人类谋进步、为世界谋大同的党。"坚持胸怀天下，集中彰显马克思主义关于世界历史的思想。

革命战争年代，我们党始终坚持胸怀天下，以世界眼光看待中国革命事业，把中国革命与人类进步事业紧密联系起来。在这一过程中形成的红色文化，具有鲜明的世界情怀。红军长征即将抵达陕北时，毛泽东同志就提出"太平世界，环球同此凉热"的国际主义观点。在延安，我们党提出中国的抗日民族统一战线和世界的和平阵线相结合的任务。新时代新征程，大力弘扬红色文化，必须坚持胸怀天下，推动构建人类命运共同体，积极参与全球治理体系改革和建设，致力于建设持久和平、普遍安全、共同繁荣、开放包容、清洁美丽的世界。坚定维护国际公平正义，倡导和践行真正的多边主义，推动构建相互尊重、公平正义、合作共赢的新型国际关系。坚持弘扬和平、发展、公平、正义、民主、自由的全人类共同价值，促进各国人民相知相亲，共同应对各种全球性挑战，推动建设更加美好的世界。

（作者为全国红色基因传承研究中心首席专家、中国社会科学院大学教授）

（《人民日报》2023 年 01 月 18 日第 09 版）

为铸就社会主义文化新辉煌贡献大学力量

郭广生

习近平总书记在党的二十大报告中对"推进文化自信自强,铸就社会主义文化新辉煌"作出全面部署,不仅为建设社会主义文化强国指明了前进方向,也为增强实现中华民族伟大复兴的精神力量、不断提升国家文化软实力和中华文化影响力提供了根本遵循。大学是我国哲学社会科学领域"五路大军"中的重要一路,是国家战略科技力量的重要组成部分,也是建设社会主义文化强国的重要力量。面向未来,在推进文化自信自强、铸就社会主义文化新辉煌的宏伟事业中,大学要充分发挥自身优势,为推进中华文化繁荣兴盛贡献自身力量。

发挥育人优势,着力培养高素质人才

习近平总书记指出:"教育、科技、人才是全面建设社会主义现代化国家的基础性、战略性支撑。"济济多士,乃成大业。人才是第一资源,铸就社会主义文化新辉煌需要源源不断培养造就高素质人才。我国大学承担着为党育人、为国育才的重任,要充分发挥育人优势,持续为建设社会主义文化强国培养生力军。

大学是立德树人、培养人才的地方,是青年人学习知识、增长才干、放飞梦想的地方。培养祖国和人民需要的各类人才,是大学建设发展的题中应有之义。建设社会主义文化强国需要人才支撑,需要打好人才基础、培育高素质人才队伍,这就要求大学充分发挥育人高地作用。育人理念是否正确、育人能力是否足够、育人机制是否完善、育人格局是否合理,是大学做好育人工作必须考虑的重要内容。新时代新征程,大学要牢牢坚持马克思主义在意识形态领域的指导地位,坚持用习近平新时代中国特色社会主义思想教育人,用党的理想信念凝聚人,用社会主义核心价值观培育人,引导学生增强中国特色社会主义道路自信、理论自信、制度自信、文化自信。牢牢把握文化育人的正确方向,把为党育人、为国育才贯穿学校发展的全过程、体现在人才培养的各方面,全面提高教育质量,注重培养学生创新意识和创新能力。在培育壮大哲学社会科学人才队伍上下功夫,创新人才培养模式,培养造就高层次、高素质文化人才,为建设具有强大凝聚力和引领力的社会主义意识形态提供人才支撑。坚持和加强党对高校的全面领导,加强思想政治工作体系建设,不断完善学科体系、教学体系、教材体系、管理体系等,构建德智体美劳全面培养的教育体系,形成更高水平的人才培养体系,把我国大学的特色和优势有效转化为培养铸就社会主义文化新辉煌所需高素质人才的能力。

发挥文化优势,打造文化建设新高地

习近平总书记指出:"文化是一个国家、一个民族的灵魂。"文化兴国运兴,文化强民族强。文化自信是更基本、更深沉、更持久的力量。没有高度的文化自信，没有文化的繁荣兴盛，就没有中华民族伟大复兴。大学是文化传承的重要载体，也是文化创新的重要场所。作为知识传承和文化创新的重要机构，大学要在推进文化自信自强、铸就社会主义文化新辉煌上走在前作表率，必须充分发挥文化优势、发掘文化潜能，大力发展社会主义先进文化、弘扬革命文化、传承中华优秀传统文化，努力成为中国特色社会主义文化建设新高地。

新时代新征程，大学要始终坚持社会主义核心价值观，坚守中华文化立场，加快构建中国特色哲学社会科学学科体系、学术体系、话语体系，为构建中国特色社会主义文化的自主知识体系作出更大贡献。要积极推进文化创新，在文艺创作、文化实践、文明传播领域发挥特长和优势，在历史文化传承与保护、公共文化服务体系建设、文化惠民工程实施、文化和旅游融合发展中发挥作用。习近平总书记指出："文化是一个民族的魂魄，文化认同是民族团结的根脉。"在我国众多种类的大学中，民族高校在继承发扬各民族优秀传统文化、挖掘民族民间文化艺术传统方面具有独特优势。贯彻落实党的二十大关于"推进文化自信自强，铸就社会主义文化新辉煌"的重要部署，民族高校要坚持以社会主义先进文化为引领，以革命文化为底色，以中华优秀传统文化为纽带，以铸牢中华民族共同体意识为主线，以不断加强各民族交往交流交融为目标，在增强对中华文化认同的基础上，繁荣发展少数民族文化，积极推进文化艺术的创作、实践、展演、传播，为铸牢中华民族共同体意识夯实思想文化基础。

发挥科研优势，传承中华优秀传统文化

习近平总书记指出："中华优秀传统文化是中华民族的精神命脉，是涵养社会主义核心价值观的重要源泉，也是我们在世界文化激荡中站稳脚跟的坚实根基。"历史证明，无论哪一个国家、哪一个民族，如果不珍惜自己的思想文化，丢掉了思想文化这个灵魂，那么这个国家、这个民族是立不起来的。中华优秀传统文化源远流长、博大精深，是中华文明的智慧结晶。贯彻落实党的二十大关于"推进文化自信自强，铸就社会主义文化新辉煌"的重要部署，就要在社会主义文化强国建设中，结合新的时代条件传承和弘扬好中华优秀传统文化，积极推动中华优秀传统文化创造性转化、创新性发展。大学要立足自身实际，在汲取中华优秀传统文化丰厚滋养、加强中华优秀传统文化研究阐释上发挥科研优势，努力在传承和弘扬上加强创新、在转化和发展上加强创新。

结合新的时代条件传承和弘扬好中华优秀传统文化，大学要发挥好自身科研优势，系统梳理传统文化资源，取其精华、去其糟粕，提炼概括中华文明的精神标识和文化精髓，讲清楚中华优秀传统文化的历史渊源、发展脉络、基本走向，讲清楚其独特创造、价值理念、鲜明特色，用中华民族创造的宝贵精神财富来以文化人、以文育人，增强做中国人的骨气和底气。在深化研究中华优秀传统文化的同时，要推动中华优秀传统文化创造性转化、创新性发展，既要按照时代特点和要求，赋予至今仍有借鉴价值的中华优秀传统文化新的时代内涵和现代表达形式，激活其生命力，也要按照时代的新进步新进展，对中华优秀传统文化的内涵加以挖掘、拓展、完善，增强其影响力和感召

力，让得到创造性转化、创新性发展的中华优秀传统文化成为社会主义文化新辉煌的璀璨篇章。

发挥传播优势，不断提升中华文化影响力

习近平总书记在党的二十大报告中指出："加强国际传播能力建设，全面提升国际传播效能，形成同我国综合国力和国际地位相匹配的国际话语权。深化文明交流互鉴，推动中华文化更好走向世界。"我国是文明古国、文化大国，正在日益走近世界舞台中央，但我国的国际话语权同我国的综合国力和国际地位相比还不匹配。以文化人，更能融汇心灵；以艺通心，更易沟通世界。大学不仅具有人才培养、科学研究等功能，还具有推进国际传播、促进文明交流互鉴等功能。我们要深刻认识到，大学是传播中华文明的重要阵地，要为讲好中国故事、传播好中国声音、加快构建中国话语和叙事体系、不断提升中华文化影响力贡献力量。

新时代新征程，形成同我国综合国力和国际地位相匹配的国际话语权是铸就社会主义文化新辉煌的题中应有之义。大学要树立国际意识和世界眼光，以更加开放的心态、更加开阔的视野，积极推动中华文化面向未来、走向世界。我们要认识到，大学在讲好中国故事、传播好中国声音方面具有独特的传播优势和丰富的文化资源。一方面，可以通过助力共建"一带一路"、参与国际文化合作等途径向世界阐释、推介中国优秀文化，增进中外文明互鉴和民心相通。另一方面，可以发挥大学独特窗口作用，向世界展示中华文化的独特魅力、中国特色社会主义制度的优越性、中国改革开放特别是新时代以来取得的

巨大成就，增强对外话语的创造力、感召力、公信力，既让世界知道"学术中的中国""理论中的中国""哲学社会科学中的中国"，也让世界知道"发展中的中国""开放中的中国""为人类文明作贡献的中国"。

（作者为北京市习近平新时代中国特色社会主义思想研究中心特约研究员、中央民族大学校长）

（《人民日报》2023年01月19日第09版）

围绕党的中心任务更好发挥工会作用

中共中华全国总工会党组

习近平总书记在党的二十大报告中指出："从现在起，中国共产党的中心任务就是团结带领全国各族人民全面建成社会主义现代化强国、实现第二个百年奋斗目标，以中国式现代化全面推进中华民族伟大复兴。"以党的旗帜为旗帜、以党的意志为意志、以党的使命为使命，围绕中心、服务大局是工会组织的传统和优势。新征程上，工会组织要在党的领导下，立足自身定位、积极履行职责，在以中国式现代化全面推进中华民族伟大复兴的历史进程中充分彰显担当作为，切实把工人阶级团结奋斗的磅礴力量汇聚起来。

深刻领悟"两个确立"的决定性意义，始终保持工会工作正确政治方向

中国式现代化是中国共产党领导的社会主义现代化。坚持中国共产党领导，是中国式现代化的本质要求之一。坚持和加强党的全面领导，是中国式现代化必须牢牢把握的一项重大原则。从社会主义革命和建设时期提出实现"四个现代化"的奋斗目标，到改革开放和社

主义现代化建设新时期制定"三步走"发展战略，再到党的二十大对全面建成社会主义现代化强国两步走战略安排进行宏观展望，实践充分证明，没有党的领导，中国就不可能实现现代化。坚持和加强党的全面领导是以中国式现代化全面推进中华民族伟大复兴的根本保证。

工会是党联系职工群众的桥梁纽带。围绕全面建成社会主义现代化强国、以中国式现代化全面推进中华民族伟大复兴的中心任务更好发挥工会作用，必须坚持和加强党的全面领导。要充分认识到，坚持和加强党的全面领导，最根本的是深刻领悟"两个确立"的决定性意义，坚决做到"两个维护"。"两个确立"是推动党和国家事业取得历史性成就、发生历史性变革的决定性因素，是战胜一切艰难险阻、应对一切不确定性的最大确定性、最大底气、最大保证。要进一步增强"四个意识"、坚定"四个自信"、做到"两个维护"，始终在思想上政治上行动上同以习近平同志为核心的党中央保持高度一致；在坚持和加强党的全面领导这个根本问题上做到旗帜鲜明、立场坚定，把坚持和加强党的全面领导作为工会的政治立场和政治原则、工作准则和具体要求，切实体现到工会工作的全过程各方面。

坚持不懈用习近平新时代中国特色社会主义思想凝心铸魂，筑牢职工群众团结奋斗的共同思想基础

党的二十大报告就开辟马克思主义中国化时代化新境界进行集中阐述，提出坚持和发展马克思主义，"必须同中国具体实际相结合""必须同中华优秀传统文化相结合"。习近平新时代中国特色社会主义思想是当代中国马克思主义、二十一世纪马克思主义，党的

十九大、十九届六中全会提出的"十个明确""十四个坚持""十三个方面成就"概括了这一科学思想的主要内容，党的二十大提出的"六个坚持"深入诠释了贯穿其中的立场观点方法。这一科学思想体现了中国化时代化的马克思主义既一脉相承又与时俱进的理论品质，具有强大的真理力量。这一科学思想是从新时代中国特色社会主义伟大实践中产生的理论结晶，具有磅礴的实践伟力。中国共产党为什么能，中国特色社会主义为什么好，归根到底是马克思主义行，是中国化时代化的马克思主义行。前进道路上，习近平新时代中国特色社会主义思想必将指引我们谱写新时代中国特色社会主义更加绚丽的华章。

坚持用党的创新理论宣传群众、教育群众、引导群众，工会才能更好强信心、聚民心、暖人心，使广大职工在理想信念、价值理念、道德观念上紧紧团结在一起。围绕全面建成社会主义现代化强国、以中国式现代化全面推进中华民族伟大复兴的中心任务更好发挥工会作用，就要坚持不懈用习近平新时代中国特色社会主义思想凝心铸魂，把握好其世界观和方法论，坚持好、运用好贯穿其中的立场观点方法，深入学习贯彻习近平总书记关于工人阶级和工会工作的重要论述，以理论创新指引工会工作创新。要认真履行团结引导职工群众听党话、跟党走的政治责任，推动党的创新理论进企业、进车间、进班组、进头脑，不断巩固党长期执政的阶级基础和群众基础。

全面提升职工技术技能素质，发挥工人阶级主力军作用

党的二十大报告提出："高质量发展是全面建设社会主义现代化

国家的首要任务""没有坚实的物质技术基础，就不可能全面建成社会主义现代化强国"。实现高质量发展是中国式现代化的本质要求之一，全面建成社会主义现代化强国必须深入实施科教兴国战略、人才强国战略、创新驱动发展战略，强化现代化建设人才支撑。习近平总书记指出："我们的现代化既是最难的，也是最伟大的。从这个角度看，紧紧依靠工人阶级是必不可少的，工人阶级代表先进生产力。"我国工人阶级从来都有走在前列、勇挑重担的光荣传统，我国工人运动从来都同党的中心任务紧密联系在一起。实现高质量发展，必须充分发挥工人阶级主力军作用，建设一支宏大的知识型、技能型、创新型产业工人大军，为以中国式现代化全面推进中华民族伟大复兴提供有力人才支撑。

工会是党直接领导的职工群众自己的组织，承担着组织动员广大职工为完成党的中心任务而共同奋斗的重大责任。围绕全面建成社会主义现代化强国、以中国式现代化全面推进中华民族伟大复兴的中心任务更好发挥工会作用，要牢牢把握我国工人运动时代主题，深化产业工人队伍建设改革，广泛深入持久开展各种形式的劳动和技能竞赛，开展群众性创新活动，推动健全高技能人才培养体系，加快构建产业工人技能形成体系，大力弘扬劳模精神、劳动精神、工匠精神，培养更多大国工匠、高技能人才。要引导广大职工努力学习新知识、掌握新技能、增长新本领，为实现强国伟业贡献智慧和力量。

践行以人民为中心的发展思想，保障职工主人翁地位

党的二十大报告将"深入贯彻以人民为中心的发展思想，在幼有

所育、学有所教、劳有所得、病有所医、老有所养、住有所居、弱有所扶上持续用力，人民生活全方位改善"作为新时代十年党和国家事业取得历史性成就、发生历史性变革的一个重要方面；明确"必须坚持人民至上"是贯穿习近平新时代中国特色社会主义思想的立场观点方法之一；把"人的全面发展、全体人民共同富裕取得更为明显的实质性进展"作为到2035年我国发展总体目标的重要内容；明确"坚持以人民为中心的发展思想"是中国式现代化必须牢牢把握的一项重大原则；提出"全心全意依靠工人阶级""维护职工合法权益"，对"增进民生福祉，提高人民生活品质"作出战略部署。党的二十大报告通篇体现着我们党以人民为中心的发展思想，蕴含着人民至上的根本政治立场，让世界看到中国式现代化的价值取向。

作为党的群团组织，工会要保持和增强政治性、先进性、群众性。围绕全面建成社会主义现代化强国、以中国式现代化全面推进中华民族伟大复兴的中心任务更好发挥工会作用，就要坚持以职工为中心的工作导向，认真履行维护职工合法权益、竭诚服务职工群众的基本职责。践行全过程人民民主理念，保障职工民主权利，健全以职工代表大会为基本形式的企事业单位民主管理制度，依法落实职工知情权、参与权、表达权、监督权。提升职工生活品质，推动提高劳动报酬在初次分配中的比重，促进实现多劳者多得、技高者多得，完善劳动关系协商协调机制，完善劳动者权益保障制度，加强灵活就业和新就业形态劳动者权益保障，助力实现全体人民共同富裕。丰富职工精神文化生活，打造健康文明、昂扬向上的职工文化，不断满足广大职工群众精神文化需求，促进职工精神文化生活与物质生活水平同步提高。

深化工会改革和建设，有效发挥桥梁纽带作用

党的二十大报告从全面建设社会主义现代化国家、全面推进中华民族伟大复兴的战略全局出发，把守正创新作为大会主题的重要内容，作为贯穿习近平新时代中国特色社会主义思想的立场观点方法之一。我们要全面把握中国式现代化的中国特色、本质要求和必须牢牢把握的重大原则，既保持战略定力，坚持走自己的路，凸显中国式现代化的社会主义性质；又紧跟时代步伐，坚持创新在现代化建设全局中的核心地位，解放思想、与时俱进，坚定不移全面深化改革开放，用新的伟大奋斗创造新的伟业。

党的二十大报告提出："深化工会、共青团、妇联等群团组织改革和建设，有效发挥桥梁纽带作用。"围绕全面建成社会主义现代化强国、以中国式现代化全面推进中华民族伟大复兴的中心任务更好发挥工会作用，就要在坚守工会基本职责的基础上，把保持和增强政治性先进性群众性作为根本标尺深化工会改革和建设。坚持把目标导向、问题导向、效果导向贯通起来，围绕有效发挥桥梁纽带作用，夯实基层基础，切实把工会组织建设得更加充满活力、更加坚强有力；围绕发扬斗争精神、增强斗争本领，推动建设一支高素质专业化的工会干部队伍；以补齐网上工会建设短板为突破改进工会工作方式方法，以构建联系广泛、服务职工的工会工作体系为目标提升工会工作质效，以高质量党建为保障引领工会工作创新发展，切实把工人阶级的智慧和力量凝聚到新时代新征程党的中心任务上来。

（《人民日报》2023年01月30日第09版）

解码新征程

敢于斗争 善于斗争

广东省习近平新时代中国特色社会主义思想研究中心

习近平总书记在党的二十大报告中强调："全党同志务必不忘初心、牢记使命，务必谦虚谨慎、艰苦奋斗，务必敢于斗争、善于斗争，坚定历史自信，增强历史主动，谱写新时代中国特色社会主义更加绚丽的华章。"我们党在内忧外患中诞生、在历经磨难中成长、在攻坚克难中壮大，斗争精神贯穿于各个历史时期和全部奋斗实践。新时代新征程，我们必须把握伟大斗争新的历史特点，发扬斗争精神，坚定斗争意志，掌握斗争规律，增强斗争本领，不断夺取新时代伟大斗争的新胜利。

充分认识伟大斗争的长期性复杂性艰巨性

习近平总书记指出："必须勇于进行具有许多新的历史特点的伟大斗争"。"'新的历史特点'这个概念，含义是很深刻的，是全面审视和判断国内国际两个大局发展大势得出的重要判断。"我们要从国内国际两个大局发展大势出发，深刻把握伟大斗争新的历史特点，充分认识伟大斗争的长期性、复杂性、艰巨性。

充分认识长期性。从世情来看，世界百年未有之大变局加速演进，世界之变、时代之变、历史之变正以前所未有的方式展开。从国情来看，我国社会主要矛盾已经转化为人民日益增长的美好生活需要和不平衡不充分的发展之间的矛盾，但我国仍处于并将长期处于社会主义初级阶段的基本国情没有变，我国是世界最大发展中国家的国际地位没有变。解决发展不平衡不充分的问题，不断缩小同世界先进水平的差距，必须进行长期不懈的努力。从党情来看，党面临的执政考验、改革开放考验、市场经济考验、外部环境考验将长期存在，精神懈怠危险、能力不足危险、脱离群众危险、消极腐败危险将长期存在，全面从严治党永远在路上，党的自我革命永远在路上。可见，我们面临的各种斗争不是短期的而是长期的，至少要伴随我们实现第二个百年奋斗目标全过程。

充分认识复杂性。新征程上，我国发展面临新的战略机遇、新的战略任务、新的战略阶段、新的战略要求、新的战略环境，需要应对的风险和挑战、需要解决的矛盾和问题比以往更加错综复杂。党的二十大报告提出："我国改革发展稳定面临不少深层次矛盾躲不开、绕不过，党的建设特别是党风廉政建设和反腐败斗争面临不少顽固性、多发性问题，来自外部的打压遏制随时可能升级。我国发展进入战略机遇和风险挑战并存、不确定难预料因素增多的时期，各种'黑天鹅'、'灰犀牛'事件随时可能发生。"错综复杂的风险和挑战、矛盾和问题对进行伟大斗争提出了更高要求。

充分认识艰巨性。我们比以往任何时候都更接近实现中华民族伟大复兴的目标。但也要认识到，越接近民族复兴越不会一帆风顺，越会充满风险挑战，甚至会遇到难以想象的惊涛骇浪。可以说，我们现在所处的，是一个船到中流浪更急、人到半山路更陡的时候，是一个愈进愈难、愈进愈险而又不进则退、非进不可的时候。我们务必敢于斗争、善于斗争，有效应对重大挑战、抵御重大风险、克服重大阻力、化解重大矛盾、解决重大问题。当危害中国共产党领导和我国社会主义制度，危害我国主权、安全、发展利益，危害我国核心利益和重大原则，危害我国人民根本利益，危害我国实现第二个百年奋斗目标、实现中华民族伟大复兴的各种风险挑战来临时，我们必须敢于出击，敢于碰硬，敢战能胜。

增强进行伟大斗争的信心和底气

"夫战，勇气也。"信心就是勇气，有信心才会有力量。党的二十大报告提出："坚持发扬斗争精神。增强全党全国各族人民的志气、骨气、底气，不信邪、不怕鬼、不怕压，知难而进、迎难而上，统筹发展和安全，全力战胜前进道路上各种困难和挑战，依靠顽强斗争打开事业发展新天地。"今天，面对具有许多新的历史特点的伟大斗争，我们有信心、有底气、有把握赢得伟大斗争新胜利。

信心来自中国共产党的坚强领导。习近平总书记指出："风雨袭来时，党的坚强领导、党中央的权威是最坚实的靠山"。中国共产党是敢于斗争、善于斗争并在斗争中锻炼成长起来的政党。中国共产党的坚强领导是我们战胜一切困难和风险的根本保证。党的百年奋斗史表明，在党的坚强领导下，我们能够克服一切艰难险阻、战胜一切强大敌人。新征程上，我们要深刻领悟"两个确立"的决定性意义，增强"四个意识"、坚定"四个自信"、做到"两个维护"，毫不动摇维护党中央权威和集中统一领导，不断增强党的政治领导力、思想引领力、群众组织力、社会号召力，从容应对各种复杂局面和风险挑战，不断赢得伟大斗争新胜利。

信心来自习近平新时代中国特色社会主义思想的科学指引。理论是行动的先导。理论上清醒，政治上才能坚定，斗争才有底气、有力量。习近平总书记在党的二十大报告中强调："拥有马克思主义科学理论指导是我们党坚定信仰信念、把握历史主动的根本所在。"实践告诉我们，中国共产党为什么能，中国特色社会主义为什么好，归根到底是马克思主义行，是中国化时代化的马克思主义行。新征程上，我们要坚持用习近平新时代中国特色社会主义思想武装头脑、指导实践、推动工作，战胜前进道路上各种风险挑战。

信心来自中国特色社会主义制度的显著优势。制度优势是一个国家的最大优势，制度竞争是国家间最根本的竞争。中国特色社会主义制度是当代中国发展进步的根本制度保障，是具有鲜明中国特色、明显制度优势、强大自我完善能力的先进制度。正是依靠中国特色社会主义制度的显著优势，我们党领导人民创造了经济快速发展和社会长期稳定两大奇迹。新征程上，要坚持发挥中国特色社会主义制度的显著优势，善于运用制度力量应对风险挑战冲击，确保在世界百年未有之大变局中始终立于不败之地，不断从胜利走向胜利。

信心来自全国人民团结奋斗的磅礴伟力。团结奋斗是中国人民创造历史伟业的必由之路。党和人民取得的一切成就都是团结奋斗的结果，团结奋斗是中国共产党和中国人民最显著的精神标识。党的十八大以来，以习近平同志为核心的党中央坚持大团结大联合，团结一切可以团结的力量，调动一切可以调动的积极因素，攻克了许多长期没有解决的难题，办成了许多事关长远的大事要事，党和国家事业取得历史性成就、发生历史性变革。新征程上，只要在党的领导下全国各族人民团结一心、众志成城，敢于斗争、善于斗争，我们就一定能够战胜前进道路上的一切风险挑战，继续创造令人刮目相看的新的奇迹。

不断夺取新时代伟大斗争的新胜利

党的二十大报告提出："注重在重大斗争中磨砺干部，增强干部推动高质量发展本领、服务群众本领、防范化解风险本领"。我们党依靠斗争走到今天，也必然要依靠斗争赢得未来。在全面建设社会主义现代化国家、向第二个百年奋斗目标进军的新征程上，我们必须增强忧患意识，坚持底线思维，坚定斗争意志，增强斗争本领，以正确的战略策略应变局、育新机、开新局，依靠顽强斗争打开事业发展新天地，不断夺取新时代伟大斗争的新胜利。

增强忧患意识，坚持底线思维。这是我们党战胜风险挑战、不断从胜利走向胜利的重要思想方法、工作方法。党的二十大报告提出："我们必须增强忧患意识，坚持底线思维，做到居安思危、未雨绸缪，准备经受风高浪急甚至惊涛骇浪的重大考验。"面对波谲云诡的国际形势、复杂敏感的周边环境、艰巨繁重的改革发展稳定任务，要防患未然，未雨绸缪，宁可把形势想得更复杂一点，把挑战看得更严峻一些，把困难估计得更充分一些，做好应对复杂局面的准备。时刻保持高度警惕，既要高度警惕"黑天鹅"事件，也要防范"灰犀牛"事件；既要有防范风险的先手，也要有应对和化解风险挑战的高招；既要打好防范和抵御风险的有准备之战，也要打好化险为夷、转危为机的战略主动战。

坚定斗争意志，增强斗争本领。习近平总书记指出："在重大风险、强大对手面前，总想过太平日子、不想斗争是不切实际的，得'软骨病'、患'恐惧症'是无济于事的。"党的二十大报告提出："加强干部斗争精神和斗争本领养成，着力增强防风险、迎挑战、抗打压能力，带头担当作为，做到平常时候看得出来、关键时刻站得出来、危难关头豁得出来。"前进道路上，广大党员干部要坚定斗争意志，敢于直面风险挑战，以坚韧不拔的意志和无私无畏的勇气战胜前进道路上的一切艰难险阻。努力克服能力不足、本领恐慌，积极投身斗争一线，善于在斗争中学会斗争，牢牢掌握斗争主动权，以顽强斗争精神、高超斗争本领，奋力在新的赶考之路上交出优异答卷。

坚定战略自信，保持战略定力。战略问题是一个政党、一个国家的根本性问题。党和人民的事业之所以始终立于不败之地，一个重要原因就在于我们党战略上判断得准确，战略上谋划得科学，战略上赢得主动。前进道路上，我们既要有任凭风浪起、稳坐钓鱼船的战略自信，又要有千磨万击还坚劲、任尔东西南北风的战略定力，做到在各种重大斗争考验面前不畏浮云遮望眼、乱云飞渡仍从容。把战略的坚定性和策略的灵活性结合起来，既善于从战略高度和全局维度思考处理问题，又善于从策略上解难题，灵活调整斗争策略，努力追求斗争实效，不断夺取新时代伟大斗争的新胜利。

（执笔：张　浩）

（《人民日报》2023 年 02 月 01 日第 09 版）

为社会主义现代化强国建设贡献退役军人工作力量

裴金佳

习近平总书记在党的二十大报告中指出："从现在起，中国共产党的中心任务就是团结带领全国各族人民全面建成社会主义现代化强国、实现第二个百年奋斗目标，以中国式现代化全面推进中华民族伟大复兴。"强调"加强军人军属荣誉激励和权益保障，做好退役军人服务保障工作。巩固发展军政军民团结"。这为做好新时代退役军人工作指明了前进方向、提供了根本遵循。退役军人事务系统要把学习宣传贯彻党的二十大精神作为首要政治任务，坚持全面学习、全面把握、全面落实党的二十大精神，深刻领悟"两个确立"的决定性意义，深入学习贯彻习近平总书记关于退役军人工作重要论述，努力在全面建成社会主义现代化强国中贡献更多退役军人工作力量。

着力推进退役军人事务治理体系和治理能力现代化

党的二十大报告将基本实现国家治理体系和治理能力现代化作为到2035年我国发展的总体目标之一，提出全面推进国家各方面工作法治化。退役军人工作是党和国家工作的重要组成部分，必须适应国家发展步伐和我国社会主义现代化建设要求，着力建立健全组织管理体系、工作运行体系、政策制度体系，持续推进治理体系和治理能力现代化，更好服务社会主义现代化建设。

推动组织管理体系更加坚强有力。深入学习贯彻习近平新时代中国特色社会主义思想，认真学习宣传贯彻党的二十大精神，始终把坚持和加强党的领导贯穿退役军人工作全过程各方面，不断提高政治判断力、政治领悟力、政治执行力，持续加强政治机关建设，坚决贯彻落实党中央决策部署。深入落实"五有""全覆盖"要求，着力建强服务保障体系，持续推进服务中心（站）标准化规范化建设，不断拓展服务范围、完善服务流程、提升服务效能。进一步强化干部队伍建设，加强教育培训、实践锻炼、关心爱护，激励广大干部担当作为、拼搏奋斗。

推动工作运行体系更加顺畅有序。始终把机制建设摆在突出位置，着力完善系统、部门、军地合力协作机制，健全移交安置、就业创业、双拥共建、英烈保护、矛盾化解等重点工作机制，推动工作运行更加规范有序、顺畅高效。着力完善责任逐级压实、压力层层传导的工作落实机制，将退役军人工作纳入地方党政班子和领导干部考核，充分发挥督查推动工作落实的重要作用。建好用好信息化工作平台，借助信息技术和大数据提供便捷、精准的服务，以信息化建设推动退役军人工作提质增效。

推动政策制度体系更加健全有效。始终把依法行政作为推动工作的基本准则，切实提高退役军人工作法治化水平。坚决贯彻落实关于加强新时代退役军人工作的意见、退役军人工作政策制度改革方案，深入贯彻《中华人民共和国退役军人保障法》，细化实施《"十四五"

退役军人服务和保障规划》，加快制订修订《退役军人安置条例》《军人抚恤优待条例》《烈士褒扬条例》等，不断健全完善退役军人工作政策制度体系。对政策落实情况进行大盘点，贯通政策制定"最先一公里"和政策执行"最后一公里"，推动退役军人工作持续改进提高。

努力为经济社会发展贡献力量

习近平总书记在党的二十大报告中强调："加快构建新发展格局，着力推动高质量发展"。做好退役军人工作，必须始终围绕党和国家中心工作，更好助力经济社会发展。退役军人事务系统要坚持完整、准确、全面贯彻新发展理念，在努力推动自身工作高质量发展的同时，着力服务经济社会发展。

提供有力人才支撑。全面建设社会主义现代化国家，迫切需要大批高素质人才。退役军人是党和国家的宝贵财富，是经济社会建设的生力军。要坚持把推动退役军人更好安置就业作为工作的着力点，着力提升职业技能、拓宽就业渠道，构建适应性培训、职业技能培训、学历教育、终身职业教育有机统一的教育培训体系，举办系列招聘活动和创业创新大赛，建立就业服务信息平台，帮助广大退役军人充分就业、稳定就业、体面就业、高质量就业，让他们在社会主义现代化建设中贡献聪明才智、实现人生价值。

积极助力基层治理。退役军人普遍政治坚定、视野开阔、敢于担当，许多同志在基层治理、乡村振兴等重要领域发挥着突出作用。在实践中，要大力推广贵州安顺发展"兵支书"做法，推动优秀退役军人依法依规进入基层"两委"，鼓励支持退役军人到革命老区、民族地区、边疆地区基层一线工作，积极投身经济发展、民族团结、稳边固疆事业。

推进精细化服务保障。习近平总书记指出："各级党委和政府要高度重视，切实把广大退役军人合法权益维护好，把他们的工作和生活保障好。"必须牢记习近平总书记的殷切嘱托，着力为广大退役军人和其他优抚对象提供更加优质精准的服务，切实让他们共享改革发展成果。努力提升服务保障质量，提高部分服务对象抚恤补助标准，为部分退役军人办理养老保险集中补缴，全面制发优待证。努力推动服务更加精准，为服务对象建档立卡，准确掌握各类服务对象需求，提供个性化服务保障。

积极服务国防和军队现代化建设

习近平总书记在党的二十大报告中强调："实现建军一百年奋斗目标，开创国防和军队现代化新局面""巩固提高一体化国家战略体系和能力。加强军地战略规划统筹、政策制度衔接、资源要素共享"。退役军人工作是国防和军队现代化建设的延伸和重要支撑，必须放在强军事业中来思考和推动。退役军人事务系统要深入学习贯彻习近平强军思想和习近平总书记关于退役军人工作重要论述，始终胸怀"国之大者"，聚焦建军一百年奋斗目标，全面对接国防和军队改革，积极服务部队练兵备战，为国防和军队现代化建设贡献力量。

对接国防和军队改革。服务改革强军是退役军人事务系统责无旁贷的政治责任，必须始终紧跟国防和军队现代化步伐，对标国防和军队现代化目标，主动适应军队作战指挥、力量体系、政策制度等方面深刻变革，对退役军人工作各环节进行体系化设计，切实担起服务国防和军队现代化的使命。围绕军事政策制度改革要求，制定相应改革方案，确保政策制度有效衔接。围绕军事人员现代化要求，高质量完成退役安置任务。

配合军队练兵备战。落实关于加强新时代拥军支前工作意见，建立全国双拥系统应急应战快速响应机制，适时开展演习演练，确保遇事随时能够拉得出、上得去、保得好。紧贴部队练兵备战需要，坚持平战结合、平战一体，精准掌握退役军人服役时的专业方向、退役后的工作去向，着力将光荣院、优抚医院、军供站等打造成服务保障的重要阵地，充分发挥退役军人事务系统资源军事效能。强力推进师级及以下离退休军人和伤病残士兵移交工作，帮助部队轻装上阵、专谋打赢。

鼓舞昂扬军心士气。聚焦广大官兵急难愁盼问题，积极助力随军家属就业，推进军人子女教育优待，切实推动解决军人后顾之忧，提升广大官兵的荣誉感、获得感、自豪感。着力加强荣誉激励，广泛宣传军人敢于牺牲、无私奉献的精神风貌，让军人成为全社会尊崇的职业，激励有志青年从军报国、献身国防，促进广大官兵建功军营、忠诚报国。

助力国家安全体系和能力现代化建设

习近平总书记在党的二十大报告中指出："推进国家安全体系和能力现代化，坚决维护国家安全和社会稳定。"退役军人工作政治性强、涉及面广，与国家安全工作密切相关，在维护国家安全中承担着重要责任。退役军人事务系统必须坚定不移贯彻总体国家安全观，按照国家安全体系和能力现代化建设要求，全力抓好各项安全稳定工作。

有力促进社会和谐稳定。始终把维护退役军人合法权益放在第一位，坚持把退役军人当家人、把退役军人来信当家书、把退役军人的事当家事，带着爱心、耐心、细心解决问题，做到诉求合理的及时解决到位、一时难以解决的思想引导到位、生活困难的帮扶救助到位。进一步畅通信、访、网、电等各种诉求反映渠道，持续开展矛盾问题攻坚化解，努力做到接信即办、接电即复、案结事了。大力推广新时代"枫桥经验"，充分发挥退役军人服务中心（站）作用，引导广大退役军人积极参与政策宣介、老兵调解、法律援助等工作，切实化解矛盾、疏导情绪、团结同志。

广泛参与应急处突抢险。退役军人大多具有专业特长、组织纪律性强，危急时刻豁得出、关键时刻冲得上。许多同志在现役时曾遂行多种应急处突任务，不少同志退役后仍坚守在公安、应急、消防、边防等岗位，还有大批退役军人积极参与抢险救援、疫情防控等志愿服务，始终站在维护国家安全和社会稳定的第一线。要着眼国家安全应急体系建设，组织培养退役军人应急力量，引导退役军人投身抢险救灾、应急处突、医疗救援等，努力为党和国家事业发展、人民幸福安康、社会和谐稳定、国家长治久安贡献力量。

为全面建成社会主义现代化强国凝聚奋进力量

习近平总书记在党的二十大报告中强调："团结就是力量，团结才能胜利""团结奋斗是中国人民创造历史伟业的必由之路"。退役军人事务系统要牢记职责使命，坚持把广大退役军人紧密团结在党的周围，不断巩固和推进军政军民团结，弘扬伟大民族精神，为全面建成社会主义现代化强国凝聚奋进力量。

引领汇聚奋进力量。持续深化"老兵永远跟党走""最美退役军人"等学习宣传活动，引导广大退役军人保持革命军人本色，始终在思想上政治上行动上同以习近平同志为核心的党中央保持高度一致。充分发挥退役军人典型示范、引导带动作用，形成携手并肩、团结一心全面建设社会主义现代化国家的生动局面。

巩固军政军民团结。习近平总书记强调："拥军优属、拥政爱民是我党我军特有的政治优势，坚如磐石的军政军民关系是我们战胜一切艰难险阻、不断从胜利走向胜利的重要法宝。"退役军人工作连接军地，承担着推动军政军民关系更加团结的重要使命。要深入开展双拥模范城（县）命名表彰，推动双拥工作不断走深走实。广泛开展"情系边海防官兵""关爱功臣""最美军嫂"等活动，扎实做好拥军优属工作，健全完善军地互办实事"双清单"机制，不断深化军爱民、民拥军的深厚鱼水情谊。

大力弘扬民族精神。要坚持建好用好红色资源，开展县以下烈士纪念设施提质改造，充分利用红色资源开展宣传教育，推动红色基因融入血液和灵魂。大力弘扬英烈精神，在烈士纪念日组织开展烈士公祭，推动施行英雄烈士保护法，组织"为烈士寻亲""百年英烈"等系列活动，为实现第二个百年奋斗目标、实现中华民族伟大复兴提供强大的价值引领力、文化凝聚力和精神推动力。

（作者为退役军人事务部党组书记、部长）

（《人民日报》2023 年 02 月 02 日第 09 版）

深刻领悟"两个确立"的决定性意义

李君如

党确立习近平同志党中央的核心、全党的核心地位,确立习近平新时代中国特色社会主义思想的指导地位,反映了全党全军全国各族人民共同心愿,对新时代党和国家事业发展、对推进中华民族伟大复兴历史进程具有决定性意义。当前,全面学习、全面把握、全面落实党的二十大精神,一步一个脚印把党的二十大作出的重大决策部署付诸行动、见之于成效,必须深刻领悟"两个确立"的决定性意义。

新时代十年伟大变革的决定性因素

党的十八大以来,以习近平同志为核心的党中央团结带领全党全国各族人民攻克了许多长期没有解决的难题,办成了许多事关长远的大事要事,推动党和国家事业取得历史性成就、发生历史性变革。新时代十年的伟大变革,在党史、新中国史、改革开放史、社会主义发展史、中华民族发展史上具有里程碑意义。党的二十大通过的《中国共产党第二十次全国代表大会关于十九届中央委员会报告的决议》(以下简称《决议》)提出:"新时代十年的伟大变革,是在以习近平同志为核心的党中央坚强领导下、在习近平新时代中国特色社会主义思想指引下全党全国各族人民团结奋斗取得的。""两个确立"是党在新时代取得的重大政治成果,是推动党和国家事业取得历史性成就、发生历史性变革的决定性因素。

新时代十年是创造一个又一个人间奇迹的十年。经济实力实现历史性跃升,经济总量稳居世界第二位,制造业规模、外汇储备稳居世界第一,一些关键核心技术实现突破,战略性新兴产业发展壮大……细数这十年,我们党紧紧依靠人民,稳经济、促发展、战贫困、建小康,控疫情、抗大灾,应变局、化危机,攻克了一个个看似不可攻克的难关险阻,创造了一个个令人刮目相看的人间奇迹,党和国家事业取得历史性成就、发生历史性变革,推动我国迈上全面建设社会主义现代化国家新征程。一个又一个人间奇迹的创造,根本在于有习近平总书记作为党中央的核心、全党的核心掌舵领航,在于有习近平新时代中国特色社会主义思想科学指引。

新时代十年是经受住一个又一个严峻挑战的十年。习近平总书记指出:"10年来,我们遭遇的风险挑战风高浪急,有时甚至是惊涛骇浪,各种风险挑战接踵而至,其复杂性严峻性前所未有。我们坚定信心、迎难而上,一仗接着一仗打。"党的十八大以来,在以习近平同志为核心的党中央坚强领导下、在习近平新时代中国特色社会主义思想科学指引下,我们经受住了来自政治、经济、意识形态、自然界等方面的风险挑战考验。比如,经过坚决斗争,管党治党宽松软状况得到根本扭转,反腐败斗争取得压倒性胜利并全面巩固,消除了党、国家、军队内部存在的严重隐患;面对风高浪急的国际环境和艰巨繁重的国内改革发展稳定任务,我国经济发展平衡性、协调性、可持续性明显增强，我国经济迈上更高质量、更有效率、更加公平、更可持续、更为安全的发展之路；着力解决意识形态领域党的领导弱化问题，意识形态领域形势发生全局性、根本性转变；有力应对地震、洪水、干旱、山火等一系列重大自然灾害；开展抗击疫情人民战争、总体战、阻击战，统筹疫情防控和经济社会发展取得重大积极成果；等等。这一仗接一仗的胜利，无一不是在习近平总书记亲自领导、亲自部署、亲自指挥下取得的，无一不是在习近平新时代中国特色社会主义思想指引下统一思想、凝聚力量取得的。

全党全军全国各族人民的共同心愿

历史告诉我们，民心是最大的政治，决定事业兴衰成败。之所以说"两个确立"是新时代十年伟大变革的决定性因素，归根到底是因为"两个确立"反映了全党全军全国各族人民共同心愿，由此汇聚起推动新时代党和国家事业发展、推进中华民族伟大复兴历史进程的磅礴力量。

一个国家、一个政党，领导核心至关重要。在革命早期，党的事业屡遭挫折甚至面临失败危险，重要原因就在于没有形成一个成熟的党中央。遵义会议事实上确立了毛泽东同志在党中央和红军的领导地位，开始确立以毛泽东同志为主要代表的马克思主义正确路线在党中央的领导地位，开始形成以毛泽东同志为核心的党的第一代中央领导集体。从此，中国革命事业转危为安，不断从胜利走向胜利。邓小平同志指出："任何一个领导集体都要有一个核心，没有核心的领导是靠不住的。"改革开放以来的实践告诉我们，坚持党中央集中统一领导，坚持党的民主集中制，必须要有党中央的核心、全党的核心，否则就会出现党的领导弱化、虚化、淡化、边缘化等问题。党的十八大以来，中国特色社会主义进入新时代。习近平总书记以马克思主义政治家、思想家、战略家的非凡理论勇气、卓越政治智慧、强烈使命担当，应时代之变迁、立时代之潮流、发时代之先声，作出一系列重大科学判断，成为指引全党全国各族人民前进方向的领路人。在党的十八届六中全会文件征求意见过程中，地方和部门以及军队都希望这次全会明确习近平总书记为党中央的核心、全党的核心。在党的十八届六中全会上，中央委员会同志一致赞成正式提出"以习近平同志为核心的党中央"，一致认为党的十八大以来的实践充分证明，习近平总书记作为党中央的核心、全党的核心是众望所归，当之无愧、名副其实；一致表示明确习近平总书记的核心地位，反映了全党的共同意志，反映了全党全军全国各族人民的共同心愿。党的十九大把习近平总书记党中央的核心、全党的核心地位写入党章。确立习近平总书记党中央的核心、全党的核心地位，是历史和人民的共同选择、郑重选择、必然选择，是党和国家之幸、人民之幸、中华民族之幸。

人民群众的实践是改造世界的根本力量，但如果没有正确的指导思想，实践活动就可能迷失方向。当今世界正经历百年未有之大变局，我国正处于实现中华民族伟大复兴的关键时期，坚持和发展中国特色社会主义理论和实践提出了大量亟待解决的新问题。以习近平同志为主要代表的中国共产党人，坚持把马克思主义基本原理同中国具体实际相结合、同中华优秀传统文化相结合，紧密结合新的时代条件和实践要求，科学回答新时代坚持和发展什么样的中国特色社会主义、怎样坚持和发展中国特色社会主义，建设什么样的社会主义现代化强国、怎样建设社会主义现代化强国，建设什么样的长期执政的马克思主义政党、怎样建设长期执政的马克思主义政党等重大时代课题，创立了习近平新时代中国特色社会主义思想。党的十八大以来的实践证明，习近平新时代中国特色社会主义思想是当代中国马克思主义、二十一世纪马克思主义，是中华文化和中国精神的时代精华，是党和人民实践经验和集体智慧的结晶，是全党全国人民为实现中华民族伟大复兴而奋斗的行动指南，必须长期坚持并不断发展。因此，党的十九大把习近平新时代中国特色社会主义思想写入党章并确立为党的行动指南。实践已经证明并将继续证明，有习近平新时代中国特色社会主义思想的科学指引，新时代党和国家事业就能不断发展，中华民族伟大复兴历史进程就能全面推进。

新时代新征程最紧要的任务

党的二十大是在全党全国各族人民迈上全面建设社会主义现代化国家新征程、向第二个百年奋斗目标进军的关键时刻召开的一次十分重要的大会。《决议》指出："新时代新征程上把中国特色社会主义事业推向前进，最紧要的是深刻领悟'两个确立'的决定性意义，增强'四个意识'、坚定'四个自信'、做到'两个维护'，自觉在思想上政治上行动上同以习近平同志为核心的党中央保持高度一致。"新时代新征程，坚持和发展中国特色社会主义，全面建设社会主义现代化国家，必须更加自觉地抓好这一最紧要的任务。

全面建设社会主义现代化国家，是一项伟大而艰巨的事业，前途光明，任重道远。当前，世界百年未有之大变局加速演进，世纪疫情影响深远，世界进入新的动荡变革期。我国发展进入战略机遇和风险挑战并存、不确定难预料因素增多的时期，各种"黑天鹅""灰犀牛"事件随时可能发生。如同大海航行要有敢于和善于迎风破浪前进的舵手，要有全天候的罗盘指南一样，面对新征程上难以避免的风高浪急甚至惊涛骇浪，我们更要深刻领悟"两个确立"的决定性意义，坚决做到"两个维护"。

新时代新征程要坚决维护习近平总书记党中央的核心、全党的核心地位。广大党员干部要不断增强维护习近平总书记党中央的核心、全党的核心地位的思想自觉、政治自觉、行动自觉，真正做到情感上衷心爱戴核心、思想上高度认同核心、政治上坚决维护核心、组织上自觉服从核心、行动上紧紧跟随核心。要坚持和加强党中央集中统一领导，完善党中央重大决策部署落实机制，确保全党在政治立场、政治方向、政治原则、政治道路上同以习近平同志为核心的党中央保持高度一致，在党的旗帜下团结成"一块坚硬的钢铁"，步调一致向前进。

新时代新征程要全面贯彻习近平新时代中国特色社会主义思想。要坚持以习近平新时代中国特色社会主义思想指导我国社会主义现代化建设和党的建设新的伟大工程。要坚持不懈用习近平新时代中国特色社会主义思想凝心铸魂，坚持学思用贯通、知信行统一，把握好习近平新时代中国特色社会主义思想的世界观和方法论，坚持好、运用好贯穿其中的立场观点方法，切实将其转化为坚定理想、锤炼党性和指导实践、推动工作的强大力量。

（作者为中央党校（国家行政学院）习近平新时代中国特色社会主义思想研究中心研究员）

（《人民日报》2023 年 02 月 07 日第 09 版）

广泛汇聚团结奋斗的正能量

王晓东

习近平总书记在党的二十大报告中指出:"团结奋斗是中国人民创造历史伟业的必由之路";在中央政协工作会议暨庆祝中国人民政治协商会议成立70周年大会上的重要讲话中强调:"实现中华民族伟大复兴的中国梦,需要广泛汇聚团结奋斗的正能量。"全面建设社会主义现代化国家、全面推进中华民族伟大复兴,是一项伟大而艰巨的事业,前途光明,任重道远,必须充分发挥亿万人民的创造伟力。新时代新征程,坚持团结奋斗,广泛汇聚团结奋斗的正能量,具有十分重要的意义。

全面推进中华民族伟大复兴必须坚持团结奋斗

中国共产党继承和发扬中华民族团结奋斗的优良传统,不断结合形势任务发展变化提出团结奋斗的新要求、开创团结奋斗的新局面,始终以团结奋斗书写实现民族复兴的历史答卷。在党的二十大上,习近平总书记作了题为《高举中国特色社会主义伟大旗帜为全面建设社会主义现代化国家而团结奋斗》的报告;大会主题强调,为全面建设社会主义现代化国家、全面推进中华民族伟大复兴而团结奋斗；报告最后以"团结奋斗"四字铿锵结语；报告正文6次提到"团结奋斗"。"团结奋斗"是一个十分重要的关键词。

团结就是力量，奋斗开创未来。习近平总书记指出："一百年来，党和人民取得的一切成就都是团结奋斗的结果，团结奋斗是中国共产党和中国人民最显著的精神标识。"团结奋斗，是中国共产党人、中国人民、中华民族锤炼铸就的宝贵精神品质。党的二十大报告在总结新时代十年对党和人民事业具有重大现实意义和深远历史意义的三件大事时强调："这是中国共产党和中国人民团结奋斗赢得的历史性胜利"。党的百年奋斗历程告诉我们，能团结奋斗的民族才有前途，能团结奋斗的政党才能立于不败之地。

新时代新征程，坚持团结奋斗意义尤为重大。党的二十大报告指出："从现在起，中国共产党的中心任务就是团结带领全国各族人民全面建成社会主义现代化强国、实现第二个百年奋斗目标，以中国式现代化全面推进中华民族伟大复兴。"习近平总书记在参加党的二十大广西代表团讨论时，以"钢铁"为喻，号召"全党全国各族人民要在党的旗帜下团结成'一块坚硬的钢铁'，心往一处想、劲往一处使，推动中华民族伟大复兴号巨轮乘风破浪、扬帆远航"。我们要深刻认识力量源于团结、事业成于奋斗，以更加紧密的团结、更加顽强的奋斗，把民族复兴的历史伟业不断推向前进。

牢牢把握团结奋斗的时代要求

对于学习贯彻党的二十大精神，习近平总书记提出了"五个牢牢把握"的重要要求。其中，"牢牢把握团结奋斗的时代要求"，是全面准确学习领会党的二十大精神的重要抓手，也是贯彻落实党的二十大精神的必然要求。我们要牢牢把握团结奋斗的时代要求，围绕明确奋斗目标加强团结，依靠紧密团结进行奋斗，形成同心共圆中国梦的强大合力。

党的十八大以来，以习近平同志为核心的党中央坚持大团结大联合，团结一切可以团结的力量，调动一切可以调动的积极因素，最大限度凝聚起共同奋斗的力量。新时代十年，在以习近平同志为核心的党中央坚强领导下，我们党紧紧依靠人民，稳经济、促发展，战贫困、建小康，控疫情、抗大灾，应变局、化危机，攻克了一个个看似不可攻克的难关险阻，创造了一个个令人刮目相看的人间奇迹。我们之所以能够创造新时代中国特色社会主义的伟大成就，一个重要原因就在于凝聚起了亿万人民一往无前之勇、应变求变之智、攻坚克难之力。正是依靠"比铁还硬，比钢还强"的团结之力和"风雨无阻向前进"的不懈奋斗，党和国家事业取得历史性成就、发生历史性变革。

我们靠团结奋斗创造了辉煌历史，还要靠团结奋斗开辟美好未来。当前，我国发展进入战略机遇和风险挑战并存、不确定难预料因素增多的时期。踏上新征程，在复杂严峻的国内外发展环境下，面对风高浪急甚至惊涛骇浪的重大考验，更加需要全党全军全国各族人民团结一致、不懈奋斗。当代中国正在经历人类历史上最为宏大而独特的实践创新，改革发展稳定任务之重、矛盾风险挑战之多、治国理政考验之大都前所未有，世界百年未有之大变局深刻变化前所未有，提出了大量亟待回答的理论和实践课题。只有牢牢把握团结奋斗的时代要求，才能以自信自强、守正创新，踔厉奋发、勇毅前行的精神状态,不断回答中国之问、世界之问、人民之问、时代之问,凝聚全党全军全国各族人民的磅礴力量,一步一个脚印把党的二十大作出的重大决策部署付诸行动、见之于成效。

充分发挥人民政协在团结奋斗中的重要作用

人民政协因团结而生、依团结而存、靠团结而兴。新时代新征程,我们要更好发挥人民政协在团结奋斗中的重要作用,为实现中华民族伟大复兴凝心聚力。

加强党对人民政协工作的领导。团结要有圆心,固守圆心才能万众一心。新时代新征程,实现大团结大联合,必须始终坚持党的领导。中国共产党领导是中国特色社会主义最本质的特征,是中国特色社会主义制度的最大优势,党是最高政治领导力量。人民政协事业蓬勃发展,人民政协制度展示出巨大优势,最根本的就在于始终坚持和切实加强中国共产党领导。把人民政协制度优势不断转化为国家治理效能,必须把坚持党的领导贯穿到人民政协全部工作之中,切实落实党中央对人民政协工作的各项要求,确保人民政协事业正确的政治方向,确保拥有团结奋斗的强大政治凝聚力、发展自信心。

充分发挥人民政协专门协商机构的作用。习近平总书记指出:"协商民主是党领导人民有效治理国家、保证人民当家作主的重要制度设计,同选举民主相互补充、相得益彰。"人民政协在协商中促进广泛团结、推进多党合作、实践人民民主,既秉承历史传统,又反映时代特征,充分体现了我国社会主义民主有事多商量、遇事多商量、做事多商量的特点和优势。党的二十大报告对"全面发展协商民主"

提出明确要求。我们要坚持发扬民主和增进团结相互贯通、建言资政和凝聚共识双向发力,加强制度化、规范化、程序化等功能建设,不断提高人民政协深度协商互动、意见充分表达、广泛凝聚共识水平。

把加强思想政治引领、广泛凝聚共识作为履职工作的中心环节。引导参加人民政协的各党派团体和各族各界人士深入学习党的创新理论,学习时事政策,学习中共党史、新中国史和统一战线历史、人民政协历史,树立正确的历史观和大局观,努力把人民政协建设成为坚持和加强党对各项工作领导的重要阵地、用党的创新理论团结教育引导各族各界代表人士的重要平台、在共同思想政治基础上化解矛盾和凝聚共识的重要渠道。坚持通过政治协商求同存异、聚同化异,努力寻求最大公约数、画出最大同心圆,推动参加人民政协的各党派团体和各族各界人士不断增进对中国共产党和中国特色社会主义的政治认同、思想认同、理论认同、情感认同。

强化政协委员履职尽责。政协委员是界别群众的代表、政协工作的主体。政协委员作为各党派团体和各族各界代表人士,由各方面郑重协商产生,代表各界群众参与国是、履行职责。党的二十大报告对"完善人民政协民主监督和委员联系界别群众制度机制"作出重要部署,为强化政协委员责任担当、推动政协委员履职尽责指明了前进方向、确立了行动指南。广大政协委员应坚持为国履职、为民尽责,提高政治协商、民主监督、参政议政水平,发挥协商式监督作用,推动党中央决策部署落地见效。发挥桥梁纽带作用,及时反映群众意见和建议,深入宣传党和国家方针政策,协助党和政府协调关系、理顺情绪、化解矛盾。

团结就是力量,团结才能胜利。我们要立足人民政协性质定位,

解码新征程

坚持围绕中心、服务大局，努力把全党全国各族人民的思想统一到党的二十大精神上来，把力量凝聚到党的二十大确定的各项任务上来，动员全体中华儿女围绕实现中华民族伟大复兴的中国梦一起来想、一起来干，不断巩固全国各族人民大团结，加强海内外中华儿女大团结，推动形成海内外全体中华儿女心往一处想、劲往一处使的生动局面，汇聚起实现民族复兴的磅礴力量。

（作者为全国政协农业和农村委员会副主任）

（《人民日报》2023年02月08日第09版）

新时代新征程中国共产党的使命任务

谢春涛

党的二十大科学谋划了未来一个时期党和国家事业发展的目标任务和大政方针，擘画了以中国式现代化全面推进中华民族伟大复兴的宏伟蓝图，明确提出："从现在起，中国共产党的中心任务就是团结带领全国各族人民全面建成社会主义现代化强国、实现第二个百年奋斗目标，以中国式现代化全面推进中华民族伟大复兴。"习近平总书记在新进中央委员会的委员、候补委员和省部级主要领导干部学习贯彻习近平新时代中国特色社会主义思想和党的二十大精神研讨班开班式上的重要讲话，深刻阐述了中国式现代化的一系列重大理论和实践问题，强调"要守好中国式现代化的本和源、根和魂，毫不动摇坚持中国式现代化的中国特色、本质要求、重大原则，确保中国式现代化的正确方向"。我们要深刻把握新时代新征程中国共产党的使命任务，正确理解和大力推进中国式现代化。

新时代我们党成功推进和拓展了中国式现代化

现代化是一个世界性历史过程。进入近代，面对西方列强入侵带来的生存危机和发展压力，中国的仁人志士对如何在中国实现现代化孜孜以求，然而都以失败告终。只有当中国共产党成立后，在我们党的领导下，中国的现代化才走上了正确的道路。新民主主义革命的胜利，为中国实现现代化创造了根本社会条件。新中国成立后，我们党提出"四个现代化"的发展目标，在一穷二白的基础上建立起独立的比较完整的工业体系和国民经济体系。党的十一届三中全会后，邓小平同志从国情出发提出"在中国建立一个小康社会。这个小康社会，叫做中国式的现代化"，对现代化建设作出"三步走"的战略安排。此后，我们党不断结合新的发展阶段作出新的战略安排，持续推进我国的现代化进程。经过几代人接续奋斗特别是新时代的创造性、开拓性发展，中国式现代化的理论愈益成熟、实践愈益拓展。党的二十大报告提出："在新中国成立特别是改革开放以来长期探索和实践基础上，经过十八大以来在理论和实践上的创新突破，我们党成功推进和拓展了中国式现代化。"历史和现实充分证明，中国式现代化具有坚实的基础、科学的依据和可靠的保障，走得通、行得稳，是强国建设、民族复兴的唯一正确道路。

从理论上看，习近平总书记围绕中国式现代化作出一系列重要论述，进一步深化对中国式现代化的内涵和本质的认识，概括形成中国式现代化的中国特色、本质要求和重大原则，初步构建中国式现代化的理论体系，使中国式现代化更加清晰、更加科学、更加可感可行。习近平总书记阐明"世界上既不存在定于一尊的现代化模式，也不存在放之四海而皆准的现代化标准"，打破了"现代化＝西方化"的迷思。习近平总书记强调，我们推进的现代化，要"坚持把国家和民族发展放在自己力量的基点上、把中国发展进步的命运牢牢掌握在自己手中"，阐明了中国式现代化的自主性。在党的十九届五中全会上，习近平总书记梳理中国式现代化的中国特色。党的二十大报告系统总结新时代我们党推进现代化的宝贵经验，鲜明提出中国式现代化的中国特色、本质要求、重大原则。习近平总书记在新进中央委员会的委员、候补委员和省部级主要领导干部学习贯彻习近平新时代中国特色社会主义思想和党的二十大精神研讨班开班式上的重要讲话，深刻阐述了中国式现代化的一系列重大理论和实践问题，是对中国式现代化理论的极大丰富和发展。

从实践上看，新时代十年，以习近平同志为核心的党中央在采取一系列战略性举措、推进一系列变革性实践、实现一系列突破性进展、取得一系列标志性成果的过程中，不断推进和拓展中国式现代化。新时代十年的生动实践和伟大变革，丰富了中国式现代化的科学内涵，彰显了中国式现代化的中国特色，明确了中国式现代化的本质要求，拓宽了中国式现代化的前进道路。十年来，党在革命性锻造中更加坚强有力，为推进和拓展中国式现代化提供了最为可靠的政治保证；打赢脱贫攻坚战，历史性地解决了绝对贫困问题，为推进全体人民共同富裕的现代化奠定了坚实基础；确立"五位一体"总体布局和"四个全面"战略布局，对新时代中国特色社会主义作出科学完整的战略规划和部署，极大拓宽了中国式现代化的发展路径；推动构建人类命运共同体，弘扬全人类共同价值，引领人类进步潮流，走出一条和平发展的现代化道路；等等。同时，我们党带领人民勇于进行具有许多新的历史特点的伟大斗争，有效防范和化解各类风险挑战，不断破解改革与稳定、公平与效率、发展与安全、开放与自主等人类现代化诸多难题，具有重大战略性、全局性意义。

深刻认识新时代新征程的战略安排和目标任务

立足党和国家事业发展所处历史方位，对奋斗目标接续作出战略规划和安排，并坚持抓好落实，是我们党成功领导和推进现代化进程的重要经验。党的十八大着重对全面建成小康社会、实现第一个百年奋斗目标进行谋划；党的十九大对第二个百年奋斗目标作出分两个阶段推进的战略安排；党的二十大进一步对全面建成社会主义现代化强国两步走战略安排进行宏观擘画，提出到2035年我国发展的总体目标，展望到本世纪中叶把我国建设成为综合国力和国际影响力领先的社会主义现代化强国的目标，同时明确了未来五年的主要目标任务。这一系列战略安排，细化了全面建成社会主义现代化强国的时间表、路线图，展现了中华民族伟大复兴的光明前景。

深刻认识和把握党的二十大对于发展目标的战略性谋划，重在把握"全面性"。党的二十大在战略目标设定上的"全面性"，同贯穿于"全面建设社会主义现代化国家""全面建成社会主义现代化强国""全面推进中华民族伟大复兴"中的"全面"要求是内在统一的。这种"全面性"体现为目标涵盖领域的广泛性，其中不仅包括"五位一体"总体布局的内容，而且包括国家安全、国防和军队建设、综合国力和国际地位等方面的目标，每个领域都有相应的发展任务；这种"全面性"体现为现代化标识的系统性，到2035年我国发展的总体目标包括基本实现新型工业化、信息化、城镇化、农业现代化以及国家治理体系和治理能力现代化、国防和军队现代化等具有标识性的现代化目标，要求建成教育强国、科技强国、人才强国、文化强国、体育强国、健康中国，美丽中国目标基本实现等，这些目标对整体推进中国式现代化发挥着重要引领作用；这种"全面性"还体现为实现目标过程的渐进性，明确了在基本实现现代化基础上到本世纪中叶把我国建设成为综合国力和国际影响力领先的社会主义现代化强国的宏伟蓝图。

党的二十大既放眼长远，又立足当前，指出未来五年是全面建设社会主义现代化国家开局起步的关键时期，提出未来五年的主要目标任务，体现了由远及近、以近启远、远近呼应的周密部署。在未来五年目标任务和2035年我国发展总体目标的设定上，既保持连续性，又体现发展性。比如，未来五年构建新发展格局和建设现代化经济体系取得重大进展，2035年建成现代化经济体系，形成新发展格局；未来五年科技自立自强能力显著提升，2035年实现高水平科技自立自强；未来五年国家治理体系和治理能力现代化深入推进，2035年基本实现国家治理体系和治理能力现代化；未来五年中国特色社会主义法治体系更加完善，2035年基本建成法治国家、法治政府、法治社会；未来五年基本公共服务均等化水平明显提升，2035年基本公共服务实现均等化；未来五年美丽中国建设成效显著，2035年美丽中国目标基本实现；等等。这种战略安排和目标设定上的一体化、递进式特点，体现了我们党治国理政的鲜明特点。只要坚持一张蓝图绘到底、一棒接着一棒跑，全面建成社会主义现代化强国的宏伟蓝图必将一步一步变成现实。

深刻领会前进道路上必须牢牢把握的重大原则

习近平总书记反复强调："中华民族伟大复兴绝不是轻轻松松、

敲锣打鼓就能实现的。"立足中华民族伟大复兴战略全局和世界百年未有之大变局,党的二十大科学判断时与势,辩证把握危与机,鲜明提出前进道路上必须牢牢把握的五条重大原则,即坚持和加强党的全面领导、坚持中国特色社会主义道路、坚持以人民为中心的发展思想、坚持深化改革开放、坚持发扬斗争精神。这是我们党总结百年奋斗历史经验、把握我国发展时代特征和战略安排提出的重大原则,是党团结带领人民在新征程上有效应对各种风险挑战、创造新的历史伟业的根本遵循。

把握这些重大原则,要深刻认识"五个坚持"重大原则与习近平总书记关于"五个必由之路"的重要论述是内在一致、有机贯通的。"五个坚持"重大原则和"五个必由之路",共同体现了党在百年奋斗实践特别是新时代中国特色社会主义伟大实践中得出的至关紧要的规律性认识,对于新时代党和国家事业发展具有根本性意义,必须牢牢把握、长期坚持。同时,"五个坚持"重大原则与党的十九大、十九届六中全会提出的"十个明确""十四个坚持""十三个方面成就"以及"十个方面历史经验"也具有紧密的内在联系,抓住了党的创新理论成果、实践成果、历史经验中的重点和关键,体现了我们党对共产党执政规律、社会主义建设规律、人类社会发展规律的深刻认识和准确把握。

"五个坚持"重大原则具有深刻的理论内涵和明确的实践要求。坚持和加强党的全面领导,为全面建设社会主义现代化国家提供根本政治保证;坚持中国特色社会主义道路,郑重宣示新征程上举什么旗、走什么路;坚持以人民为中心的发展思想,才能推动实现全体人民共同富裕的现代化;坚持深化改革开放,为现代化建设提供源源不断的动力和活力；坚持发扬斗争精神，锻造战胜前进道路上一切风险挑战的强大精神力量和坚强意志品质。把握好、落实好这些重大原则，要联系正在发生深刻变化的国际环境，联系新时代极不寻常、极不平凡的奋斗历程和伟大变革，联系党的二十大报告作出的十二个方面的战略部署，全面提升党员领导干部的政治能力、担当精神、专业素养、斗争本领，以守正创新的历史自觉、踔厉奋发的历史主动踏上实现第二个百年奋斗目标新征程。

总之，以中国式现代化全面推进中华民族伟大复兴，充分彰显党的初心使命，深刻展现中国共产党人的宏大战略谋划和强烈历史担当。习近平总书记关于中国式现代化的重要论述是习近平新时代中国特色社会主义思想的重要组成部分，是马克思主义中国化时代化的重要成果，也是对世界现代化理论的重大创新突破。中国式现代化不仅是实现中华民族伟大复兴的正确道路，而且创造了人类文明新形态，开辟了发展中国家走向现代化的新路径，不断为开创人类更加美好的未来贡献中国智慧、中国方案、中国力量。

（作者为中央党校（国家行政学院）
习近平新时代中国特色社会主义思想研究中心主任）

（《人民日报》2023年02月09日第09版）

中国式现代化是走和平发展道路的现代化

习近平外交思想研究中心

党的二十大擘画了全面建成社会主义现代化强国、以中国式现代化全面推进中华民族伟大复兴的宏伟蓝图。习近平总书记在新进中央委员会的委员、候补委员和省部级主要领导干部学习贯彻习近平新时代中国特色社会主义思想和党的二十大精神研讨班开班式上强调:"实践证明,中国式现代化走得通、行得稳,是强国建设、民族复兴的唯一正确道路。"中国式现代化,是中国共产党领导的社会主义现代化,既有各国现代化的共同特征,更有基于自己国情的中国特色。我国不走一些国家通过战争、殖民、掠夺等方式实现现代化的老路,始终坚持在和平发展道路上推进现代化,取得了举世瞩目的发展成就。我们坚定站在历史正确的一边、站在人类文明进步的一边,高举和平、发展、合作、共赢旗帜,在坚定维护世界和平与发展中谋求自身发展,又以自身发展更好维护世界和平与发展。

走和平发展道路是中国式现代化的鲜明特征和必然选择

走和平发展道路,是中国式现代化的中国特色之一。中国对现代化道路的探索，始终伴随着对坚持走和平发展道路的理论和实践创新。走和平发展道路，既是中国式现代化顺利推进的重要前提条件，也是其有效保障和有力支持；既反映出中国共产党对有利国际环境的主动战略塑造，更赋予中国式现代化宏阔世界眼光和强大道义力量。

新中国成立后，我们党大力倡导和平共处五项原则，这是新中国对外政策的重要基石。党的十一届三中全会后，我们党提出和平与发展是当今时代的主题，把争取一个较长时期的国际和平环境和良好的周边环境作为外交工作的目标和任务，为改革开放和社会主义现代化建设顺利开展奠定重要基础。进入21世纪，我们党明确提出走和平发展道路，在2005年发布《中国的和平发展道路》白皮书、在2011年发布《中国的和平发展》白皮书，将坚持和平发展道路写入党章。党的十八大以来，习近平总书记强调："中国坚持走和平发展道路""无论发展到什么程度，中国永远不称霸、永远不搞扩张"。2018年中国将坚持和平发展道路写入宪法，体现了致力于走和平发展道路的坚定决心。新时代，中国和平发展道路越走越宽广，中国式现代化道路也越走越宽广。

走和平发展道路，是由中国共产党性质宗旨和我国社会主义制度性质所决定的。中国共产党是马克思主义政党，执政领导的中国是社会主义国家。马克思主义政党肩负崇高使命，追求远大理想，具有世界情怀。中国共产党既为中国人民谋幸福、为中华民族谋复兴，也为人类谋进步、为世界谋大同，始终把为人类作出新的更大贡献作为自己的使命。社会主义制度是先进社会制度，主张和平是中国特色社会主义的本质属性。社会主义中国对内追求公平正义、共同富裕、社会和谐，对外主持公道、捍卫公理、伸张正义。坚持走和平发展道路，是中国式现代化的必然选择。

中国的和平发展道路开辟人类走向现代化的全新道路，开辟人类追求文明进步的全新道路。一些国家在现代化过程中对外侵略、殖民、掠夺，给广大发展中国家人民带来深重苦难，至今仍有个别国家推行霸权主义、强权政治。中国式现代化不靠对外军事扩张和殖民掠夺，而是与世界合作共赢、共建共享，坚持走和平发展道路，打破了对外扩张掠夺的现代化老路，顺应人类发展进步的时代潮流，为人类对现代化道路的探索作出重要贡献，意义十分深远。

新时代走和平发展道路具有丰富内涵

中国特色社会主义进入新时代，习近平总书记围绕新时代为什么必须坚持走和平发展道路、如何继续走好和平发展道路等一系列重大理论和实践问题作出重要论述。这些重要论述具有十分丰富的内涵，深化了我们党对走和平发展道路的规律性认识，指引我们在百年未有之大变局中把和平发展道路持续走通、走顺、走好。

坚持走和平发展道路，要坚持以相互尊重、合作共赢为基础。习近平总书记指出："坚持以相互尊重、合作共赢为基础走和平发展道路"。这为我们走好和平发展道路明确了方向和路径，进一步丰富了走和平发展道路的战略内涵。和平需要相互尊重，发展需要合作共赢。和平发展道路能不能走得通，很大程度上要看我们能不能把世界的机遇转变为中国的机遇，把中国的机遇转变为世界的机遇，在中国与世界各国良性互动、互利共赢中开拓前进。要在宏阔时空中把握好民族复兴和人类进步的重大命题，在世界大局和时代潮流中把握中国前进方向、促进各国发展。

坚持走和平发展道路,是根据时代潮流和我国根本利益作出的战略抉择。随着中国发展壮大,国际社会对我国战略走向的关注不断增多,并将伴随中华民族伟大复兴的整个过程。习近平总书记统筹国内国际两个大局,贯通历史、现实和未来,阐明中国走和平发展道路的必然性。习近平总书记指出:"走和平发展道路,是中国对国际社会关注中国发展走向的回应,更是中国人民对实现自身发展目标的自信和自觉。这种自信和自觉,来源于中华文明的深厚渊源,来源于对实现中国发展目标条件的认知,来源于对世界发展大势的把握。"中国走和平发展道路,是思想自信和实践自觉的有机统一,是我们党根据时代发展潮流和我国根本利益作出的战略抉择。这深化了我们对为什么走和平发展道路的认识,有力引导国际社会进一步正确认识和对待中国的发展。

坚持走和平发展道路,要推动各国共同走和平发展道路。习近平总书记指出:"中国走和平发展道路,其他国家也都要走和平发展道路,只有各国都走和平发展道路,各国才能共同发展,国与国才能和平相处。"和平发展是国际社会大家的事,是各国共同的责任。只有各国共谋和平、共护和平,才能共享和平。把中国的和平发展同世界的和平发展紧密相连,是对走和平发展道路理论内涵的重要发展,既为我国和平发展争取更多外部理解和支持,又凝聚国际社会致力于和平发展的共识和力量,为我国走和平发展道路开辟更加广阔的空间。

坚持走和平发展道路,必须坚守维护国家核心利益的底线。习近平总书记强调:"任何外国不要指望我们会拿自己的核心利益做交易,不要指望我们会吞下损害我国主权、安全、发展利益的苦果。"走和平发展道路,与世界合作共赢,是以决不放弃正当权益,决不牺牲国家核心利益为底线的。维护中国国家利益与促进世界和平发展是辩证统一的。中国主权、安全、发展利益和民族尊严绝不允许任何势力侵犯，同时任何力量也不能动摇我们坚持和平发展的信念。

走和平发展道路的现代化为人类文明进步作出巨大贡献

中国式现代化造福中国、利好世界，不仅使中国在短短几十年时间内成为"世界现代化的增长极"，也创造人类文明新形态，为人类和平与发展的崇高事业作出巨大贡献。中国的发展是世界和平力量的增长，是全球发展新机遇的增长。中国共产党团结带领中国人民在和平发展道路上推进中国式现代化，推动历史车轮向着光明前途前进。

为维护世界和平展现中国担当。新中国成立70多年来，中国没有主动挑起过任何一场战争和冲突，没有侵占过别国一寸土地。中国积极参与国际军控、裁军和防扩散进程，反对军备竞赛，维护全球战略平衡与稳定，是派遣维和人员最多的安理会常任理事国和联合国第二大维和摊款国。中国恪守客观公正，坚持对话协商方式，积极参与解决朝鲜半岛、伊朗核、阿富汗等热点问题。坚持真正的多边主义，在全球安全治理中发挥建设性作用，凝聚共识、加强团结、汇聚合力，合作抗击新冠疫情，共同应对地区争端和恐怖主义、气候变化、网络安全、生物安全等全球性问题。中国始终不渝奉行独立自主的和平外交政策，坚持在和平共处五项原则基础上同各国发展友好合作关系，维护国际关系基本准则，维护国际公平正义，坚定做世界和平的维护者。

为促进共同发展作出中国贡献。中国经济连续多年保持稳定增长，近10年对世界经济增长的平均贡献率超过30%。中国倡导创立亚洲基础设施投资银行和金砖国家开发银行，开创发展中国家组建多边金融机构的先河。作为全球减贫与发展事业的倡导者、推动者和践行者，中国积极支持和帮助广大发展中国家特别是最不发达国家消除贫困。中国构建并不断扩大面向全球的高标准自由贸易区网络，已成为140多个国家和地区的主要贸易伙伴，推动《区域全面经济伙伴关系协定》生效实施，举办国际进口博览会，同世界各国分享发展机遇。中国提出共建"一带一路"倡议，携手各方打造当今世界范围最广、规模最大的国际合作平台。中国将坚定奉行互利共赢的开放战略，推动建设开放型世界经济，与各国共同培育全球发展新动能，让发展成果更好惠及各国人民。

为人类文明进步提供中国方案。面对"世界向何处去、人类怎么办"的时代之问，习近平总书记提出构建人类命运共同体重大理念，引领时代潮流和人类前进方向。凝聚不同国家、不同文明的价值共识，提出坚守和弘扬和平、发展、公平、正义、民主、自由的全人类共同价值，为加强国际社会团结提供了共同价值纽带。面对全球和平赤字、发展赤字、安全赤字、治理赤字加重的挑战，提出全球发展倡议和全球安全倡议，为推动全球迈向平衡协调包容发展新阶段、迈向持久和平普遍安全的康庄大道贡献中国方案。中国将继续发挥负责任大国作用，弘扬全人类共同价值，努力落实全球发展倡议和全球安全倡议，为世界注入更多稳定性确定性，以中国智慧和中国方案为破解全球性问题注入新思想新理念，携手各国推动构建人类命运共同体走深走实。

（执笔：吴晓丹）

（《人民日报》2023年02月14日第09版）

解码新征程

以中国式现代化全面推进中华民族伟大复兴的科学指南

中央党校（国家行政学院）习近平新时代中国特色社会主义思想研究中心

中国式现代化是中国共产党和中国人民长期实践探索的成果，是对世界现代化理论和实践的重大创新。习近平总书记在党的二十大报告中对中国式现代化进行深刻阐述，在新进中央委员会的委员、候补委员和省部级主要领导干部学习贯彻习近平新时代中国特色社会主义思想和党的二十大精神研讨班开班式上又深刻阐述了中国式现代化的一系列重大理论和实践问题。习近平总书记关于中国式现代化的重要论述，进一步深化了我们党对建设什么样的社会主义现代化强国、怎样建设社会主义现代化强国的认识，为新时代新征程全面建成社会主义现代化强国、以中国式现代化全面推进中华民族伟大复兴提供了科学指南。

推进和拓展中国式现代化呼唤科学理论指引

把我国建设成为社会主义现代化国家，是中国共产党念兹在兹的历史宏愿、始终不渝的奋斗目标。中国共产党成立100多年来，团结带领中国人民所进行的一切奋斗，就是为了把我国建设成为现代化强国，实现中华民族伟大复兴。一代代中国共产党人为此进行了艰辛探索与不懈奋斗。党的十八大以来，以习近平同志为核心的党中央团结带领全党全国各族人民自信自强、守正创新，采取一系列战略性举措，推进一系列变革性实践，实现一系列突破性进展，取得一系列标志性成果，成功推进和拓展了中国式现代化，推动党和国家事业取得历史性成就、发生历史性变革。实践证明，中国式现代化走得通、行得稳，是强国建设、民族复兴的唯一正确道路。

伟大事业离不开科学理论指引。党和人民推进和拓展中国式现代化的历史进程越向前，对党的创新理论科学指引的需求就越强烈。新时代十年，习近平总书记坚持运用马克思主义立场观点方法，立足新时代新征程党的使命任务，统筹把握中华民族伟大复兴战略全局和世界百年未有之大变局，科学总结我们党关于社会主义现代化建设的宝贵经验，积极汲取其他国家现代化建设的经验教训，借鉴吸收人类优秀文明成果，深刻回答建设什么样的社会主义现代化强国、怎样建设社会主义现代化强国的重大时代课题，就中国式现代化作出一系列重要论述。在党的二十大报告中，习近平总书记全面系统阐述了中国式现代化的领导力量、中国特色、本质要求、重大原则以及全面建成社会主义现代化强国的战略安排和目标任务。在新进中央委员会的委员、候补委员和省部级主要领导干部学习贯彻习近平新时代中国特色社会主义思想和党的二十大精神研讨班开班式上，习近平总书记又深刻阐述了中国式现代化的一系列重大理论和实践问题，极大丰富和发展了中国式现代化理论。习近平总书记关于中国式现代化的重要论述，使中国式现代化更加清晰、更加科学、更加可感可行，为推进和拓展中国式现代化提供了科学理论指引。

深刻领会习近平总书记关于中国式现代化的重要论述

习近平总书记关于中国式现代化的重要论述，为全党前瞻性思考、全局性谋划、整体性推进中国式现代化提供了根本遵循，我们要深入学习领会、认真贯彻落实。

关于中国式现代化的领导力量。习近平总书记指出："中国式现代化，是中国共产党领导的社会主义现代化""党的领导直接关系中国式现代化的根本方向、前途命运、最终成败"。党的领导决定中国式现代化的根本性质，确保中国式现代化锚定奋斗目标行稳致远，激发建设中国式现代化的强劲动力，凝聚建设中国式现代化的磅礴力量。推进中国式现代化，必须坚持和加强党的全面领导，充分发挥党总揽全局、协调各方的领导核心作用。

关于中国式现代化的中国特色。习近平总书记指出："中国式现代化既有各国现代化的共同特征，更有基于自己国情的鲜明特色。"中国式现代化是人口规模巨大的现代化，我国14亿多人口整体迈入现代化社会，其规模超过现有发达国家人口的总和，艰巨性和复杂性前所未有；是全体人民共同富裕的现代化，要坚持把实现人民对美好生活的向往作为现代化建设的出发点和落脚点；是物质文明和精神文明相协调的现代化，促进物的全面丰富和人的全面发展；是人与自然和谐共生的现代化，要坚定不移走生产发展、生活富裕、生态良好的文明发展道路；是走和平发展道路的现代化，要在坚定维护世界和平与发展中谋求自身发展，又以自身发展更好维护世界和平与发展。这五个方面的中国特色,深刻揭示了中国式现代化的科学内涵。

关于中国式现代化的本质要求。习近平总书记指出:"中国式现代化的本质要求是:坚持中国共产党领导,坚持中国特色社会主义,实现高质量发展,发展全过程人民民主,丰富人民精神世界,实现全体人民共同富裕,促进人与自然和谐共生,推动构建人类命运共同体,创造人类文明新形态。"中国式现代化蕴含的独特世界观、价值观、历史观、文明观、民主观、生态观等及其伟大实践,是对世界现代化理论和实践的重大创新。我们要深刻领会、系统把握中国式现代化的本质要求,增强自觉性和坚定性,切实将其落实到推进中国式现代化的各项工作之中。

关于中国式现代化的重大原则。一是坚持和加强党的全面领导。只有把握这一重大原则,才能确保我国社会主义现代化建设正确方向,确保拥有团结奋斗的强大政治凝聚力、发展自信心。二是坚持中国特色社会主义道路。只有把握这一重大原则,才能既不走封闭僵化的老路,也不走改旗易帜的邪路。三是坚持以人民为中心的发展思想。只有把握这一重大原则,才能让现代化建设成果更多更公平惠及全体人民。四是坚持深化改革开放。只有把握这一重大原则,才能不断增强社会主义现代化建设的动力和活力。五是坚持发扬斗争精神。只有把握这一重大原则,才能全力战胜前进道路上各种困难和挑战,依靠顽强斗争打开事业发展新天地。

关于全面建成社会主义现代化强国的战略安排和目标任务。习近平总书记在党的二十大报告中对全面建成社会主义现代化强国两步走战略安排进行宏观展望,围绕基本实现社会主义现代化从八个方面进一步明确了到2035年我国发展的目标任务,并提出了到本世纪中叶我国发展的目标。这一系列战略安排和目标任务，明确了全面建成社会主义现代化强国的时间表、路线图，既体现了我们党在社会主义现代化建设战略目标上的一贯性、整体性，又符合实践发展的连续性、阶段性和时代性，令人鼓舞、催人奋进。

关于推进中国式现代化需要处理好的若干重大关系。习近平总书记强调："推进中国式现代化是一个系统工程，需要统筹兼顾、系统谋划、整体推进，正确处理好顶层设计与实践探索、战略与策略、守正与创新、效率与公平、活力与秩序、自立自强与对外开放等一系列重大关系。"推进中国式现代化，全面建设社会主义现代化国家，是一项伟大而艰巨的事业，前途光明，任重道远。我们必须不断提高战略思维、历史思维、辩证思维、系统思维、创新思维、法治思维、底线思维能力，正确处理好一系列重大关系。

为全面建设社会主义现代化国家开好局起好步

新时代新征程，中国式现代化实践已经全方位、全领域、深层次、高质量地在中华大地上展开。我们必须踔厉奋发、勇毅前行，真抓实干、埋头苦干，为全面建设社会主义现代化国家开好局起好步。

坚持和加强党中央集中统一领导。党中央集中统一领导是党的领导的最高原则。要健全总揽全局、协调各方的党的领导制度体系，完善党中央重大决策部署落实机制，坚定不移把党中央集中统一领导贯彻落实到中国式现代化的全过程各方面。全党要深刻领悟"两个确立"的决定性意义，坚决做到"两个维护"，不断提高政治判断力、政治领悟力、政治执行力，坚定不移在思想上政治上行动上同以习近平同志为核心的党中央保持高度一致，切实用习近平新时代中国特色社会主义思想武装头脑、指导实践、推动工作。

坚决把党的二十大作出的重大决策部署付诸行动、见之于成效。我们要全面学习、全面把握、全面落实党的二十大精神，加快构建新发展格局，着力推动高质量发展；实施科教兴国战略，强化现代化建设人才支撑；发展全过程人民民主，保障人民当家作主；坚持全面依法治国，推进法治中国建设；推进文化自信自强，铸就社会主义文化新辉煌；增进民生福祉，提高人民生活品质；推动绿色发展，促进人与自然和谐共生；推进国家安全体系和能力现代化，坚决维护国家安全和社会稳定；实现建军一百年奋斗目标，开创国防和军队现代化新局面；坚持和完善"一国两制"，推进祖国统一；促进世界和平与发展，推动构建人类命运共同体；坚定不移全面从严治党，深入推进新时代党的建设新的伟大工程。

建设堪当民族复兴重任的高素质干部队伍。全面建设社会主义现代化国家，必须有一支政治过硬、适应新时代要求、具备领导现代化建设能力的干部队伍。要坚持党管干部原则，坚持德才兼备、以德为先、五湖四海、任人唯贤，把新时代好干部标准落到实处。树立选人用人正确导向，选拔忠诚干净担当的高素质专业化干部，选优配强各级领导班子。坚持把政治标准摆在首位，做深做实干部政治素质考察，突出把好政治关、廉洁关。加强思想淬炼、政治历练、实践锻炼、专业训练，注重在重大斗争中磨砺干部。加强干部斗争精神和斗争本领养成，着力增强防风险、迎挑战、抗打压能力，激励干部敢于担当、积极作为。

坚持团结奋斗，汇聚全面建设社会主义现代化国家的磅礴伟力。

解码新征程

党和人民取得的一切成就都是团结奋斗的结果。推进中国式现代化这一人类社会的伟大创举,比以往任何时候都更加需要团结奋斗,更加需要充分发挥亿万人民的创造伟力。只要我们更加紧密地团结在以习近平同志为核心的党中央周围,全面贯彻习近平新时代中国特色社会主义思想,在党的旗帜下团结成"一块坚硬的钢铁",就一定能够不断夺取全面建设社会主义现代化国家新胜利。

(执笔:张忠军)

(《人民日报》2023年02月15日第09版)

努力在农业强国建设中担当作为走在前列

许 勤

习近平总书记对"三农"工作始终高度重视,在党的二十大报告中对加快建设农业强国作出总体部署,在去年底召开的中央农村工作会议上系统阐述了建设农业强国的一系列重大理论和实践问题。黑龙江深入贯彻落实习近平总书记重要讲话精神,坚决扛起农业大省、粮食大省的使命责任,加快推进农业强省建设,努力在农业强国建设中担当作为、走在前列。

农业强国是社会主义现代化强国的根基

习近平总书记指出:"没有农业强国就没有整个现代化强国;没有农业农村现代化,社会主义现代化就是不全面的。"建设农业强国,承载民族复兴的梦想,构筑国家富强的根基,体现构建人类命运共同体的担当。我们要坚定历史自信、增强历史主动,向着建设农业强国的目标奋勇前行。

强国必先强农,农强方能国强。我国是人口大国、农业大国,建设农业强国是中华民族传承千年的理想愿景。进入新时代,以习近平同志为核心的党中央坚持把解决好"三农"问题作为全党工作的重中之重，持续重农强农惠农，历史性地解决了绝对贫困问题、创造了人类减贫史上的奇迹，我们比历史上任何时期都更接近农业强国的美好前景。黑龙江历经70多年的开发建设，实现了由"北大荒"向"北大仓"的历史巨变。我们要立足资源禀赋，发挥比较优势，加快实现农业农村现代化，推动农业强国的梦想变为美好现实。

农业稳则天下安，农业兴则基础牢。粮食安全是"国之大者"，从来没有一个强国是靠别人解决吃饭问题的。党的十八大以来，以习近平同志为核心的党中央确立国家粮食安全战略，形成新粮食安全观，带领14亿多中国人民走出了一条中国特色粮食安全之路。当今世界百年未有之大变局加速演进，各种不确定难预料因素明显增多，在粮食安全问题上不能有丝毫麻痹大意。黑龙江2022年粮食总产量1552.6亿斤、占全国11.3%，连续13年居全国首位。我们要坚持把多种粮、种好粮作为重中之重，当好国家最稳固、最可靠、最坚实的"大粮仓"。

乡村兴则国家兴，农民富则国家富。乡村不仅是农业生产的空间载体，也是广大农民生于斯长于斯的家园故土。当前，农民收入整体水平不高、农村基础设施和公共服务落后于城市，全面建设社会主义现代化国家最艰巨最繁重的任务仍然在农村。必须大力推进乡村振兴，实现农村具备现代化生活条件，农民全面发展、过上更加富裕更加美好的生活。我们要始终坚持农业农村优先发展，一体推进农业现代化和农村现代化，加快建设宜居宜业和美乡村。

坚持中国特色，坚定走自己的路。建设农业强国，既要遵循农业现代化一般规律，体现供给保障强、科技装备强、经营体系强、产业韧性强、竞争能力强的共同特征，又要从我国国情出发，立足人多地少的资源禀赋、农耕文明的历史底蕴、人与自然和谐共生的时代要求，坚定不移走体现中国特色的农业强国之路。黑龙江农业资源丰富、生态环境优良，实现农业现代化具有得天独厚的坚实基础和有利条件。我们要贯彻落实党的二十大精神和中央农村工作会议精神，牢牢把握建设农业强国的内涵特征和基本要求，锚定建设农业强国目标，切实抓好农业农村工作，在农业强国建设中积极探索、勇于实践、闯出新路。

为加快建设农业强国作出更大贡献

习近平总书记始终关心黑龙江、关注黑土地，要求我们争当农业现代化建设排头兵，当好维护国家粮食安全的"压舱石"。我们要牢记习近平总书记重要指示和殷切嘱托，加快建设农业强省，努力在农业强国建设中率先突破、作出示范、当好排头兵。

大力实施粮食产能提升行动。习近平总书记指出："保障粮食和重要农产品稳定安全供给始终是建设农业强国的头等大事。"黑龙江作为全国重要的商品粮基地和粮食战略后备基地，必须强化为党分忧、为国种粮担当意识，坚决当好维护国家粮食安全的"压舱石"。我们要坚持粮食安全党政同责，落实种粮农民收益保障机制和主产区利益补偿机制，保护和调动农民种粮与基层抓粮积极性。全力实施千万吨粮食增产计划，为全国新一轮千亿斤粮食产能提升行动提供强有力支撑。加强黑土耕地保护利用，完善水利工程设施。深入实施优质粮食工程，发挥国产高蛋白大豆种植主力军作用，高标准建设国家粳稻口粮战略保障基地、玉米和大豆优质粮源生产基地,为更有底气、更为安全的"中国粮食"作出更大贡献。

大力实施大食物观实践行动。习近平总书记指出:"要树立大食物观,构建多元化食物供给体系,多途径开发食物来源。"黑龙江森林面积21万平方公里,有6000多个天然湖泊、100多种野生鱼类,农业生产物质资源丰富,大食物观实践空间巨大。我们要有序扩大林下经济用地规模,发展壮大森林食品龙头企业,延伸产业链条,建设生态森林食品供应基地。大力发展冷水渔业养殖加工,建设冷水鱼产品生产供应基地。坚持设施农业和露地种植双轮驱动,提升设施农业规模化标准化水平,建设寒地果蔬生产基地。加快发展现代畜牧业,做优做精食用菌产业,做大做强生物产业,推动食物来源由传统农作物和畜禽资源向更丰富的生物资源拓展。

大力实施现代农业振兴行动。习近平总书记指出:"产业振兴是乡村振兴的重中之重"。黑龙江是土地适度规模经营面积最大的省份、达到1.47亿亩,农作物耕种收综合机械化率稳定在98%以上,主要农作物自主选育品种种植面积占比87%,农业科技进步贡献率达到69.5%,发展现代农业具有坚实的物质技术基础。我们要大力发展科技农业、绿色农业、质量农业、品牌农业,加快构建现代农业产业体系、生产体系、经营体系,不断提高农业产业整体素质和竞争力。以技术创新为支撑发展科技农业,加强佳木斯国家农业高新技术产业示范区、现代农业产业技术协同创新推广体系、农业科技示范基地建设,推进"数字+生物+农业"深度融合发展,加强种业科技创新,建设省级数字农业平台,打造全国数字农业示范区,积极推广农机智能监测终端、大马力拖拉机等现代装备,争创国家高端智能农机装备推广应用先导区。以生态优势为依托发展绿色农业，大力推广绿色标准化生产，稳步扩大绿色有机食品认证面积，建设全国最大的绿色粮仓、绿色厨房。以标准化生产为基础发展质量农业，完善农业地方标准体系，加强食品安全、农产品质量安全监管，构建"从农田到餐桌"的全程可追溯体系。以市场营销为牵动发展品牌农业，开展农业品牌提升行动，加强品牌宣传推介，进一步放大"黑土优品"优质农产品品牌影响力，让全国人民吃上更优质、更绿色、更安全的龙江食品。

大力实施乡村建设行动。习近平总书记指出："建设宜居宜业和美乡村是农业强国的应有之义。"实现农村基本具备现代生活条件，是党的二十大作出的重要部署，也是提高农村居民生活质量、让农村留得住人的必然要求。黑龙江实现农村现代化任务还比较艰巨，我们要深入实施乡村建设行动，坚持县域统筹，推动村庄规划编制全覆盖，科学确定村庄布局和建设边界。加快道路、电力、通信、物流等基础设施和防疫、养老、教育等公共服务设施建设，提升乡村卫生医疗服务能力和水平，不断提高乡村基础设施完备度、公共服务便利度、人居环境舒适度。实施农村人居环境整治行动，聚焦农村"厕所革命"、生活污水处理、生活垃圾治理，开展美丽宜居村庄示范创建，逐步改善农村生产生活条件。坚持以党建引领乡村治理，完善党组织领导的自治、法治、德治相结合的乡村治理体系。加强农村精神文明建设，弘扬敦亲睦邻、守望相助、诚信重礼的乡风民风。

大力实施农民增收行动。习近平总书记指出："要坚持把增加农民收入作为'三农'工作的中心任务，千方百计拓宽农民增收致富渠道。"黑龙江农业农村特色资源富集，发展乡村富民产业具有良好基础。我们要抓好"粮头食尾""农头工尾",做好"土特产"文章,完善联农带农机制,推动一二三产业融合发展,把更多增值收益留在农村、留给农民。发展新型农村集体经济,赋予农民更加充分的财产权益。鼓励支持农民创业创新,增加农民工资性收入。持续巩固拓展脱贫攻坚成果,促进脱贫人口持续稳定增收,共同富裕路上决不让一人掉队。

汇聚加快建设农业强国的资源力量

习近平总书记指出:"办好农村的事情,实现乡村振兴,关键在党。"加快建设农业强国,涉及的行业多、领域广、群体大,必须坚持和加强党对"三农"工作的全面领导,汇聚全社会资源力量,推动农业强国建设行稳致远。

健全党的全面领导落实机制。充分发挥党总揽全局、协调各方的作用,坚持五级书记抓乡村振兴,县委书记要当好"一线总指挥",建立领导责任、工作推进、督导检查、考核评价推进落实机制,确保党中央决策部署落地见效。加大农业战线干部教育培训力度,学深悟透习近平总书记关于"三农"工作的重要论述,提高政策理论水平,成为领导"三农"工作的行家里手。加强农村基层党组织建设,派强用好驻村第一书记和工作队,建成有效实现党的领导的坚强战斗堡垒。

健全人才支撑机制。人才是最宝贵的资源,是加快建设农业强国的基础性、战略性支撑。坚持本土培养和外部引进相结合,鼓励人才向农村流动,吸引高等学校和职业学校毕业生、外出经商务工人员、城镇退休人员等入乡返乡创业兴业。打通城市教育、科技、文化、卫生等行业人才下乡服务通道，搭建志愿服务平台，建立健全城乡、区域、校地间人才培养与交流合作机制，吸引更多人才投身农业强国建设实践。

健全投入保障机制。建设农业强国，需要强有力的政策引导和资金投入。发挥财政优先保障作用，完善涉农资金统筹整合长效机制，提高财政资金使用效益。发展农村普惠金融，创新金融产品与服务，推广"农业大数据＋金融"支农模式。健全政府投资与金融、社会投入联动机制，鼓励引导社会资本投向农业农村，设立乡村振兴基金，支持乡村产业发展和公共基础设施建设。

健全全社会广泛参与机制。建设农业强国是全社会的共同事业。大力宣传党中央关于农业强国建设的方针政策和战略部署，发挥智库和专家学者决策咨询作用，加强农业强国与农业农村现代化理论和政策研究，营造重农强农的良好舆论氛围。深入实施"万企兴万村"行动，动员国有企业、非公有制企业、高等院校、科研院所、行业协会（商会）、志愿服务团队等多方面力量参与支持农业强国建设。

（作者为中共黑龙江省委书记）

（《人民日报》2023年02月21日第09版）

解码新征程

不断推进和拓展中国式现代化

陈 晋

习近平总书记在新进中央委员会的委员、候补委员和省部级主要领导干部学习贯彻习近平新时代中国特色社会主义思想和党的二十大精神研讨班开班式上强调:"概括提出并深入阐述中国式现代化理论,是党的二十大的一个重大理论创新,是科学社会主义的最新重大成果。"党的二十大擘画了全面建设社会主义现代化国家、以中国式现代化全面推进中华民族伟大复兴的宏伟蓝图,吹响了奋进新征程的时代号角。牢牢把握新时代新征程党的使命任务,必须深入理解和把握中国式现代化的历史逻辑、创新突破、中国特色、本质要求和深远影响等,不断推进和拓展中国式现代化,为全面建设社会主义现代化国家、全面推进中华民族伟大复兴而团结奋斗。

深刻认识中国式现代化形成的历史逻辑。中国式现代化是中国共产党和中国人民长期实践探索的成果,是一项伟大而艰巨的事业。社会主义革命和建设时期,以毛泽东同志为主要代表的中国共产党人对社会主义现代化建设进行了艰辛探索。早在上世纪40年代,毛泽东同志就提出:"我们共产党是要努力于中国的工业化的""使中国由农业国变为工业国"。新中国成立后,毛泽东同志提出并详细阐述了

"中国工业化的道路"。在此基础上，我们党逐步形成工业、农业、国防、科学技术"四个现代化"的发展战略，为我国经济社会发展设立了具体、明确的战略目标。改革开放和社会主义现代化建设新时期，我们党立足国情，关注世界现代化潮流，与时俱进地对什么是现代化、怎样实现现代化进行总结和思考。1979年，邓小平同志提出，我们要实现的"四个现代化"是"中国式的现代化"。当年12月在会见日本首相大平正芳时，邓小平同志进一步提出："我们的四个现代化的概念，不是像你们那样的现代化的概念，而是'小康之家'。"这就是我们在中国式现代化道路上"奔小康"的由来，由此也可以更加深刻认识中国式现代化形成的历史逻辑。

深刻认识中国式现代化与全面建设小康社会的内在联系。改革开放之初，邓小平同志用小康来诠释中国式现代化，明确提出到20世纪末"在中国建立一个小康社会"的奋斗目标。我们可以从三个方面理解其中的要义。其一，当时提出要实现的"中国式的现代化"，是基于中国"底子薄，人口太多"的国情提出来的，它反对急躁冒进，主张确立适合中国国情的发展目标；反对照搬西方经验，主张走中国自己的发展道路。其二，实现社会主义现代化是长远目标，小康社会是实现长远目标中的一个阶段性目标。其三，小康社会目标的提出，表明中国式现代化追求的不只是经济的发展、工业文明的提升和物质技术的进步，还包括人民生活水平和精神文明的提升等，也就是社会的全面进步和人的全面发展。经过长期不懈努力，20世纪末，人民生活总体上达到小康水平的目标如期实现。2002年，党的十六大提出全面建设小康社会的目标，小康社会建设由"总体小康"向"全面小康"迈进。此后，党的十七大提出实现全面建设小康社会奋斗目标的新要求；党的十八大提出到 2020 年全面建成小康社会的奋斗目标；党的十九大提出决胜全面建成小康社会，并擘画了全面建成社会主义现代化强国的时间表、路线图。

深刻认识中国式现代化在不断推进和拓展中取得的创新突破。从"小康之家"到"小康社会"，从"总体小康"到"全面小康"，从"全面建设"到"全面建成"……在全面建设小康社会的奋斗实践中，中国共产党不断深化对什么是小康社会、怎样建设小康社会的认识，这个历史进步过程，也是拓展和深化中国式现代化内涵的过程。党的十八大以来，以习近平同志为核心的党中央在已有基础上继续前进，不断实现理论和实践上的创新突破，成功推进和拓展了中国式现代化。以习近平同志为主要代表的中国共产党人创立了习近平新时代中国特色社会主义思想，实现了马克思主义中国化时代化新的飞跃，为中国式现代化提供了根本遵循。我们进一步深化对中国式现代化的内涵和本质的认识，概括形成中国式现代化的中国特色、本质要求和重大原则，初步构建中国式现代化的理论体系，使中国式现代化更加清晰、更加科学、更加可感可行。我们在战略上不断完善，深入实施科教兴国战略、人才强国战略、乡村振兴战略等一系列重大战略，为中国式现代化提供坚实战略支撑。我们在实践上不断丰富，推进一系列变革性实践、实现一系列突破性进展、取得一系列标志性成果，推动党和国家事业取得历史性成就、发生历史性变革，特别是消除了绝对贫困问题，全面建成小康社会，为中国式现代化提供了更为完善的制度保证、更为坚实的物质基础、更为主动的精神力量。

深刻把握中国式现代化的中国特色。我国的社会主义现代化建设之所以能够开创今天这样的好局面，根本在于我们的现代化是中国共产党领导的社会主义现代化，既有各国现代化的共同特征，更有基于自己国情的中国特色。中国式现代化是人口规模巨大的现代化。我国14亿多人口整体迈进现代化社会，规模超过现有发达国家人口的总和，艰巨性和复杂性前所未有，发展途径和推进方式也必然具有自己的特点。我们必须把发展的前途命运牢牢掌握在自己手中，用更强的历史耐心和更艰辛的努力扎实推进中国式现代化。中国式现代化是全体人民共同富裕的现代化。共同富裕是中国特色社会主义的本质要求。中国式现代化是以人民为中心、防止两极分化的现代化，而不是以资本为中心、缺少公平正义的现代化，坚持把实现人民对美好生活的向往作为现代化建设的出发点和落脚点。中国式现代化是物质文明和精神文明相协调的现代化。既要不断厚植现代化的物质基础、不断夯实人民幸福生活的物质条件，又要大力发展社会主义先进文化，加强理想信念教育，传承中华文明，促进物的全面丰富和人的全面发展。中国式现代化是人与自然和谐共生的现代化。把人与自然视为生命共同体，正确处理发展与保护的关系，坚定不移走生产发展、生活富裕、生态良好的文明发展道路，提供更多优质生态产品以满足人民日益增长的优美生态环境需要。中国式现代化是走和平发展道路的现代化。不同于历史上一些国家通过战争、殖民、掠夺给发展中国家人民带来深重苦难的现代化，中国式现代化高举和平、发展、合作、共赢旗帜，倡导并积极推动构建人类命运共同体，在坚定维护世界和平与发展中谋求自身发展，又以自身发展更好维护世界和平与发展。

深刻把握中国式现代化的本质要求。习近平总书记在党的二十大报告中深刻阐述了中国式现代化的本质要求,为以中国式现代化全面推进中华民族伟大复兴提供了根本遵循。可以从三个方面来认识和把握中国式现代化的本质要求。坚持中国共产党领导、坚持中国特色社会主义的本质要求,从历史经验和本质规律角度深刻阐明中国式现代化必须坚持党的领导、坚持社会主义性质,为推进中国式现代化指明了正确方向。中国共产党领导是中国特色社会主义最本质的特征,是中国特色社会主义制度的最大优势。没有中国共产党的领导,就没有中国式现代化的开创和推进,就不可能实现中华民族伟大复兴。中国共产党领导的中国式现代化,从来都是社会主义现代化,是在坚持和发展中国特色社会主义的条件下形成和发展起来的。中国共产党领导和社会主义制度,使得中国式现代化与西方现代化从根本上区别开来。实现高质量发展、发展全过程人民民主、丰富人民精神世界、实现全体人民共同富裕、促进人与自然和谐共生的本质要求,表明中国特色社会主义事业总体布局是"五位一体",要统筹推进经济建设、政治建设、文化建设、社会建设、生态文明建设。推动构建人类命运共同体、创造人类文明新形态的本质要求,体现中国式现代化"胸怀天下"的高远追求和为人类实现现代化提供新选择的使命担当,从世界意义和文明发展角度作出了历史定位。

深刻认识中国式现代化在世界现代化进程中的深远影响。中国式现代化既切合中国实际,体现社会主义建设规律,也体现人类社会发展规律。在新中国成立特别是改革开放以来的长期探索和实践基础上,经过党的十八大以来在理论和实践上的创新突破,我们成功推进和拓展了中国式现代化,使中国成为"世界现代化的增长极",深刻影响现代化的世界版图,对破解人类社会发展难题、推进人类现代化进程具有重要意义。中国式现代化的中国特色，彰显我们的道路自信、理论自信、制度自信、文化自信，同时也在理论和实践上克服了西方现代化的缺陷。西方资本主义国家的现代化先天性地包含着资本主义制度本身无法克服的局限性。这种以资本为驱动的现代化在带来经济社会发展的同时，也造成了贫富悬殊、两极分化、精神空虚等一系列问题。中国式现代化坚持以人民为中心，把促进全体人民共同富裕作为目标，既促进物的全面丰富，也促进人的全面发展。这体现社会主义的本质要求，超越了资本主义现代化的局限性。中国式现代化是对世界现代化理论和实践的重大创新，是对人类文明进步的重大贡献，为人类和平与发展事业贡献了中国智慧、中国方案。中国式现代化打破了"现代化＝西方化"的迷思，展现了现代化的另一幅图景，拓展了发展中国家走向现代化的路径选择，给世界上那些既希望加快发展又希望保持自身独立性的国家和民族以极大鼓舞和启示。

总之，中国式现代化是中国共产党领导、开创、推动的现代化，是坚持和发展中国特色社会主义的现代化。中国特色社会主义是社会主义而不是别的什么主义，中国式现代化是中国共产党领导的社会主义现代化而不是别的什么现代化。从历史进程来看，中国式现代化和中国特色社会主义是一体化推进和拓展的。中国式现代化的中国特色和本质要求，体现了中国特色社会主义的科学内涵。中国特色社会主义是改革开放以来我们党全部理论和实践的主题，中国式现代化反映了这个主题。坚持中国特色社会主义，深刻体现中国式现代化的基本性质和发展方向。坚持中国共产党领导是中国式现代化最突出的优势，是推进中国式现代化必须坚持的重大原则。在领导和推进中国式现代化进程中,我们党始终坚持中国式现代化的正确方向,坚持人民主体地位,在不同历史时期明确推进中国式现代化的目标、任务、重点,不断深化对中国式现代化的规律性认识,在中华民族伟大复兴历史进程中不断将中国式现代化推向新阶段和新高度。

(作者为原中央文献研究室副主任)

(《人民日报》2023年02月23日第09版)

牢牢把握团结奋斗的时代要求

中央统战部理论学习中心组

习近平总书记在党的二十大报告中强调:"团结奋斗是中国人民创造历史伟业的必由之路""团结就是力量,团结才能胜利"。学习贯彻党的二十大精神,要充分认识团结奋斗的重要意义,牢牢把握团结奋斗的时代要求,筑牢全体中华儿女共同团结奋斗的钢铁长城,以团结奋斗之力不断创造新的历史伟业。

团结奋斗是中国人民创造历史伟业的必由之路

力量生于团结,幸福源自奋斗。一百多年来,不管形势和任务如何变化,中国共产党始终依靠团结奋斗,团结一切可以团结的力量,为实现中华民族伟大复兴英勇拼搏。历史和实践充分证明,团结奋斗是中国共产党和中国人民最显著的精神标识,是中国人民创造历史伟业的必由之路。我们党正是掌握了团结奋斗这一成功"密码",在历经磨难中成长、在攻坚克难中壮大,团结带领人民创造了彪炳史册的发展成就。

新民主主义革命时期,面对一盘散沙、积贫积弱的旧中国,面对中华民族生死存亡的危难局面，党团结带领人民浴血奋战、百折不挠，建立民主联合战线、工农民主统一战线、抗日民族统一战线、人民民主统一战线，取得新民主主义革命伟大胜利，实现了民族独立、人民解放。新中国成立后，面对一穷二白、百废待兴的困难局面，党领导建立和巩固工人阶级领导的、以工农联盟为基础的人民民主专政的国家政权，巩固全国工人、农民、知识分子和其他各阶层人民的大团结，推进社会主义建设，在较短时间内建立起独立的比较完整的工业体系和国民经济体系。改革开放以来，党团结带领人民解放思想、锐意进取，逐步形成包括全体社会主义劳动者、社会主义事业的建设者、拥护社会主义的爱国者、拥护祖国统一的爱国者的联盟，团结一致向前看，一心一意谋发展，我国实现从生产力相对落后到经济总量跃居世界第二的历史性突破。党的十八大以来，以习近平同志为核心的党中央着眼新时代党和国家事业发展，努力寻求最大公约数、画出最大同心圆，发展形成包括全体社会主义劳动者、社会主义事业的建设者、拥护社会主义的爱国者、拥护祖国统一和致力于中华民族伟大复兴的爱国者的联盟，广泛汇聚实现民族复兴的磅礴力量，攻克了许多长期没有解决的难题，办成了许多事关长远的大事要事，党和国家事业取得历史性成就、发生历史性变革，中华民族伟大复兴进入了不可逆转的历史进程。

历史启示我们，团结奋斗必须是在中国共产党领导下的团结奋斗，只有坚持党的领导，才能保持团结奋斗的正确方向，中国人民的团结奋斗才有主心骨，全国各族人民才能团结一致、勠力同心，朝着共同目标前行；团结奋斗必须是坚持以人民为中心的团结奋斗，只有树牢群众观点，贯彻群众路线，始终保持党同人民群众的血肉联系，紧紧团结依靠人民，才能获得不竭的力量源泉；团结奋斗必须是汇聚最广泛力量的团结奋斗，只有团结一切可以团结的力量，调动一切可以调动的积极因素，形成最广泛的统一战线，才能最大限度凝聚起团结奋斗的力量，战胜前进道路上一切艰难险阻，不断从胜利走向胜利。

团结奋斗是党领导人民奋进新征程的必然要求

党的二十大报告提出："从现在起，中国共产党的中心任务就是团结带领全国各族人民全面建成社会主义现代化强国、实现第二个百年奋斗目标，以中国式现代化全面推进中华民族伟大复兴。"实现这一中心任务是全体中华儿女的共同心愿和共同事业，必须依靠团结奋斗凝聚起亿万人民的智慧和力量。

从面临的重要机遇来看，党的二十大擘画了未来发展的美好蓝图，反映了全体中国人民的共同利益和共同追求，必将极大激发全党全国各族人民团结奋斗的凝聚力、向心力。经过接续奋斗特别是新时代十年的不懈努力，我们如期实现全面建成小康社会的奋斗目标，我国经济迈上高质量发展之路，经济实力、科技实力、综合国力和人民生活水平迈上新的大台阶，我国发展具备了更为坚实的物质基础、更为完善的制度保证、更为主动的精神力量，站在了新的历史起点上。我们必须紧紧抓住发展的时与势，在实现中华民族伟大复兴中国梦的激励感召下，把党心军心民心凝聚起来，把海内外全体中华儿女的力量凝聚起来，汇聚成攻坚克难、踔厉奋发的奋斗洪流，把民族复兴历史伟业推向前进。

从面临的风险挑战来看，当前，世界之变、时代之变、历史之变正以前所未有的方式展开，世界百年未有之大变局加速演进，国际形势发生深刻复杂变化，世纪疫情影响深远，逆全球化思潮抬头，单边主义、保护主义明显上升，世界进入新的动荡变革期。一些国家对我国进行遏制打压，对我国主权、安全、发展利益构成严重威胁。我国发展进入战略机遇和风险挑战并存、不确定难预料因素增多的时期，国内改革发展稳定任务十分繁重，遇到的阻力和压力越来越大，不少深层次矛盾躲不开、绕不过，各种"黑天鹅""灰犀牛"事件随时可能发生，需要应对的风险和挑战、需要解决的矛盾和问题比以往更加错综复杂。面对复杂的国内外形势，只有凝聚全党全国各族人民的智慧和力量，准确识变、科学应变、主动求变，以团结奋斗汇聚奋发向前的强大合力，才能有效防范化解各种风险挑战，经受住风高浪急甚至惊涛骇浪的重大考验，推动中国号巨轮行稳致远。

广泛汇聚团结奋斗的磅礴伟力

习近平总书记指出："实现全面建成社会主义现代化强国、以中国式现代化全面推进中华民族伟大复兴的中心任务，需要全国上下团结奋斗。"新时代新征程，我们要牢牢把握团结奋斗的时代要求，紧紧围绕中心任务，坚持大团结大联合，凝聚起团结奋斗的强大力量，推动中国特色社会主义伟大事业不断胜利前进。

坚持党的全面领导，为团结奋斗提供根本保证。中国共产党领导是中国特色社会主义最本质的特征，是中国特色社会主义制度的最大优势，也是实现大团结大联合的根本保证。新征程上，要毫不动摇坚持党的全面领导，深刻领悟"两个确立"的决定性意义，不断增强

"四个意识"、坚定"四个自信"、做到"两个维护",始终在思想上政治上行动上同以习近平同志为核心的党中央保持高度一致。要坚持把党的领导落实到党和国家事业各领域各方面各环节,不断提高政治判断力、政治领悟力、政治执行力,切实增强贯彻落实党中央各项决策部署的政治自觉、思想自觉、行动自觉,把贯彻党中央精神体现到谋划重大战略、制定重大政策、部署重大任务、推进重大工作的实践中去,做到党中央提倡的坚决响应,党中央决定的坚决照办,党中央禁止的坚决不做,确保党在坚持和发展中国特色社会主义的历史进程中始终成为坚强领导核心,确保我国社会主义现代化建设正确方向,确保拥有团结奋斗的强大政治凝聚力、发展自信心。

坚持科学理论指导,为团结奋斗指引正确方向。思想是行动的先导,理论是实践的指南。习近平新时代中国特色社会主义思想源于实践、指导实践,是从新时代中国特色社会主义全部实践中产生的理论结晶,是推动新时代党和国家事业不断向前发展的科学指南,是经过实践检验、富有实践伟力的强大思想武器。新征程上,要坚持用习近平新时代中国特色社会主义思想指引团结奋斗的正确方向,坚决维护和不断巩固团结奋斗的思想理论基础,激发全党全国各族人民团结奋斗的精神动力,更好统一思想、统一意志、统一行动。要坚持学思用贯通、知信行统一,深刻理解这一重要思想的核心要义、精神实质、丰富内涵、实践要求,把握好其世界观和方法论,坚持好、运用好贯穿其中的立场观点方法,更加自觉用以指导解决改革发展稳定的重大问题、人民群众反映强烈的突出问题,切实把学习成果转化为奋进新征程、建功新时代的工作举措和实际成效。

坚持发扬斗争精神,为团结奋斗激发精神动力。社会是在矛盾运动中前进的，有矛盾就会有斗争，没有斗争就无法真正实现团结，斗争是团结奋斗的必要手段和途径。新征程上，我们还要跨越许多"雪山""草地"，还要征服许多"娄山关""腊子口"，必须发扬斗争精神、增强斗争本领，勇于战胜前进道路上的一切风险挑战，有效应对来自政治、经济、意识形态、自然界等方面的各种难题考验，依靠顽强斗争打开事业发展新天地。在事关大是大非的原则性问题上，要旗帜鲜明、毫不动摇，做到敢于斗争、善于斗争，勇于同一切破坏团结统一的错误言行作坚决斗争。同时要深刻认识到，在统一战线工作中，斗争是手段，团结才是目的。发扬"团结—批评—团结"的优良传统，通过沟通协商、说服教育、思想交锋等方式消弭分歧、化解矛盾、增进共识，努力形成牢不可破的真团结。

坚持巩固和发展最广泛的爱国统一战线，画出团结奋斗的最大同心圆。统一战线因团结而生，靠团结而兴。统一战线是凝聚人心、汇聚力量的强大法宝。新征程上，我们要不断巩固和发展最广泛的爱国统一战线，担负起促进中华儿女大团结的历史责任，坚持大团结大联合，正确处理一致性和多样性关系，促进政党关系、民族关系、宗教关系、阶层关系、海内外同胞关系和谐，把不同党派、不同民族、不同阶层、不同群体、不同信仰以及生活在不同社会制度下的全体中华儿女团结起来，画出最大同心圆。坚持围绕中心、服务大局，广泛凝聚共识，广聚天下英才，充分激发统一战线广大成员的创造活力和发展动力，不断巩固全国各族人民大团结，加强海内外中华儿女大团结，形成共同致力于民族复兴磅礴伟力。

（《人民日报》2023年02月28日第09版）

更好发挥人民政协作用 广泛凝聚人心和力量

中共政协全国委员会机关党组

党的二十大报告从发展全过程人民民主、保障人民当家作主的战略高度，提出协商民主是实践全过程人民民主的重要形式，对全面发展协商民主提出明确要求。作为具有中国特色的制度安排，人民政协是人民民主的重要形式，是推进社会主义协商民主实践的重要力量。新时代新征程，我们要深入学习贯彻党的二十大精神，扎实推进专门协商机构建设，更好发挥社会主义协商民主特色优势，坚持和发展全过程人民民主，为广泛凝聚人心和力量，以中国式现代化全面推进中华民族伟大复兴作出新的更大贡献。

深刻学习领会习近平总书记关于发展社会主义协商民主的重要论述

党的十八大以来，习近平总书记高度重视社会主义协商民主建设，发表一系列重要讲话，提出一系列新理念新思想新要求，强调人民通过选举、投票行使权利和人民内部各方面在重大决策之前进行充分协商，尽可能就共同性问题取得一致意见，是中国社会主义民主的两种重要形式，进一步明确了协商民主在我国政治领域的地位作用、目标任务、着力重点等，为全面发展协商民主提供了根本遵循。

深刻认识社会主义协商民主的深厚渊源。习近平总书记指出，协商民主"源自中华民族长期形成的天下为公、兼容并蓄、求同存异等优秀政治文化，源自近代以后中国政治发展的现实进程，源自中国共产党领导人民进行革命、建设、改革的长期实践，源自新中国成立后各党派、各团体、各民族、各阶层、各界人士在政治制度上共同实现的伟大创造，源自改革开放以来中国在政治体制上的不断创新，具有深厚的文化基础、理论基础、实践基础、制度基础"。习近平总书记的重要论述，深刻阐明了协商民主扎根我国社会土壤，有根、有源、有生命力，是我们党把马克思主义关于人民民主的思想同中国具体实际相结合、同中华优秀传统文化相结合，创造性地发展出的重要民主形式，也是对人类政治文明的重大贡献。

深刻认识社会主义协商民主的独特优势。习近平总书记指出："协商民主是党领导人民有效治理国家、保证人民当家作主的重要制度设计""是中国社会主义民主政治中独特的、独有的、独到的民主形式""深深嵌入了中国社会主义民主政治全过程"。习近平总书记的重要论述，深刻阐明了协商民主在发展全过程人民民主中的优势和作用。协商民主既坚持中国共产党的领导，又发挥各方面的积极作用；既坚持人民主体地位，又贯彻民主集中制的领导制度和组织原则；既坚持人民民主的原则，又贯彻团结和谐的要求，彰显全过程人民民主是最广泛、最真实、最管用的民主的要义和特点。

深刻认识社会主义协商民主的基本定性。习近平总书记指出："要深刻把握社会主义协商民主是中国共产党的群众路线在政治领域的重要体现这一基本定性""在人民内部各方面广泛商量的过程，就是发扬民主、集思广益的过程，就是统一思想、凝聚共识的过程，就是科学决策、民主决策的过程，就是实现人民当家作主的过程"。习近平总书记的重要论述，深刻阐明了发展协商民主的重要前提和基础。要坚持把实现好、维护好、发展好最广大人民根本利益作为一切工作的出发点和落脚点，按照协商于民、协商为民的要求，深入实际、深入基层、深入群众，做到知民情、解民忧、纾民怨、暖民心。

深刻认识社会主义协商民主的战略任务。习近平总书记强调："社会主义协商民主，应该是实实在在的、而不是做样子的，应该是全方位的、而不是局限在某个方面的，应该是全国上上下下都要做的、而不是局限在某一级的""要切实落实推进协商民主广泛多层制度化发展这一战略任务""构建程序合理、环节完整的社会主义协商民主体系，确保协商民主有制可依、有规可守、有章可循、有序可遵"。习近平总书记的重要论述，深刻阐明了社会主义协商民主的战略任务。要通过各种途径、各种渠道、各种方式就改革发展稳定重大问题特别是事关人民群众切身利益的问题进行广泛协商，广纳群言、广集民智，增进共识、增强合力，推动决策和工作更好反映群众意愿、符合客观实际。

人民政协协商民主建设扎实推进

人民政协是社会主义协商民主的重要渠道和专门协商机构，在协商中促进广泛团结、推进多党合作、实践人民民主，既秉承历史传统，又反映时代特征，充分体现我国社会主义民主有事多商量、遇事多商量、做事多商量的特点和优势。党的十八大以来，全国政协坚持以习近平新时代中国特色社会主义思想为指导，深入学习贯彻习近平总书记关于发展社会主义协商民主的重要论述、关于加强和改进人民政协工作的重要思想和中央政协工作会议精神，准确把握政协性质定位，围绕党和国家中心任务积极建言资政、广泛凝心聚力，切实发挥专门协商机构在坚持和发展全过程人民民主、推进国家治理体系和治理能力现代化中的重要作用。

聚焦党和国家中心任务深入协商议政。坚持稳中求进工作总基调，制定实施全国政协年度协商计划，围绕制定国民经济和社会发展五年规划、打赢脱贫攻坚战、建设更高水平的平安中国、构建新发展格局、统筹推进绿色低碳高质量发展等召开专题议政性常委会会议，就全面实施乡村振兴战略、推进粤港澳大湾区创新合作、积极应对人口老龄化、推动数字经济持续健康发展、深入实施新时代人才强国战略等进行专题协商，运用双周协商座谈会、远程协商等形式就持续优化营商环境、推动"一带一路"民心相通等议政建言，为党中央科学决策、有效施策提供参考。

创新方式载体提升政协协商质量。创建双周协商座谈会制度，增加协商密度，强化讨论交流，参会委员以民主党派成员和无党派人士为主，选择切口小、社会关注度高的具体问题议深议透。依托互联网开展网络议政、联动协商等，发挥委员移动履职平台作用，把协商从会场延伸到网上，拓展委员参与面、增强履职便利度。创设专家协商会，组织跨界别、跨学科、跨领域的专家委员和有关学者，针对重大问题开展前瞻研究、深度协商，形成一批高质量建言成果。改进调查研究，深化委员自主调研，丰富调研手段，为高质量协商打好基础。

把握性质定位开展协商式监督。把握协商式监督性质定位，重点监督性议题纳入年度协商计划，寓监督于会议、视察、提案、专题调研、大会发言、社情民意信息等工作之中。十三届全国政协组织10个专门委员会，围绕"十四五"规划实施制定民主监督工作计划，就相关领域工作重点持续跟踪监督，把监督性调研、视察同专题协商会、界别协商会、对口协商会等贯通起来，将协商贯穿于确定监督议题、调研了解情况、形成监督意见等全过程，助推党和国家重大方针政策和重要决策部署贯彻落实。

健全工作制度提高政协协商规范化水平。贯彻落实《中国共产党政治协商工作条例》，对人民政协政治协商活动筹备、开展、成果运用和反馈等全流程各环节作出规范。着眼增强专门协商机构效能，制定协商工作规则、加强和促进凝聚共识工作的意见、强化政协委员责任担当的意见等制度。坚持和完善组织管理和内部运行制度，建立健全主席会议向常务委员会会议报告工作、常委提交年度履职报告、党员常委履职点评等制度。持续抓好制度执行，加强落实情况督促检查，推动人民政协制度优势更好转化为国家治理效能。

更好发挥人民政协作为专门协商机构的重要作用

人民政协在构建社会主义协商民主体系、发展全过程人民民主中肩负重要责任。我们要认真贯彻落实党的二十大精神，深刻领悟"两个确立"的决定性意义，增强"四个意识"、坚定"四个自信"、做到"两个维护"，坚持党的领导、统一战线、协商民主有机结合，坚持发扬民主和增进团结相互贯通、建言资政和凝聚共识双向发力，更好发挥人民政协作为专门协商机构的作用。

毫不动摇坚持党对政协协商工作的全面领导。把坚持和加强党的领导作为根本政治原则和重大政治责任，完善落实党的全面领导的组织体系和制度机制，发挥政协党组在政协工作中的领导作用，严格执行重大问题请示报告制度，确保政协协商正确政治方向。通过政协协商的制度实践，把党中央决策部署和对人民政协工作的要求转化为各党派团体和各族各界人士的思想自觉与行动自觉，使人民政协更好成为坚持和加强党对各项工作领导的重要阵地、用党的创新理论团结教育引导各族各界代表人士的重要平台、在共同思想政治基础上化解矛盾和凝聚共识的重要渠道。

进一步提高政协协商实效。加强制度化、规范化、程序化等功能建设，建立健全以协商制度为主干，覆盖专门协商机构党的建设、履职工作、组织管理、内部运行等各方面的工作制度。完善协商议政格局，进一步搭建机制化、常态化的协商参与平台，强化深度协商互动，使各种意见得以充分表达，营造既畅所欲言、各抒己见，又理性有度、合法依章的良好协商氛围。健全政协民主监督组织领导、权益保障、知情反馈、沟通协调机制，更好发挥协商式监督作用。

注重在政协协商中凝聚共识。把凝聚共识贯穿履行职能全过程，完善建言资政和凝聚共识双向发力的制度、程序和机制。丰富团结联谊活动方式，深化促进政党关系、民族关系、宗教关系、阶层关系、海内外同胞关系和谐的工作。完善凝聚共识平台载体，组织政协委员宣传阐释党和国家重大决策部署，传播政协协商形成的共识。健全委员联系界别群众制度机制，完善政协组织委员、委员引导界别群众的工作链条。

着力提升政协委员协商能力。强化理论武装,引导委员深入学习贯彻习近平新时代中国特色社会主义思想,贯彻落实习近平总书记关于加强和改进人民政协工作的重要思想,夯实团结奋斗的共同思想政治基础。落实"懂政协、会协商、善议政,守纪律、讲规矩、重品行"的要求,加强学习培训,教育引导委员全面提升政治把握能力、调查研究能力、联系群众能力、合作共事能力,树立协商理念,遵守协商规则,培育协商文化,更好把报国之志、为民之心和履职之能结合起来,在新时代新征程上展现政协委员的责任担当。

(《人民日报》2023年03月01日第08版)

不断提升城市安全治理水平

伍爱群

习近平总书记指出："公共安全连着千家万户，确保公共安全事关人民群众生命财产安全，事关改革发展稳定大局。"党的二十大报告对提高公共安全治理水平作出战略部署。城市安全治理是公共安全治理的重要方面，提升城市安全治理水平是维护公共安全的题中应有之义。我们要全面学习习近平总书记围绕城市工作发表的一系列重要论述，深入贯彻落实党的二十大战略部署，坚持总体国家安全观，加强城市安全治理，在完善城市安全评价标准、强化城市安全保障、提高城市安全治理效能等方面深入推进改革创新，推进城市安全治理现代化，更好维护城市安全有序运转和人民生命健康、财产安全，助力编织全方位、立体化的公共安全网。

完善城市安全评价标准

习近平总书记指出："要加强城市运行管理，增强安全风险意识，加强源头治理。"当前，城市安全新旧风险交织叠加，安全风险防范压力加大。提升城市安全治理水平，要从源头上做好辨识、防范、化解城市安全风险的工作。要依据中共中央、国务院印发的《关于推进安全生产领域改革发展的意见》和中办、国办印发的《关于推进城市安全发展的意见》等规定，不断完善城市安全评价相关标准，解决好"评什么""怎么评"等问题。这既是遵循城市发展规律、维护城市安全运行的客观要求，也是建立城市安全治理长效机制的重要基础。

城市是一个复杂的系统，无时无刻不在运转。随着社会流动性增强和产业形态、就业格局等的多样化多元化，影响城市安全的各种因素相互作用、相互交织。习近平总书记指出："重特大突发事件，不论是自然灾害还是责任事故，其中都不同程度存在主体责任不落实、隐患排查治理不彻底、法规标准不健全、安全监管执法不严格、监管体制机制不完善、安全基础薄弱、应急救援能力不强等问题。"重大事故背后大都有一个复杂的生成过程，诱发事故的原因可能是多方面的。评价城市安全要坚持系统观念、全局观念，从过程、结果、手段等多角度展开。事故数字是一个结果标尺，隐患排查治理、安全监管执法、救援能力建设等则是过程标尺。这些过程标尺可以衡量出城市防范和控制事故的安全治理水平，需要纳入城市安全评价之中。完善城市安全评价标准，不仅需要合理设计城市安全评价的各项指标，增强城市安全评价的多样性、可行性，还应推动城市安全评价的系统化、科学化，更好助推公共安全治理模式向事前预防转型。

强化城市安全保障

习近平总书记指出："维护公共安全，要坚持问题导向，从人民群众反映最强烈的问题入手，高度重视并切实解决公共安全面临的一些突出矛盾和问题，着力补齐短板、堵塞漏洞、消除隐患，着力抓重点、抓关键、抓薄弱环节，不断提高公共安全水平。"提升城市安全治理水平，需要从城市安全治理中最基础的环节做起、从最明显的短板补起、从最突出的问题防起，不断强化城市安全保障。

夯实基层基础。习近平总书记指出："维护公共安全体系，要从最基础的地方做起。"坚持把基层一线作为维护城市安全的主战场，坚持重心下移、力量下沉、保障下倾，实现城市安全监管执法和综合治理网格化、一体化。提高公共安全体系精细化水平，充分动员全社会力量参与城市安全治理。构建公共安全人防、物防、技防网络，实现人员素质、设施保障、技术应用的整体协调。推动基层一线严格执行"党政同责、一岗双责、失职追责""管行业必须管安全、管业务必须管安全、管生产经营必须管安全"，确保责任落实无空档、监督管理无盲区。

完善安全法规。现代社会中传统安全与非传统安全问题交织，城市安全面临多重考验，这对保障城市安全运行提出了新的更高要求。提升城市安全治理水平，要善于运用法治思维和法治方式应对各种风险挑战。要坚持以习近平法治思想为指导，聚焦抗震、防洪、排涝、消防、安全生产、突发重大疫情救治等领域，聚焦有效解决影响城市安全的突出矛盾和问题，不断完善保障城市安全的相关法律，加强体现安全生产区域特点的地方性法规建设，形成完善的城市安全法治体系。

加强科技运用。城市安全治理要以现代化的安全技术为支撑和保障。要积极推广先进生产工艺和安全技术，提高安全自动监测和防控能力。加强城市安全监管信息化建设，完善安全生产监管与市场监管、应急保障、环境保护、治安防控、消防安全、道路交通、信用管理等方面的公共数据资源开放共享机制。深入推进城市生命线工程建设，积极研发和推广应用先进的风险防控、灾害防治、预测预警、监测监控、个体防护、应急处置、工程抗震等安全技术和产品。推动形成可靠高效的安全技术保障，以科技手段促进城市安全治理用最短时间、花最小成本，解决最大的关键问题、争取最佳的综合效益。

提高城市安全治理效能

提升城市安全治理水平，最终要体现到提高城市安全治理效能上。必须牢固树立以人民为中心的发展思想，始终坚守发展决不能以牺牲安全为代价这条红线，以创新为引领，坚持系统治理，促进整体安全，切实为人民群众营造安居乐业、幸福安康的生产生活环境，让人民群众获得感、幸福感、安全感更加充实、更有保障、更可持续。

推进治理创新。习近平总书记指出："维护公共安全，必须从建立健全长效机制入手，推进思路理念、方法手段、体制机制创新"。创新是第一动力。面对城市安全治理的繁重工作任务，我们要驾驭复杂局面、解决复杂问题，不断提高城市安全治理效能，必须加强治理创新。要立足城市安全治理和事故预防实际，更加深入准确地把握影响城市安全运行的关键要素，不断推进安全理念创新。加快提升安全监控能力，推动城市安全治理系统化、智能化，实现安全监管手段创新。创新安全监管体制，加强安全生产监督管理部门之间的工作衔接，推动安全生产领域内综合执法，提高城市安全监管执法实效。

拓展人民群众参与城市安全治理的有效途径，积"小创新"为"大创新"。

坚持系统治理。坚持系统观念是辩证唯物主义的客观要求，是认识复杂事物、解决复杂矛盾的客观需要。城市安全治理是由多领域、多环节、多要素构成的复杂系统，任何一个要素发生变化，都会影响城市系统的安全运行。要坚持系统治理，做到发展地而不是静止地、全面地而不是片面地、系统地而不是零散地观察和把握城市安全治理问题。打破条块分割、部门独立、地方割裂的旧观念旧框架，建立大安全大应急框架，既抓住城市安全的主要矛盾和突出风险精准施策，又统筹兼顾、协调推进各项具体工作，形成共同维护城市安全的合力。

维护整体安全。城市安全是大安全格局的重要组成部分，是一种综合性、整体性的安全，贯穿城市运行和发展的各方面全过程。提高城市安全治理效能，要坚持标本兼治，坚持关口前移，加强日常防范，维护城市整体安全。在城市安全治理中统筹考虑人身安全、财产安全、环境安全、经济安全等重点领域安全，提升事前、事中、事后"全链条"安全监管能力，聚焦防灾、减灾、抗灾、救灾，增强"全灾种"救援能力，严格落实地方各级党委和政府的领导责任、部门监管责任、企业主体责任等相关主体的安全责任，全面提升城市安全水平。

（作者为华东师范大学特聘教授）

（《人民日报》2023年03月02日第09版）

"三个务必"的丰富内涵和时代意义

沈传亮

习近平总书记在党的二十大报告中指出:"全党同志务必不忘初心、牢记使命,务必谦虚谨慎、艰苦奋斗,务必敢于斗争、善于斗争,坚定历史自信,增强历史主动,谱写新时代中国特色社会主义更加绚丽的华章。""三个务必"是我们党洞悉历史规律、立足时代方位、把握时代大势作出的重大论断,充分体现了我们党强烈的使命担当、忧患意识和斗争精神,深化了对共产党执政规律、党的建设规律的认识,对于新征程上全党统一思想、统一意志、统一行动,永葆"赶考"的清醒和坚定,不断开创党和国家事业新局面具有重大现实意义和深远历史意义。

建设百年大党的经验结晶

中国共产党是一个有着坚定信仰、远大理想的无产阶级政党,是一个有着极强使命感、责任感的先进政治组织。我们党坚持以马克思主义为指导,不断推进马克思主义中国化时代化,用发展着的马克思主义指导我国革命、建设、改革事业,取得举世瞩目的伟大成就。在这一过程中形成的伟大建党精神，成为中国共产党人长期奋斗的精神源泉。在使命感、责任感的召唤下，在伟大实践、理论创新、精神传承中，我们党先后提出了"两个务必"和"三个务必"。

在中国革命即将取得全国胜利之际，毛泽东同志在党的七届二中全会上告诫全党："中国的革命是伟大的，但革命以后的路程更长，工作更伟大，更艰苦。这一点现在就必须向党内讲明白，务必使同志们继续地保持谦虚、谨慎、不骄、不躁的作风，务必使同志们继续地保持艰苦奋斗的作风。""两个务必"包含着对我国几千年历史治乱规律的深刻借鉴，包含着对我们党艰苦卓绝奋斗历程的深刻总结，包含着对胜利了的政党永葆先进性和纯洁性、对即将诞生的人民政权实现长治久安的深刻忧思，包含着对我们党坚持全心全意为人民服务根本宗旨的深刻认识，不仅在当时起到了警醒全党的作用，对于新中国成立后党和国家事业发展也产生了巨大而深远的影响。

进入新时代，以习近平同志为核心的党中央坚持打铁必须自身硬，以前所未有的勇气和定力深入推进全面从严治党，开展史无前例的反腐败斗争，解决了党内存在的许多突出问题。经过不懈努力，党找到了自我革命这一跳出治乱兴衰历史周期率的第二个答案，自我净化、自我完善、自我革新、自我提高能力显著增强，管党治党宽松软状况得到根本扭转，风清气正的党内政治生态不断形成和发展，党在革命性锻造中更加坚强有力、更加充满活力。同时，党的建设特别是党风廉政建设和反腐败斗争面临不少顽固性、多发性问题，"四大考验""四种危险"将长期存在。在迈上全面建设社会主义现代化国家新征程、向第二个百年奋斗目标进军的关键时刻，习近平总书记告诫全党"必须时刻保持解决大党独有难题的清醒和坚定"。基于对党内存在突出问题的深刻洞察、对"两个务必"的传承弘扬，我们党提出"三个务必"，激励新时代中国共产党人永葆"赶考"的清醒和坚定，在增强历史自觉中把握历史主动，不断用实绩书写新时代中国特色社会主义新篇章。

蕴含百年大党的使命担当

"三个务必"源于对党的性质宗旨的深刻体悟、对党的百年奋斗历史经验的深刻总结、对党肩负使命任务的深刻把握。"三个务必"是一个整体，具有系统性，体现了我们党对共产党执政规律的认识不断深化；同时，又各有侧重，具有针对性，体现了我们党对推进大党建设的前瞻性思考和战略性谋划。

务必不忘初心、牢记使命。中国共产党一经诞生，就把为中国人民谋幸福、为中华民族谋复兴确立为自己的初心使命。党的一大纲领鲜明指出："党的根本政治目的是实行社会革命"。党的二大制定了党为之奋斗的最高纲领和最低纲领。1925 年，毛泽东同志在为《政治周报》创刊号撰写的发刊词中指出："为什么要革命？为了使中华民族得到解放，为了实现人民的统治，为了使人民得到经济的幸福。"一百多年来，我们党矢志不渝践行初心使命，团结带领全国各族人民为争取民族独立、人民解放和实现国家富强、人民幸福而不懈奋斗。在这一过程中，我们党对初心使命的认识日益全面深刻。中国共产党为人民谋幸福，不仅包括物质富足，而且包括精神富有；为民族谋复兴，不仅要推动我国综合国力和国际地位不断提升，而且要增强中华文明传播力影响力；中国共产党不仅为中国人民谋幸福、为中华民族谋复兴，也为人类谋进步、为世界谋大同，为解决人类面临的共同问题、推动建设更加美好的世界作出贡献。我们要加强对党的初心使命内涵的理解，结合时代变化、实践发展，更好把对初心使命的坚守转化为全面建设社会主义现代化国家、全面推进中华民族伟大复兴的行动自觉。

务必谦虚谨慎、艰苦奋斗。以马克思主义为指导的中国共产党，从中华优秀传统文化中汲取滋养，始终强调谦虚谨慎、艰苦奋斗。艰苦的革命斗争环境锻造出中国共产党人吃苦耐劳、艰苦奋斗的优秀品格，成为我们党在不同历史时期战胜各种风险挑战、不断从胜利走向胜利的重要保证。"两个务必"就是着眼全国性胜利即将到来的情势，提醒全党继续发扬党的优良作风。在党的八大开幕式上，毛泽东同志进一步提出"虚心使人进步，骄傲使人落后"的名言。在推进从站起来、富起来到强起来的伟大历史进程中，我们党始终保持谦虚谨慎、艰苦奋斗的光荣传统和优良作风。2013年7月在西柏坡，习近平总书记告诫全党："全党同志要不断学习领会'两个务必'的深邃思想，始终做到谦虚谨慎、艰苦奋斗、实事求是、一心为民"。在二〇一四年新年贺词中，习近平总书记指出："让老百姓过上更加幸福的生活，还有大量工作要做。我们要谦虚谨慎、艰苦奋斗，共同谱写伟大祖国发展的时代新篇章。"党的二十大报告把谦虚谨慎、艰苦奋斗作为"三个务必"中的一条，既体现我们党一以贯之坚持的优良作风，更彰显我们党在新时代新征程上继续完成艰巨使命任务的历史清醒。

务必敢于斗争、善于斗争。社会是在矛盾运动中前进的，有矛盾就会有斗争。中国人民素有斗争精神，在长期斗争中积累了宝贵经验。中国共产党人面对反动派的屠刀、面对侵略者的野蛮行径，团结带领人民浴血奋战、百折不挠，夺取新民主主义革命的伟大胜利。新中国成立后特别是改革开放以来，面对复杂的国际局势和国内矛盾，我们党带领人民顽强斗争、奋勇拼搏，建立社会主义制度、推进社会主义建设，在改革开放中不断推进社会主义现代化事业。进入新时代，面对前进道路上的重大挑战、重大风险、重大阻力、重大矛盾，习近平总书记强调："必须进行具有许多新的历史特点的伟大斗争"。在以习近平同志为核心的党中央坚强领导下，在习近平新时代中国特色社会主义思想科学指引下，我们党领导人民敢于斗争、善于斗争，攻克了许多长期没有解决的难题，办成了许多事关长远的大事要事，推动党和国家事业取得历史性成就、发生历史性变革。我们取得的一切成就，不是天上掉下来的，不是别人恩赐的，而是通过不断斗争取得的。奋进全面建设社会主义现代化国家新征程，实现伟大梦想，必须进行伟大斗争，依靠顽强斗争打开事业发展新天地。

昭示百年大党的"常青之道"

"三个务必"揭示了新时代十年伟大变革的成功密码，反映了中国共产党人面对新征程新使命新考验独有的忧患意识、高度的历史自觉和强烈的责任担当，体现了我们党在新的历史条件下对共产党执政规律、党的建设规律的深刻把握，必将引领全党走好新的赶考之路、创造新的历史伟业。

对共产党执政规律、党的建设规律的深化认识。进入新时代，以习近平同志为核心的党中央提出中国特色社会主义最本质的特征是中国共产党领导、中国特色社会主义制度的最大优势是中国共产党领导；办好中国的事情，关键在党，关键在党要管党、全面从严治党等一系列原创性观点，探索出依靠党的自我革命跳出历史周期率的成功路径，大大深化了对共产党执政规律、党的建设规律的认识。"三个务必"是习近平总书记在深化认识共产党执政规律、党的建设规律，创新党的建设理论过程中提出的重要思想观点。它是对"两个务必"的继承和发展，揭示了党长期执政的基本遵循，体现了党长期执政的本质要求。

全面加强党的建设的有力抓手。党的十八大以来，我们提出新时代党的建设总要求，探索建立不忘初心、牢记使命的制度，不断完善全面从严治党制度，对党的建设布局进行科学完善，党的建设得到全面加强。同时要看到，党面临的"四大考验""四种危险"将长期存在。党的二十大提出"全党必须牢记，全面从严治党永远在路上，党的自我革命永远在路上"，号召广大党员时刻保持解决大党独有难题的清醒和坚定，以一往无前的奋斗姿态、永不懈怠的精神状态，不断取得全面从严治党新成效。"三个务必"涵盖党的思想建设、作风建设等多方面要求，是进一步加强党的建设的有力抓手。踏上新征程，我们要弘扬伟大建党精神，持续开展党内集中教育，完善党内法规体系，不断增强全党践行"三个务必"的思想自觉和行动自觉，把新时代党的建设新的伟大工程推向新高度。

谱写新征程绚丽华章的政治保证。全面建设社会主义现代化国家、全面推进中华民族伟大复兴，关键在党。既要坚持和加强党的全面领导，为新时代新征程把准前进方向、谋划发展大局、制定科学政策，又要全面从严治党，永葆党的生机活力，走好新的赶考之路。只有牢记和践行"三个务必",坚定不移推进党的自我革命,不断实现自我净化、自我完善、自我革新、自我提高,我们才能在风高浪急中锚定目标任务踔厉奋发、勇毅前行,以伟大自我革命引领伟大社会革命,全面建成社会主义现代化强国,实现中华民族伟大复兴的中国梦。

(作者为中央党校(国家行政学院)习近平新时代中国特色社会主义思想研究中心研究员)

(《人民日报》2023年03月03日第09版)

时刻保持解决大党独有难题的清醒和坚定

曲青山

我们党作为世界上最大的马克思主义执政党,组织规模之大、党员人数之多,都是独一无二、前所未有的。辩证地看,大有大的优势,大也有大的难处。如果管党治党有力,汇聚磅礴力量,我们党就会无往而不胜,就能够办大事、建伟业、创奇迹,否则就会一事无成。习近平总书记在党的二十大报告中强调:"必须时刻保持解决大党独有难题的清醒和坚定。"时刻保持解决大党独有难题的清醒和坚定,关系党的生死存亡、关系党的兴衰成败,是党在新时代新征程上必须回答好、解决好的问题。那么,我们党面临哪些"独有难题",如何去破解呢?在二十届中央纪委二次全会上,习近平总书记发表重要讲话,作出了"六个如何始终"的重要论述,为全党时刻保持清醒和坚定、解决大党独有难题指明了行动方向、提供了根本遵循。

必须始终不忘初心、牢记使命

这是习近平总书记阐述的解决大党独有难题的第一个问题,强调的是"如何始终不忘初心、牢记使命"。习近平总书记之所以提出这个问题，就是要提醒全党，不要忘了中国共产党是什么、要干什么这个根本问题，不要忘记我是谁、为了谁、依靠谁。党的初心和使命是党的性质宗旨、理想信念、奋斗目标的集中体现。这个问题关系立党兴党强党的根本问题，关系中国共产党人的根与本、精神支柱与政治灵魂。

我们党从诞生之日起，就把为中国人民谋幸福、为中华民族谋复兴作为自己的初心使命，始终坚持共产主义理想和社会主义信念，并一以贯之体现在党的全部奋斗中。100多年来，党领导人民浴血奋战、百折不挠，创造了新民主主义革命的伟大成就；自力更生、发愤图强，创造了社会主义革命和建设的伟大成就；解放思想、锐意进取，创造了改革开放和社会主义现代化建设的伟大成就；自信自强、守正创新，创造了新时代中国特色社会主义的伟大成就，书写出中华民族几千年历史上最恢宏的史诗，靠的是什么？靠的就是我们党有远大理想和崇高追求，靠的就是广大中国共产党人对初心使命的始终坚守。历史和现实反复证明，一个政党有了远大理想和崇高追求，有了坚定的初心使命，才会坚强有力、无坚不摧。一名党员干部始终不忘初心、牢记使命，就能挺起共产党人的精神脊梁，做到"任尔东西南北风"。

新时代新征程，目标更加宏伟、任务愈加繁重、挑战日益严峻，需要全党同志务必不忘初心、牢记使命。要坚持不懈用习近平新时代中国特色社会主义思想凝心铸魂，始终坚定对马克思主义的信仰，对中国特色社会主义和共产主义的信念，"炼就金刚不坏之身"。要始终坚持人民至上，以百姓心为心，与人民同呼吸、共命运、心连心，保持党同人民群众的血肉联系，永葆党的先进性和纯洁性。

必须始终统一思想、统一意志、统一行动

这是习近平总书记阐述的解决大党独有难题的第二个问题,强调的是"如何始终统一思想、统一意志、统一行动"。习近平总书记之所以提出这个问题,就是要提醒全党,治理我们这样一个大党大国,如果没有党中央权威和集中统一领导,如果没有全党全国思想统一、步调一致,就什么事也办不成。这个问题决不是一般的问题和个人的事,而是方向性、原则性、根本性问题,关乎党和国家的前途命运,关乎人民群众的根本利益。

从党的历史看,凡是我们党保持团结统一的时候,我们的事业就会取得胜利;凡是我们党的团结统一遭到破坏的时候,我们的事业就会遭受挫折。遵义会议前,由于我们党没有形成一个成熟的党中央,没有形成全党的团结统一,党和人民事业多次遭受挫折。遵义会议开始确立以毛泽东同志为主要代表的马克思主义正确路线在党中央的领导地位,开始形成以毛泽东同志为核心的党的第一代中央领导集体,开启了党独立自主解决中国革命实际问题新阶段,在最危急关头挽救了党、挽救了红军、挽救了中国革命,并且在这以后使党能够战胜张国焘的分裂主义,胜利完成长征,打开中国革命新局面。此后,我们党就不断从胜利走向胜利。改革开放以后,党为加强和改善党的领导进行持续努力,为党和国家事业发展提供了根本政治保证。同时,党内也存在不少对坚持党的领导认识模糊、行动乏力问题,存在不少落实党的领导弱化、虚化、淡化、边缘化问题,特别是对党中央重要决策部署执行不力,有的搞上有政策、下有对策,甚至口是心非、擅自行事,严重影响党的形象和威信,严重损害党的领导作用的发挥。历

史和现实证明，只有党中央有权威，才能把全党牢固凝聚起来，进而把全国各族人民紧密团结起来，形成万众一心、无坚不摧的磅礴力量。党的团结统一是党和人民前途和命运所系，是全国各族人民根本利益所在。保证党的团结和集中统一至关重要，维护党中央权威至关重要，任何时候任何情况下都不能含糊、不能动摇。

新时代新征程，统一思想、统一意志、统一行动，就要深刻领悟"两个确立"的决定性意义，增强"四个意识"、坚定"四个自信"、做到"两个维护"。要坚持和加强党中央集中统一领导，健全党的领导制度体系，完善党中央重大决策部署落实机制，确保全党在政治立场、政治方向、政治原则、政治道路上同以习近平同志为核心的党中央保持高度一致。全党要在重大问题、严峻形势面前始终心往一处想、劲往一处使，团结一致向前进。

必须始终具备强大的执政能力和领导水平

这是习近平总书记阐述的解决大党独有难题的第三个问题，强调的是"如何始终具备强大的执政能力和领导水平"。习近平总书记之所以提出这个问题，就是要提醒全党，一个在14亿多人口大国长期执政的党，面对世界百年未有之大变局，面对我国正处于实现中华民族伟大复兴的关键时期，能力不足、本领不强，就无法团结带领人民完成新时代新征程的使命任务。这个问题是加强和改进党的领导的关键问题，关系重大、决定全局。

我们党一路走来，从弱小到强大，从局部执政到全国执政，建立新中国、进行社会主义革命和建设、实行改革开放，历来高度重视全党特别是领导干部的学习和能力水平提升。早在延安时期,毛泽东同志就指出:"我们队伍里边有一种恐慌,不是经济恐慌,也不是政治恐慌,而是本领恐慌。"毛泽东同志要求全党:"边学边干,在战争中学习战争,在实践中增长才干,这就是我们共产党人的辩证法!"改革开放之初,邓小平同志强调,要重视和研究党的执政能力问题,"不好好研究这个问题,不解决这个问题,坚持不了党的领导,提高不了党的威信"。邓小平同志号召全党:"必须再重新进行一次学习"。习近平总书记指出:"要增强学习本领,在全党营造善于学习、勇于实践的浓厚氛围,建设马克思主义学习型政党,推动建设学习大国。"回顾百年奋斗历程,我们党依靠学习走到今天,依靠学习创造伟业。绳短不能汲深井,浅水难以负大舟。党和国家事业越发展,对领导干部的能力要求就越高。面对新情况新问题,一些干部出现新办法不会用、老办法不管用、硬办法不敢用、软办法不顶用,缺乏知识、缺乏本领,违背规律、蛮干盲干,给党和国家事业带来严重损失。历史和现实充分证明,我们党既要政治过硬,也要本领高强;既要有担当的宽肩膀,也要有成事的真本领。

新时代新征程,提高党的执政能力和领导水平,就要增强推动高质量发展本领、服务群众本领、防范化解风险本领,提高防风险、迎挑战、抗打压能力。要勤于学习、善于学习,向书本学、向实践学、向人民学。要把调查研究作为基本功,大兴调查研究之风,深入基层、深入群众、深入实际,问政于民、问计于民、问策于民。要不断提高科学执政、民主执政、依法执政水平。要加强思想淬炼、政治历练、实践锻炼、专业训练,在重大斗争中不断磨砺提升能力水平,担当起民族复兴的历史重任。

必须始终保持干事创业精神状态

这是习近平总书记阐述的解决大党独有难题的第四个问题，强调的是"如何始终保持干事创业精神状态"。习近平总书记之所以提出这个问题，就是要提醒全党，大党长期执政，承平日久，容易追求安逸享乐，从而精神懈怠、意志消沉、不思进取。人无精神则不立，国无精神则不强。这个问题关系到党能不能永葆革命精神、坚定革命斗志，赓续共产党人精神血脉，鼓起奋进新征程、建功新时代的精气神，从而走好新的赶考之路。

历史从哪里开始，精神就从哪里产生。我们党一路走来，一代又一代中国共产党人顽强拼搏、不懈奋斗，形成了以伟大建党精神为源头的包括井冈山精神、苏区精神、长征精神、遵义会议精神、延安精神、抗战精神、红岩精神、西柏坡精神、照金精神、东北抗联精神、南泥湾精神、太行精神（吕梁精神）、大别山精神、沂蒙精神、老区精神、张思德精神；抗美援朝精神、"两弹一星"精神、雷锋精神、焦裕禄精神、大庆精神（铁人精神）、红旗渠精神、北大荒精神、塞罕坝精神、"两路"精神、老西藏精神（孔繁森精神）、西迁精神、王杰精神；改革开放精神、特区精神、抗洪精神、抗击"非典"精神、抗震救灾精神、载人航天精神、劳模精神（劳动精神、工匠精神）、青藏铁路精神、女排精神；脱贫攻坚精神、抗疫精神、"三牛"精神、科学家精神、企业家精神、探月精神、新时代北斗精神、丝路精神等伟大精神在内的中国共产党人精神谱系，成为中国共产党人理想信念、政治品格、宗旨意识、意志品质、精神风貌的综合体现，为我们立党兴党强党提供了丰富的滋养。党的百年奋斗史表明，只有具有伟大精神的政党，才能领导人民赢得伟大斗争、开创伟大事业。李大钊说过："历史的道路，不全是坦平的，有时走到艰难险阻的境界，这是全靠雄健的精神才能够冲过去的。"新时代的伟大成就是党和人民一道拼出来、干出来、奋斗出来的。历史启示我们，人是要有点精神的，拥有革命加拼命精神的政党将是不可战胜的。

新时代新征程，始终保持干事创业精神状态，就要弘扬伟大建党精神，传承红色基因，赓续红色血脉；就要敢于斗争、善于斗争，依靠顽强斗争打开事业发展新天地；就要发扬伟大的历史主动精神，勇于担当作为，在迎接挑战和攻坚克难中奋勇向前。

必须始终能够及时发现和解决自身存在的问题

这是习近平总书记阐述的解决大党独有难题的第五个问题，强调的是"如何始终能够及时发现和解决自身存在的问题"。习近平总书记之所以提出这个问题，就是要提醒全党，要勇于坚持真理，修正错误。这个问题关系到党能不能突破"革别人命容易，革自己命难"的世界性难题，能不能在直面问题、克服不足中永葆青春活力而长盛不衰。

在中国这样的大国进行革命、建设、改革，推进民族复兴历史伟业，是前无古人的伟大事业，在探索中出现失误甚至错误都是在所难免的。但是，我们党在人民的支持下，依靠自己的力量战胜困难、纠正错误、走向光明，可以说是几度绝处逢生、又几度柳暗花明。正是在这样的千锤百炼中，我们党愈益强大和成熟起来。历史和现实证明，党的伟大不在于不犯错误，而在于从不讳疾忌医，积极开展批评和自我批评，敢于直面问题，勇于自我革命。

新时代新征程，始终能够及时发现和解决自身存在的问题，就要坚持解放思想、实事求是、与时俱进、求真务实，坚持发扬自我革命精神，不断清除一切损害党的先进性和纯洁性的因素，不断清除一切侵蚀党的健康肌体的病毒，把党建设成为始终走在时代前列、人民衷心拥护、勇于自我革命、经得起各种风浪考验、朝气蓬勃的马克思主义执政党。

必须始终保持风清气正的政治生态

这是习近平总书记阐述的解决大党独有难题的第六个问题，强调的是"如何始终保持风清气正的政治生态"。习近平总书记之所以提出这个问题，就是要提醒全党，政治生态同自然生态一样，稍不注意就容易受到污染，一旦出现问题再想恢复就要付出很大代价。这个问题事关党的肌体健康，事关我们党能否汇聚起激浊扬清的强大正能量，事关我们党能否做到永远不变质、不变色、不变味。

我们党是中国工人阶级的先锋队，同时是中国人民和中华民族的先锋队，没有任何自己特殊的利益，从来不代表任何利益集团、任何权势团体、任何特权阶层，在党内决不允许存在形形色色的利益集团，也决不允许结党营私。开展严肃认真的党内政治生活，营造良好的政治生态是我们党的优良传统和政治优势。古田会议提出思想建党、政治建军原则，就是强调要使党员的思想和党内的生活都政治化、科学化。遵义会议之所以开得好、开得成功，就是恢复了民主集中制，党内开展了积极的思想斗争，有了正常的党内生活。延安整风后，我们党在长期实践中逐步形成以实事求是、理论联系实际、密切联系群众、批评和自我批评、民主集中制、严明党的纪律等为主要内容的党内政治生活基本规范，保证了党充满生机和活力。党的十八大以来，以习近平同志为核心的党中央身体力行、率先垂范，坚定推进全面从严治党，坚持思想建党和制度治党紧密结合，集中整饬党风，严厉惩治腐败，净化党内政治生态，党内政治生活展现新气象，赢得了党心军心民心。历史和现实充分证明，什么时候政治生态好，人心就顺、正气就足；什么时候政治生态不好，就会人心涣散、弊病丛生。

新时代新征程，始终保持风清气正的政治生态，就要严肃党内政治生活，涵养积极健康的党内政治文化，弘扬和践行忠诚老实、公道正派、实事求是、清正廉洁等价值观，倡导清清爽爽的同志关系、规规矩矩的上下级关系、亲清政商关系。坚持以严的基调强化正风肃纪，以永远吹冲锋号的决心和意志坚决反对腐败。坚持正确用人导向，把好干部选出来、用起来，促进能者上、庸者下、劣者汰，以全党的强大正能量汇聚起全面建设社会主义现代化国家、全面推进中华民族伟大复兴的磅礴力量。

（作者为中共中央党史和文献研究院院长）

（《人民日报》2023年03月14日第11版）

在现代化新征程上发展全过程人民民主

包心鉴

人民民主是社会主义的生命，是全面建设社会主义现代化国家的应有之义。党的十八大以来，以习近平同志为核心的党中央深化对民主政治发展规律的认识，提出全过程人民民主的重大理念，丰富和发展了社会主义民主政治理论，为社会主义政治文明发展提供根本遵循。党的二十大报告提出"全过程人民民主是社会主义民主政治的本质属性"，将发展全过程人民民主作为中国式现代化的本质要求之一，深刻揭示了发展全过程人民民主在全面建设社会主义现代化国家新征程上的重大意义。我们要坚定不移走中国特色社会主义政治发展道路，扎实推进全过程人民民主，保障人民当家作主，为实现第二个百年奋斗目标和中华民族伟大复兴的中国梦筑牢民主基石、汇聚磅礴力量。

中国式现代化的本质要求之一

中国式现代化坚持以人民为中心，追求实现人的自由全面发展。因而，发展全过程人民民主成为中国式现代化的本质要求之一。全过程人民民主具有全链条、全方位、全覆盖的显著特征，是最广泛、最真实、最管用的民主。在当前全面建设社会主义现代化国家的关键时期，发展全过程人民民主具有重大意义。

不断满足人民美好生活需要的必然要求。进入新时代，人民对美好生活的向往更加强烈、需要日益广泛，不仅对物质文化生活提出了更高要求，而且在民主、法治、公平、正义、安全、环境等方面的要求日益增长。扎实推进全过程人民民主，能够更好满足广大人民群众在民主法治方面的需求，更好实现人民当家作主。我国全过程人民民主不仅有完整的制度程序，而且有完整的参与实践。全体人民依法实行民主选举、民主协商、民主决策、民主管理、民主监督，依法通过各种途径和形式管理国家事务，管理经济和文化事业，管理社会事务。不断满足人民美好生活需要，内在要求发展全过程人民民主，把人民当家作主具体地、现实地体现到党治国理政的政策措施上来，具体地、现实地体现到党和国家机关各个方面各个层级工作上来，具体地、现实地体现到实现人民对美好生活向往的工作上来。

充分发挥中国特色社会主义政治制度优越性的必然要求。习近平总书记指出："中国全过程人民民主基于中国国情和历史文化，体现人民意愿"。民主是全人类的共同价值，但实现民主没有固定的模式，各国国情不同，实现民主有多种方式，不可能千篇一律。我国全过程人民民主深深扎根于中国社会土壤中，是中国共产党领导人民百年奋斗的重大成果，是我国人民民主的最新发展，已经形成了全面、广泛、有机衔接的人民当家作主制度体系，构建了多样、畅通、有序的民主渠道。在全面建设社会主义现代化国家新征程上不断发展全过程人民民主，是充分发挥中国特色社会主义政治制度优越性的必然要求，将有力促进党和国家事业兴旺发达、长治久安。

锻造中国式现代化坚强领导核心的必然要求。中国式现代化是中国共产党领导的社会主义现代化，坚持和加强党的全面领导是中国式现代化必须牢牢把握的首要重大原则。习近平总书记深刻指出："党的领导凝聚建设中国式现代化的磅礴力量，我们党坚持党的群众路线，坚持以人民为中心的发展思想，发展全过程人民民主，充分激发全体人民的主人翁精神。"人民是我们党执政的最大底气。中国共产党始终代表中国最广大人民的根本利益。党领导人民发展全过程人民民主，就是支持和保证人民当家作主，把体现人民利益、反映人民愿望、维护人民权益、增进人民福祉贯彻落实到党治国理政的各领域全过程。发展更加广泛、更加充分、更加健全的全过程人民民主，就是要保证把党关于全过程人民民主的价值理念、原则精神、目标任务以及运行程序、规范要求等落实到人民当家作主各环节，落实到人民群众参与国家和社会治理的具体实践中，保证党领导人民有效治理国家。

充分彰显全过程人民民主的鲜明特色

习近平总书记指出："中国式现代化蕴含的独特世界观、价值观、历史观、文明观、民主观、生态观等及其伟大实践，是对世界现代化理论和实践的重大创新。"在全面建设社会主义现代化国家新征程上，我们要继续完善全面、广泛、有机衔接的人民当家作主制度体系，从各层次各领域扩大人民有序政治参与，使各方面制度和国家治理更深刻地体现人民意志，更广泛地保障人民权益，充分彰显我国全过程人民民主的鲜明特色。

坚持以人民为中心发展全过程人民民主。以人民为中心是我们党的根本执政理念,坚持以人民为中心是新时代坚持和发展中国特色社会主义的一条基本方略。人民是发展全过程人民民主的出发点,要保障人民当家作主,持续增进人民福祉,不断实现人民对美好生活的向往。人民是发展全过程人民民主的根本依靠力量,要坚持人民主体地位,充分体现人民意志、保障人民权益、激发人民创造活力。通过发展全过程人民民主显著提升国家治理效能,使国家治理取得更大更好的治理成效,让人民当家作主不仅在过程上得到充分实现,而且在成果上得到充分体现,充分彰显民主的真实性。

坚持以问题为导向发展全过程人民民主。问题是时代的声音,人类社会就是在解决问题中前进的。今天我们所面临问题的复杂程度、解决问题的艰巨程度明显加大。我们要增强问题意识,聚焦实践遇到的新问题、改革发展稳定存在的深层次问题、人民群众急难愁盼问题、国际变局中的重大问题、党的建设面临的突出问题,不断提出真正解决问题的新理念新思路新办法。习近平总书记指出:"中国这么大,不同人会有不同诉求,对同一件事也会有不同看法,这很正常,要通过沟通协商凝聚共识。14亿多中国人心往一处想、劲往一处使,同舟共济、众志成城,就没有干不成的事、迈不过的坎。"在解决问题中凝聚共识,在化解矛盾中增进团结,彰显全过程人民民主的有效性。

坚持以制度为载体发展全过程人民民主。全过程人民民主是社会主义民主政治的本质属性。发展全过程人民民主,就是要使各项制度更好体现人民意志、保障人民权益、激发人民创造,用制度体系保证人民当家作主。实践证明,我国的人民代表大会制度、中国共产党领导的多党合作和政治协商制度、民族区域自治制度、基层群众自治制度,确保发展全过程人民民主具有完整制度安排。我国全过程人民民主实现了过程民主和成果民主、程序民主和实质民主、直接民主和间接民主、人民民主和国家意志相统一，是全链条、全方位、全覆盖的民主，是最广泛、最真实、最管用的社会主义民主。

把选举民主和协商民主更好结合起来

习近平总书记强调："人民通过选举、投票行使权利和人民内部各方面在重大决策之前进行充分协商，尽可能就共同性问题取得一致意见，是中国社会主义民主的两种重要形式。在中国，这两种民主形式不是相互替代、相互否定的，而是相互补充、相得益彰的，共同构成了中国社会主义民主政治的制度特点和优势。"中国的全过程人民民主，把民主选举、民主协商、民主决策、民主管理、民主监督各个环节贯通起来，把选举民主和协商民主这两个积极性都充分调动起来，让中国人民全程、有效、深入地表达自身利益诉求，参与国家政治生活。

发展和完善实现全过程人民民主的重要制度载体。习近平总书记指出："人民代表大会制度是实现我国全过程人民民主的重要制度载体。"党的二十大报告提出："支持和保证人民通过人民代表大会行使国家权力，保证各级人大都由民主选举产生、对人民负责、受人民监督。"人民代表大会制度作为根本政治制度，具有强大生命力和显著优越性，是符合中国国情和实际、体现社会主义国家性质、保证人民当家作主、保障实现中华民族伟大复兴的好制度。习近平总书记提出"六个必须坚持"，即必须坚持中国共产党领导，必须坚持用制度体系保障人民当家作主，必须坚持全面依法治国，必须坚持民主集中制，必须坚持中国特色社会主义政治发展道路，必须坚持推进国家治理体系和治理能力现代化，为新时代坚持和完善人民代表大会制度、做好人大工作提供了根本遵循。新征程上，必须进一步发展完善人民代表大会制度，把党中央关于发展全过程人民民主的工作部署和各项举措落实到人大立法、监督、代表等工作中，不断扩大人民有序政治参与，保证人民依法享有广泛权利和自由。

发展和完善协商民主这一重要形式。习近平总书记在党的二十大报告中强调，协商民主是实践全过程人民民主的重要形式，并对全面发展协商民主作出战略部署。社会主义协商民主是实现党的领导的重要方式，是党领导人民有效治理国家、保证人民当家作主的重要制度设计，是我国社会主义民主政治的特有形式和独特优势。在中国社会主义制度下，有事好商量，众人的事情由众人商量，找到全社会意愿和要求的最大公约数，是人民民主的真谛。协商民主深深嵌入中国社会主义民主政治全过程，丰富了民主的形式，拓展了民主的渠道，加深了民主的内涵。全面发展协商民主，关键在于贯彻发展全过程人民民主的理念和要求，切实推进协商民主广泛多层制度化发展。要统筹推进政党协商、人大协商、政府协商、政协协商、人民团体协商、基层协商以及社会组织协商，突出工作重点，形成整体效能。把选举民主和协商民主这两种重要民主形式更好结合起来，实现最广大人民的广泛持续参与，让民主实践融入人们的日常工作和生产生活。

（作者为山东省习近平新时代中国特色社会主义思想研究中心学术委员会委员）

（《人民日报》2023 年 03 月 16 日第 13 版）

社会稳定是国家强盛的前提

赵朝峰

习近平总书记在党的二十大报告中指出:"国家安全是民族复兴的根基,社会稳定是国家强盛的前提。"社会稳定对国家命运和人民利益至关重要,为全面建成社会主义现代化强国而团结奋斗尤其需要安全稳定的社会环境。我们要在党的全面领导下,切实贯彻总体国家安全观,统筹发展和安全,不断夯实社会长期稳定的基础,为全面建设社会主义现代化国家创造良好社会环境。

社会稳定是人民幸福和国家强盛的前提

"利莫大于治,害莫大于乱。"国泰民安是中国人民最基本、最普遍的愿望,社会稳定是经济社会发展的前提条件。没有安全稳定的社会环境,就没有人民的幸福、国家的强盛。

马克思主义认为,事物的矛盾双方既具有对立性,又具有统一性,对立性和统一性相结合推动事物发展。我们要注意在对立中把握统一,在统一中把握对立。社会稳定的实现主要是通过协调社会矛盾体系中诸方面、诸要素而形成的相互依存、协同共生的相对和谐状态。稳定有序的状态对国家和社会至关重要，能够使国家和社会各系统良性运行，使国家诸要素和社会各主体各得其所。政治稳定、社会安宁是人们安居乐业的基础，是社会文明进步的表现。

社会稳定历来是治国理政的头等大事。古代中国的文景之治、光武中兴、贞观之治、开元盛世、康乾盛世等都是社会稳定的"治世"。进入近代，由于西方列强入侵、封建统治腐朽，中国陷入内忧外患的黑暗境地，中国人民经历了战乱频仍、山河破碎、民不聊生的深重苦难。为救民于水火，实现中华民族伟大复兴，中国共产党团结带领人民推翻三座大山，建立新中国，结束了内忧外患、动乱纷争的混乱局面，实现了从动荡落后到稳定发展的历史性跨越。社会主义革命完成后，党团结带领人民在一个和平的环境中推进社会主义建设，取得巨大成就。

1978年，党召开十一届三中全会，果断结束"以阶级斗争为纲"，开启了改革开放和社会主义现代化建设新时期。党的十一届三中全会强调："保持必要的社会政治安定，按照客观经济规律办事，我们的国民经济就高速度地、稳定地向前发展"。在改革开放和社会主义现代化建设的伟大实践中，我们党坚持把改革力度、发展速度和社会可承受的程度统一起来，在保持社会稳定中推进改革发展，通过改革发展促进社会稳定，开创、坚持、捍卫、发展了中国特色社会主义，为实现中华民族伟大复兴提供了充满新的活力的体制保证和快速发展的物质条件。中国特色社会主义进入新时代，以习近平同志为核心的党中央强调国家安全和社会稳定是改革发展的前提，坚持总体国家安全观，统筹发展和安全，以高质量发展夯实高水平安全物质基础，以高水平安全保障高质量发展，推动我国迈上全面建设社会主义现代化国家新征程，实现中华民族伟大复兴进入了不可逆转的历史进程。

党的全面领导是实现社会稳定的根本保证

社会是一个复杂的有机系统，稳定与否取决于内在各要素系统的协调程度。在党和国家事业发展中，中国共产党发挥总揽全局、协调各方的领导核心作用，党的领导是党和国家的根本所在、命脉所在。坚持党的全面领导，是实现政治稳定、经济发展、社会安定、民族团结的根本保证。

实现国家和社会长治久安是党的不懈追求。中国共产党是马克思主义政党，以全心全意为人民服务为根本宗旨，党的一切工作都是为了实现好、维护好、发展好最广大人民根本利益。邓小平同志说过："只有共产党的领导，才能有一个稳定的社会主义中国。"习近平总书记指出："中国共产党领导是中国特色社会主义最本质的特征，是中国特色社会主义制度的最大优势。"党坚强有力，党同人民保持血肉联系，国家就繁荣稳定，人民就幸福安康。党的性质宗旨决定了我们党能够摆脱以往一切政治力量追求自身特殊利益的局限，以人民利益为重、以人民期盼为念，真正把14亿多中国人的思想统一起来、力量凝聚起来，不断满足人民日益增长的美好生活需要，不断促进社会公平正义，形成有效的社会治理、良好的社会秩序，使人民群众的获得感、幸福感、安全感更加充实、更有保障、更可持续。

党的集中统一领导为实现社会长期稳定提供根本制度保证。我国社会主义政治制度优越性的一个突出特点是党总揽全局、协调各方的领导核心作用。我国能够创造经济快速发展和社会长期稳定两大奇迹，根本在于有党的集中统一领导。社会运行受经济、政治、文化、生态、人口等诸多要素、诸多方面的影响。如果没有中国共产党坚强有力的统一领导，就难以实现社会的长期安定有序运行，其结果就是"四分五裂，一事无成"。改革开放以后，我们党持续加强和改善党的领导。党的十八大以来，坚持党中央集中统一领导的最高政治原则得到进一步明确，我们党系统完善党的领导制度体系，党中央权威和集中统一领导得到有力保证，全党的政治判断力、政治领悟力、政治执行力不断提高。党团结带领人民成功应对一系列重大风险挑战、克服诸多艰难险阻，通过统筹社会力量、平衡社会利益、调节社会关系、规范社会行为，使我国社会在深刻变革中既生机勃勃又井然有序，成功推进和拓展了中国式现代化，创造了物质文明、政治文明、精神文明、社会文明、生态文明协调发展的人类文明新形态。

党始终葆有并自觉肩负维护社会稳定的清醒和担当。安居乐业是民之所盼，也是党之所念。中国共产党对社会稳定的重要意义始终有着清醒的认识和把握。新中国成立后，毛泽东同志把国家的统一、人民的团结、国内各民族的团结看作"我们的事业必定要胜利的基本保证"。改革开放和社会主义现代化建设新时期，邓小平同志强调稳定是"中国的最高利益"。新时代，习近平总书记强调："推动创新发展、协调发展、绿色发展、开放发展、共享发展，前提都是国家安全、社会稳定。没有安全和稳定，一切都无从谈起。"认识上愈清醒，行动上愈自觉。经过新中国 70 多年的实践探索，我们党积累了丰富的维护社会稳定的经验，坚持正确处理人民内部矛盾，正确处理改革、发展、稳定的关系，推进国家治理体系和治理能力现代化，不断增强党的政治领导力、思想引领力、群众组织力、社会号召力。

为推进中国式现代化创造良好社会环境

越是伟大的事业，越充满风险挑战，越需要安全稳定的社会环境。我们要进一步增强战略定力，保持历史耐心，统筹发展和安全，促进改革发展稳定有机统一，实现发展与稳定的平衡，为以中国式现代化全面推进中华民族伟大复兴创造良好社会环境。

坚持党的全面领导，坚定不移走中国特色社会主义社会治理之路。中国共产党是中国特色社会主义事业的领导核心，是社会主义现代化建设各项事业取得成功的根本保证。历史雄辩地证明，没有中国共产党就没有新中国，就没有国家统一和社会稳定，就没有中国人民的幸福生活。新时代新征程，坚持党的全面领导必须深刻领悟"两个确立"的决定性意义，增强"四个意识"、坚定"四个自信"、做到"两个维护"，把党的全面领导和我国社会主义制度优势转化为社会治理优势，着力推进社会治理系统化、科学化、智能化、法治化，不断完善中国特色社会主义社会治理体系，推进国家治理体系和治理能力现代化，更好解决我国社会出现的各种问题，确保社会既充满活力又和谐有序。

坚持以人民为中心的发展思想，扎实推进共同富裕。国之称富者，在乎丰民。发展仍是解决我国所有问题的关键，没有坚实的物质基础，就不可能全面建成社会主义现代化强国。解决新时代我国社会的主要矛盾，必须抓住推动高质量发展这个首要任务，着力提高发展的质量和水平，进一步筑牢国家繁荣富强、人民幸福安康、社会和谐稳定的物质基础。但是，经济发展、物质生活改善并不是中国式现代化的全部内容。习近平总书记指出："物质丰富了，但发展极不平衡，贫富悬殊很大，社会不公平，两极分化了，能得人心吗？"我们必须深刻认识共同富裕既是经济问题又是体现社会主义本质特征、影响社会安定团结的政治问题，切实解决好人民群众切身利益问题，坚决防止两极分化，扎实推进共同富裕，维护和促进社会公平正义，实现社会和谐安定。

创新有效预防和化解社会矛盾和风险的体制机制，不断提升社会治理效能。中国式现代化的前进道路不会是一片坦途，实现中华民族伟大复兴必然会遇到这样那样的困难和挑战。我们要增强忧患意识，坚持底线思维，树立系统观念，统筹国内国际两个大局、发展安全两件大事，全面贯彻落实总体国家安全观，注意防范和化解各种社会矛盾和风险。下好防范风险的先手棋，科学预见形势发展走势和隐藏其中的风险挑战，对各种可能的风险及其原因都要心中有数、对症下药、综合施策，做到未雨绸缪。要有应对和化解风险挑战的高招，力争把风险化解在源头，不让小风险演化为大风险，不让个别风险演化为综合风险，不让局部风险演化为区域性或系统性风险，不让经济风险演化为社会政治风险，不让国际风险演化为国内风险，打好化险为夷、转危为机的战略主动战。同时，注重创新有效预防和化解社会矛盾与风险的体制机制，全面完善风险防控机制，把体制机制建设贯穿社会治理各领域、各方面、各环节，健全共建共治共享的社会治理制度，不断提升社会治理效能。

（作者为北京师范大学马克思主义学院教授）

（《人民日报》2023年03月17日第09版）

坚持"两个结合"，
不断开辟马克思主义发展新境界

靳　诺

习近平总书记在党的二十大报告中指出："只有把马克思主义基本原理同中国具体实际相结合、同中华优秀传统文化相结合，坚持运用辩证唯物主义和历史唯物主义，才能正确回答时代和实践提出的重大问题，才能始终保持马克思主义的蓬勃生机和旺盛活力。""两个结合"深刻总结了中国共产党100多年来推进理论创新的基本经验，阐明了马克思主义在中国创新发展的内在机理。坚持"两个结合"，把坚持马克思主义和发展马克思主义统一起来，在马克思主义科学理论指导下以坚定理想信念和高度历史自觉开拓进取，是中国共产党重要的成功之道。

推进马克思主义中国化时代化的根本途径

马克思主义科学揭示了人类社会发展规律，指明了人类寻求自身解放的道路，极大推进了人类文明进程。但马克思主义并没有结束真理，而是开辟了通向真理的道路。习近平总书记指出："马克思主义是不断发展的开放的理论,本土化才能落地生根,时代化才能充满生机。"把马克思主义基本原理同中国具体实际相结合、同中华优秀传统文化相结合,为马克思主义创新发展提供了丰富实践依据和深厚文化底蕴。"两个结合"是我们推进马克思主义中国化时代化的根本途径。"两个结合"的提出,标志着我们党对推进马克思主义中国化时代化的规律性认识达到了一个新高度。

坚持和发展马克思主义,必须同中国具体实际相结合。马克思主义是认识世界、改造世界的科学真理,具有普遍适用性,但各个国家的具体国情不同,绝不能把马克思主义当成一成不变的教条。马克思主义来到中国,面对中国的特殊国情和社会矛盾,面对中国革命、建设、改革不同历史时期的任务要求,自然存在着与中国实际和时代特征相结合的问题。毛泽东同志说:"要学会把马克思列宁主义的理论应用于中国的具体的环境"。习近平总书记强调:"更加深入地推动马克思主义同当代中国发展的具体实际相结合"。把马克思主义基本原理同中国具体实际相结合,是推进马克思主义中国化时代化的必然要求。坚持从中国实际出发,洞察时代大势、把握时代坐标,根据新的情况不断进行新的探索,得出符合客观规律的科学认识,形成与时俱进的科学理论成果,才能更好指导中国实践。如果墨守成规、思想僵化,离开中国特点来谈马克思主义,就不能解决实际问题,不仅党和人民事业无法前进,马克思主义也会失去生命力。

坚持和发展马克思主义,必须同中华优秀传统文化相结合。习近平总书记指出:"我们要特别重视挖掘中华五千年文明中的精华,把弘扬优秀传统文化同马克思主义立场观点方法结合起来"。马克思主义要在中国落地生根、深入人心,为人民群众所喜爱、所认同、所拥有，就要与中国的历史文化、民族心理等结合起来，形成易于为人们所接受的表达方式。中华优秀传统文化源远流长、博大精深，是中华文明的智慧结晶，其宇宙观、天下观、社会观、道德观的重要内容同科学社会主义价值观主张具有高度契合性。必须坚持把马克思主义思想精髓同中华优秀传统文化精华贯通起来、同人民群众日用而不觉的共同价值观念融通起来，既以马克思主义真理力量激活中华文明、使中华文明焕发蓬勃生机，又汲取中华优秀传统文化滋养、不断赋予马克思主义鲜明的中国特色，不断夯实马克思主义中国化时代化的历史基础和群众基础，让马克思主义在中国牢牢扎根。

深刻认识坚持"两个结合"的重要意义

中国共产党始终重视思想建党、理论强党。我们党自诞生以来，就把马克思主义鲜明写在自己的旗帜上。我们党坚持马克思主义基本原理，坚持解放思想、实事求是、守正创新，从中国实际出发，洞察时代大势，以我们正在做的事情为中心，着眼新的实践和新的发展，丰富发展马克思主义，赋予马克思主义鲜明实践特色、民族特色、时代特色，既不丢掉老祖宗，又讲出许多新话，为坚持和发展马克思主义作出重大原创性贡献。

100多年来，我们党坚持"两个结合"，先后创立了毛泽东思想、邓小平理论，形成了"三个代表"重要思想、科学发展观，创立了习近平新时代中国特色社会主义思想，开辟实现中华民族伟大复兴的正确道路，指导党和人民事业不断开创新局面。无论是农村包围城市、武装夺取政权的正确革命道路的开辟，还是独立自主、自力更生的社会主义建设的起步，无论是改革开放大幕的拉开，还是中国式现代化的推进和拓展，都是我们党坚持"两个结合"作出的重大理论和实践创新。

作为当代中国马克思主义、二十一世纪马克思主义，习近平新时代中国特色社会主义思想是坚持"两个结合"、勇于推进理论创新的典范。这一思想从理论和实践结合上系统回答了新时代坚持和发展什么样的中国特色社会主义、怎样坚持和发展中国特色社会主义，建设什么样的社会主义现代化强国、怎样建设社会主义现代化强国，建设什么样的长期执政的马克思主义政党、怎样建设长期执政的马克思主义政党等重大时代课题，提出一系列原创性的治国理政新理念新思想新战略。这一思想深深植根于中华优秀传统文化，善于从五千多年的深厚文明积淀中汲取治国理政的思想智慧、格物究理的思想方法、修身处世的道德理念，推动中华优秀传统文化创造性转化、创新性发展，极大鼓舞中国人民的文化自信和精神力量，成为中华文化和中国精神的时代精华。雄辩的事实证明，只有坚持"两个结合"，才能始终保持马克思主义的蓬勃生机和旺盛活力，为党和人民事业发展提供既一脉相承又与时俱进的科学理论指导，指引党和人民事业不断胜利前进。

当前，我们党正带领人民为全面建设社会主义现代化国家而团结奋斗。习近平总书记指出："中国式现代化走得通、行得稳，是强国建设、民族复兴的唯一正确道路。"推进中国式现代化是一项前无古人的开创性事业，还有许多未知领域需要大胆探索，还会遇到各种可以预料和难以预料的风险挑战，需要直面和解决实践遇到的新问题、改革发展稳定存在的深层次问题、人民群众急难愁盼问题、国际变局中的重大问题、党的建设面临的突出问题。这要求我们继续坚持"两个结合",用马克思主义观察时代、把握时代、引领时代,回答时代和实践提出的重大问题,把化解矛盾问题的思路办法和新鲜经验转化为理论话语,在中华优秀传统文化的思想沃土中汲取历史经验、人文精神和民族智慧,不断作出理论创新,为扎实推进中国式现代化提供思想理论支撑。

不断推进理论创新、进行理论创造

实践没有止境,理论创新也没有止境。新的征程、新的实践,给理论创新提供了强大动力和广阔空间。我们要把握好习近平新时代中国特色社会主义思想的世界观和方法论,坚持好、运用好贯穿其中的立场观点方法,坚持"两个结合",不断推进实践基础上的理论创新,谱写马克思主义中国化时代化新篇章。

把实现人民对美好生活的向往作为出发点和落脚点。人民性是马克思主义的本质属性。党的创新理论来自人民、为了人民、造福人民,人民的创造性实践是理论创新的不竭源泉。坚持"两个结合"、推进理论创新,要把实现人民对美好生活的向往作为出发点和落脚点。站稳人民立场、把握人民愿望、尊重人民创造、集中人民智慧,解决人民群众急难愁盼问题,最大限度激发人民实践创造的热情与活力,及时发现、概括、总结人民群众创造出来的好做法、好经验,使之上升为理论和政策并指导新的实践。在与人民群众生产生活实践的紧密结合中、在回应人民现实的需要与关切中,不断增强理论的生命力、解释力与创新力,形成"自己的时代、自己的人民的产物",为人们认识世界和改造世界提供强大思想武器。

不断回答新时代新征程提出的新问题。问题是时代的声音，是理论创新的起点和动力源。要认真聆听时代的声音，回应时代的呼唤，聚焦全面建成社会主义现代化强国、以中国式现代化全面推进中华民族伟大复兴的使命任务，在研究党和国家事业发展面临的重大理论和实践问题中推进理论创新，提出解决问题的正确思路和有效办法。回答好"中国之问"，立足基本国情，紧贴亿万人民创造性实践，回应实践发展的新要求，对未知领域大胆探索创新，推进和拓展中国式现代化。回答好"世界之问"，以天下情怀和世界眼光分析世界发展变化形势和趋向，为解决好国际变局中的重大问题贡献中国智慧、中国方案。回答好"人民之问"，聆听人民心声，解决好人民最关心最直接最现实的利益问题，扎实推进共同富裕。回答好"时代之问"，站在时代发展潮头和人类发展前沿，作出更多引领时代潮流的理论创新。

不断赋予科学理论鲜明的中国特色。习近平总书记指出："中华优秀传统文化是我们党创新理论的'根'""我们现在就是要理直气壮、很自豪地去做这件事，去挖掘、去结合中华优秀传统文化，真正实现马克思主义中国化时代化"。坚持"两个结合"、推进理论创新，必须坚定历史自信、文化自信，坚持古为今用、推陈出新，深入挖掘运用中华文化丰富宝藏，使激活传统与弘扬传统相结合、历史与现实相结合，厚植理论创新的历史根基、文化血脉，提出更多蕴含中国智慧、体现中国精神的思想观点，赋予党的创新理论鲜明的中国特色，为中华文明增添新的生机活力，为人类文明发展进步贡献思想力量。

（作者为中国人民大学原党委书记）

（《人民日报》2023年03月21日第13版）

深刻把握中华优秀传统文化同科学社会主义价值观主张的契合性

张政文

中华优秀传统文化源远流长、博大精深,是中国人民思想观念、风俗习惯、生活方式、情感样式的集中表达,是我们党创新理论的"根"。习近平总书记在党的二十大报告中指出:"坚持和发展马克思主义,必须同中华优秀传统文化相结合。"这进一步拓展和深化了我们党对马克思主义中国化时代化的规律性认识,为推进马克思主义基本原理同中国具体实际相结合、同中华优秀传统文化相结合提供了科学指南。

为马克思主义基本原理同中华优秀传统文化相结合提供前提条件

习近平总书记指出:"马克思主义传入中国后,科学社会主义的主张受到中国人民热烈欢迎,并最终扎根中国大地、开花结果,决不是偶然的,而是同我国传承了几千年的优秀历史文化和广大人民日用而不觉的价值观念融通的。"中华优秀传统文化的价值观念同科学社会主义价值观主张具有高度契合性,这为马克思主义基本原理同中华优秀传统文化相结合提供了前提条件。

科学社会主义价值观主张能够成为中国人民认识世界、改造世界的基本价值遵循,其深层原因在于中华优秀传统文化所蕴含的天下为公、民为邦本、为政以德、革故鼎新、任人唯贤、天人合一、自强不息、厚德载物、讲信修睦、亲仁善邻等价值观念,同科学社会主义价值观主张具有高度契合性。这种契合性,主要是指中华优秀传统文化同科学社会主义价值观主张作为两种独立的价值体系,具有价值共通性。同时,还与二者的开放性、包容性品质密切相关。马克思主义具有开放性和时代性的特征,一部马克思主义发展史就是马克思、恩格斯以及他们的后继者们不断根据时代、实践、认识发展而发展的历史,是不断吸收人类历史上一切优秀思想文化成果丰富自己的历史。作为马克思主义重要内容的科学社会主义价值观主张,同样具有开放性和时代性的特征。中华优秀传统文化的包容性,为其同科学社会主义价值观主张相契合提供了可能、创造了条件。

习近平总书记在党的二十大报告中指出:"只有把马克思主义基本原理同中国具体实际相结合、同中华优秀传统文化相结合,坚持运用辩证唯物主义和历史唯物主义,才能正确回答时代和实践提出的重大问题,才能始终保持马克思主义的蓬勃生机和旺盛活力。"一百多年来,在马克思主义中国化时代化进程中,中华优秀传统文化同科学社会主义价值观主张的契合性不断凸显,中国化时代化马克思主义始终保持蓬勃生机和旺盛活力,中华优秀传统文化不断实现创造性转化、创新性发展。这是我们党不断推进马克思主义中国化时代化,把马克思主义思想精髓同中华优秀传统文化精华贯通起来、同人民群众日用而不觉的共同价值观念融通起来的必然结果。中华优秀传统文化的价值观念同科学社会主义价值观主张的高度契合性，为马克思主义基本原理同中华优秀传统文化相结合提供了前提条件和重要基础。同时，我们党把马克思主义基本原理同中华优秀传统文化相结合，促进了马克思主义为中国人民所喜爱、所认同、所拥有，使马克思主义中国化时代化的历史基础和群众基础更为坚实。

深刻把握中华优秀传统文化同科学社会主义价值观主张的基本契合点

中华优秀传统文化的价值观念同科学社会主义价值观主张具有高度契合性，这种高度契合性在中华优秀传统文化的宇宙观、天下观、社会观、道德观中得到鲜明体现。

在宇宙观方面具有高度契合性。习近平总书记指出："中华文明历来崇尚天人合一、道法自然，追求人与自然和谐共生。"中华文明注重从整体性角度把握整个宇宙以及人与宇宙万物的关系，主张天人合一的理念。马克思主义认为："我们连同我们的肉、血和头脑都是属于自然界和存在于自然界之中的"，人与自然、人与人、人与社会是相互依存、和谐共生的关系。这当中包含着从万物相联而非孤立片面的角度看待世界的价值观念。中华优秀传统文化的宇宙观同这些价值观主张具有高度契合性。

在天下观方面具有高度契合性。习近平总书记强调："中华文明自古就以开放包容闻名于世，在同其他文明的交流互鉴中不断焕发新的生命力。"在中华文明史上，"兼容并包"的气魄格局、"亲仁善邻"的价值传统、"协和万邦"的和合理念等，鲜明体现中国人天下观的气质、气度、气派。科学社会主义主张"无产阶级只有在世界历史意义上才能存在，就像共产主义——它的事业——只有作为'世界历史性的'存在才有可能实现一样"，倡导建立"自由人的联合体"，实现人的自由全面发展和解放全人类，具有宽广高远的世界眼光和深厚博大的人类情怀。中华优秀传统文化的天下观同这些价值观主张具有高度契合性。

在社会观方面具有高度契合性。习近平总书记指出："中华文化崇尚和谐，中国'和'文化源远流长"。和平、和睦、和谐是中华民族一直以来追求和传承的理念，"和而不同"集中彰显中华优秀传统文化蕴含的社会观。千百年来，"以和为贵""与人为善""己所不欲，勿施于人"等价值观念在中国代代相传，深深植根于中国人民心中。基于唯物辩证法形成的科学社会主义价值观，强调矛盾的两极不仅存在对立，也存在彼此的统一，应当承认、尊重和包容差异，在多样性的对立中把握统一、在彼此依存中求同存异，从而达到社会和谐。中华优秀传统文化的社会观同这些价值观主张具有高度契合性。

在道德观方面具有高度契合性。习近平总书记强调："人无德不立，品德是为人之本。"中华民族是重视道德、崇尚修德的民族，强调"道德当身，故不以物惑"。中华民族在长期实践中培育和形成了独特而系统的价值观念和道德规范，比如，在坚守道德底线方面，强调"勿以善小而不为，勿以恶小而为之""尽小者大，慎微者著"；在树立道德理想方面，倡导"兼善天下""利济苍生"。这些价值观念和道德规范铭刻于中国人民心灵深处，融入中华民族血脉，成为支撑中华民族生生不息、薪火相传的重要力量，同马克思主义道德观、社会主义道德观具有内在共通性、高度契合性。

坚持以科学世界观和方法论为指导，不断赋予科学理论鲜明的中国特色

实践没有止境，理论创新也没有止境。习近平总书记在党的二十大报告中指出："继续推进实践基础上的理论创新，首先要把握好新时代中国特色社会主义思想的世界观和方法论，坚持好、运用好贯穿其中的立场观点方法。"这为科学把握、不断发扬中华优秀传统文化的价值观念同科学社会主义价值观主张的高度契合性，持续推进实践基础上的理论创新提供了科学世界观和方法论指导。

马克思主义真理之树只有植根本国、本民族历史文化沃土，才能根深叶茂。让马克思主义在中国牢牢扎根，必须把握好习近平新时代中国特色社会主义思想的世界观和方法论，坚持好、运用好贯穿其中的立场观点方法，深度发掘和发扬中华优秀传统文化的价值观念同科学社会主义价值观主张的高度契合性，不断赋予科学理论鲜明的中国特色，不断夯实马克思主义中国化时代化的历史基础和群众基础。

坚持人民至上，传承和弘扬中华优秀传统文化中"民为邦本"的价值观念，站稳人民立场、把握人民愿望、尊重人民创造、集中人民智慧，形成为人民所喜爱、所认同、所拥有的理论，使之成为指导人民认识世界和改造世界的强大思想武器。

坚持自信自立，传承和弘扬中华优秀传统文化中"自强不息"的价值观念，坚定"四个自信"，既不刻舟求剑、封闭僵化，也不照抄照搬、食洋不化，以更加积极的历史担当和创造精神为发展马克思主

义作出新的贡献。

坚持守正创新，传承和弘扬中华优秀传统文化中"革故鼎新"的价值观念，以科学的态度对待科学、以真理的精神追求真理，以满腔热忱对待一切新生事物，不断拓展认识的广度和深度，敢于说前人没有说过的新话，敢于干前人没有干过的事情，以新的理论指导新的实践。

坚持问题导向，以"路漫漫其修远兮，吾将上下而求索"的执着精神，聚焦实践遇到的新问题、改革发展稳定存在的深层次问题、人民群众急难愁盼问题、国际变局中的重大问题、党的建设面临的突出问题，不断提出真正解决问题的新理念新思路新办法。

坚持系统观念，传承和弘扬中华优秀传统文化中"万物并育而不相害，道并行而不相悖"的价值观念，用普遍联系的、全面系统的、发展变化的观点观察事物，努力把握事物发展规律，为前瞻性思考、全局性谋划、整体性推进党和国家各项事业提供科学思想方法。

坚持胸怀天下，传承和弘扬中华优秀传统文化中"协和万邦"的价值观念，深刻洞察人类发展进步潮流，积极回应各国人民普遍关切，以文明交流超越文明隔阂、文明互鉴超越文明冲突、文明共存超越文明优越，以海纳百川的宽阔胸襟借鉴吸收人类一切优秀文明成果，推动建设更加美好的世界。

（作者为中国社会科学院大学党委常务副书记、校长）

（《人民日报》2023年03月22日第13版）

牢牢把握高质量发展这个首要任务

江苏省习近平新时代中国特色社会主义思想研究中心

党的二十大科学谋划了未来一个时期党和国家事业发展的目标任务和大政方针，围绕加快构建新发展格局、着力推动高质量发展作出重大部署，为推动我国经济不断迈上新台阶、开创事业发展新局面指明了前进方向。习近平总书记在参加十四届全国人大一次会议江苏代表团审议时强调"高质量发展是全面建设社会主义现代化国家的首要任务"，明确提出"四个必须"重要要求。在十四届全国人大一次会议闭幕会上，习近平总书记再次指出："在强国建设、民族复兴的新征程，我们要坚定不移推动高质量发展。"我们要深入学习贯彻习近平新时代中国特色社会主义思想和党的二十大精神，以新气象新作为推动高质量发展取得新成效。

我国经济迈上高质量发展之路

党的十八大以来，以习近平同志为核心的党中央对经济形势进行科学判断，对发展理念和思路作出及时调整，创造性地提出了一系列新理念新思想新战略，在实践中形成了习近平经济思想，系统回答了新时代中国经济"怎么看""怎么干"等重大理论和实践问题，为新时代做好经济工作提供了根本遵循和行动指南。在习近平经济思想科学指引下，我们以高质量发展为主题、以供给侧结构性改革为主线，全面贯彻新发展理念，加快构建新发展格局，推动发展的平衡性协调性包容性持续提高，引领我国经济迈上更高质量、更有效率、更加公平、更可持续、更为安全的发展之路。

进入新时代以来，我们完成脱贫攻坚、全面建成小康社会的历史任务，实现第一个百年奋斗目标。国内生产总值增加到121万亿元，人均国内生产总值突破1.2万美元，进出口规模超过40万亿元，经济实力实现历史性跃升；全社会研发经费投入强度提高到2.5%以上，科技进步贡献率提高到60%以上，发明专利有效量位居世界第一，创新支撑发展能力不断增强；城乡居民收入增长与经济增长基本同步，建成世界上规模最大的教育体系、社会保障体系、医疗卫生体系；单位国内生产总值能耗、二氧化碳排放量均大幅下降，生态环境明显改善；共建"一带一路"扎实推进，与151个国家、32个国际组织签署200余份共建"一带一路"合作文件。我国高质量发展不断迈出新步伐、取得新成效。

深入理解"四个必须"重要要求

发展是解决我国一切问题的总钥匙。没有坚实的物质技术基础，就不可能全面建成社会主义现代化强国。习近平总书记明确提出的"四个必须"重要要求，是对新时代我国高质量发展实践经验的深刻总结，体现了我们党对经济社会发展规律认识的深化，丰富发展了习近平经济思想，为新时代新征程推动高质量发展指明了前进方向、提供了重要遵循。

必须完整、准确、全面贯彻新发展理念。新发展理念回答了关于发展的目的、动力、方式、路径等一系列理论和实践问题，阐明了我们党关于发展的政治立场、价值导向、发展模式、发展道路等重大政治问题。党的十八大以来，我国经济实力实现历史性跃升，充分证明新发展理念是指挥棒、红绿灯，是我国新时代发展思路、发展方向、发展着力点的集中体现，是管全局、管根本、管长远的导向。当前，世界之变、时代之变、历史之变正以前所未有的方式展开，我国发展不平衡不充分问题仍然突出。我们必须把发展质量问题摆在更为突出的位置，着力提升发展质量和效益，始终以创新、协调、绿色、开放、共享的内在统一来把握发展、衡量发展、推动发展，推动经济发展质量变革、效率变革、动力变革。

必须更好统筹质的有效提升和量的合理增长。经济发展是质和量的有机统一，质的提升为量的增长提供持续动力，量的增长为质的提升提供重要基础。党的十八大以来，我国经济发展在质和量上取得历史性成就，总量翻了一番，结构进一步优化，发展新动能加快成长。新时代新阶段必须大力提高发展质量，持续激发经济发展内生动力，充分调动一切积极因素，实现量质齐升的高质量发展。这不是一时一地之举，而是贯穿全面建设社会主义现代化国家的整个过程。只有始终坚持质量第一、效益优先，大力增强质量意识，视质量为生命，以高质量为追求，才能推动经济实现质的有效提升和量的合理增长，不断做大做强中国经济，巩固社会主义现代化的物质技术基础。

必须坚定不移深化改革开放、深入转变发展方式。实践告诉我们，唯有全面深化改革、扩大对外开放，才能更好践行新发展理念，破解发展难题、增强发展活力、厚植发展优势。党的十八大以来，以习近平同志为核心的党中央推动更深层次改革、实行更高水平开放，转变发展方式取得决定性进展，经济质量效益和核心竞争力显著提高，为构建新发展格局提供了强大动力。当前，我国发展面临新的战略机遇、新的战略任务、新的战略阶段、新的战略要求、新的战略环境。面对改革发展稳定中不少躲不开、绕不过的深层次矛盾，面对前进道路上的风高浪急甚至惊涛骇浪，只有深入推进改革创新，坚定不移扩大开放，以效率变革、动力变革促进质量变革，加快形成可持续的高质量发展体制机制，才能不断增强经济创新力和竞争力，形成共同推动高质量发展的强大合力。

必须以满足人民日益增长的美好生活需要为出发点和落脚点。"凡治国之道，必先富民。"发展的最终目的是造福人民，必须让发展成果更多惠及全体人民。高质量发展是能够很好满足人民日益增长的美好生活需要的发展。党的十八大以来，以习近平同志为核心的党中央深入贯彻以人民为中心的发展思想，在高质量发展中保障和改善民生，在幼有所育、学有所教、劳有所得、病有所医、老有所养、住有所居、弱有所扶上持续用力，不断满足人民对美好生活的新期待。新征程上，要用心用情用力解决群众关心的就业、教育、社保、医疗、养老等实际问题，一件一件抓落实，一年接着一年干。只有坚持以人民为中心的发展思想，坚持发展为了人民、发展依靠人民、发展成果由人民共享，把发展成果不断转化为生活品质，才能不断增强人民群众的获得感、幸福感、安全感，让现代化建设成果更多更公平惠及全体人民。

以新气象新作为推动高质量发展取得新成效

新征程上，实现高质量发展关系我国社会主义现代化建设全局。我们要把思想和行动统一到习近平总书记重要讲话精神和党中央决策部署上来，贯彻落实"四个必须"重要要求，以新气象新作为推动高质量发展取得新成效。

加快实现高水平科技自立自强。习近平总书记指出："加快实现高水平科技自立自强，是推动高质量发展的必由之路。"当前，世界百年未有之大变局加速演进，新一轮科技革命和产业变革深入发展，国际力量对比深刻调整。在激烈的国际竞争中开辟发展新领域新赛道、塑造发展新动能新优势，从根本上还是要依靠科技创新。必须坚持"四个面向"，加快实现高水平科技自立自强。加快实施创新驱动发展战略，强化重大科技创新平台建设，集聚力量进行原创性引领性科技攻关，打赢关键核心技术攻坚战。围绕产业链部署创新链，围绕创新链布局产业链，前瞻布局战略性新兴产业，培育发展未来产业，发展数字经济。强化企业主体地位，发挥科技型骨干企业引领支撑作用，推进创新链产业链资金链人才链深度融合。加强企业主导的产学研深度融合，强化目标导向，提高科技成果转化和产业化水平。深化科技体制改革，繁荣创新文化，弘扬科学家精神，在全社会形成鼓励、支持、参与创新的良好环境。

加快构建新发展格局。习近平总书记指出："加快构建新发展格局，是推动高质量发展的战略基点。"这是事关全局的系统性、深层次变革，是立足当前、着眼长远的战略谋划。要把实施扩大内需战略同深化供给侧结构性改革有机结合起来，增强国内大循环内生动力和可靠性，提升国际循环质量和水平，加快建设现代化产业体系。坚持把发展经济的着力点放在实体经济上，推进新型工业化，加快建设制造强国、质量强国、航天强国、交通强国、网络强国、数字中国。按照构建高水平社会主义市场经济体制、推进高水平对外开放的要求，依托国内大循环吸引全球高质量的商品和资源要素，促进国内国际双循环更为畅通。推动共建"一带一路"高质量发展，稳步扩大规则、规制、管理、标准等制度型开放，维护多元稳定的国际经济格局和经贸关系。

加快推进农业现代化。习近平总书记指出："农业强国是社会主义现代化强国的根基，推进农业现代化是实现高质量发展的必然要求。"建设社会主义现代化国家，最艰巨最繁重的任务仍然在农村。要全面推进乡村振兴，巩固拓展脱贫攻坚成果同乡村振兴有效衔接，全方位夯实粮食安全根基，确保中国人的饭碗牢牢端在自己手中。把产业振兴作为乡村振兴的重中之重，深入推进农村一二三产业深度融合，推动创业就业拓展空间，不断拓宽农民增收致富渠道。深化农村土地制度改革，巩固和完善农村基本经营制度，发展新型农村集体经济，发展新型农业经营主体和社会化服务，发展农村适度规模经营，为农业农村发展增动力、添活力。统筹乡村基础设施和公共服务体系建设，加快建设宜居宜业和美乡村。

聚焦人民幸福安康这个最终目的。习近平总书记指出："人民幸福安康是推动高质量发展的最终目的。"基层治理事关人民群众切身利益。要健全基层党组织领导的基层群众自治机制，加强基层组织建设；完善正确处理新形势下人民内部矛盾机制，完善网格化管理、精细化服务、信息化支撑的基层治理平台，健全城乡社区治理体系，为人民群众提供家门口的优质服务和精细管理。基本民生保障事关困难群众衣食冷暖，是促进共同富裕、打造高品质生活的基础性工程。要紧紧抓住人民群众急难愁盼问题，健全基本公共服务体系，不断推动幼有所育、学有所教、劳有所得、病有所医、老有所养、住有所居、弱有所扶取得新进展；协同推进人民富裕、国家强盛、中国美丽，让良好生态环境成为人民生活的增长点；抓实抓细新阶段疫情防控各项工作，建强卫生健康服务体系。

（执笔：成长春）

（《人民日报》2023年03月28日第09版）